KB169241

삶이 있는 우리 교육
어떻게 실천할 것인가?

교사,
이오덕에게
길을 묻다

초판 1쇄 인쇄 2018년 1월 1일
초판 1쇄 발행 2018년 1월 11일

글쓴이 이무완
펴낸이 김승희
펴낸곳 도서출판 살림터

기획 정광일
편집 조현주
북디자인 꼬리별

인쇄·제본 (주)현문
종이 월드페이퍼(주)

주소 서울시 양천구 목동동로 293, 22층 2215-1호
전화 02-3141-6553
팩스 02-3141-6555
출판등록 2008년 3월 18일 제313-1990-12호
이메일 gwang80@hanmail.net
블로그 http://blog.naver.com/dkffk1020

ISBN 979-11-5930-054-7 03370

*가격은 뒤표지에 있습니다.
*잘못된 책은 바꾸어 드립니다.
*이 책은 저작권법에 따라 보호를 받는 저작물이므로 무단 전재와 복제를 금합니다.

삶 이 있 는 우 리 교 육
어떻게 실천할 것인가?

교사,
이오덕에게
길을 묻다

교사, 이오덕에게 길을 묻다

삶이 있는 우리 교육
어떻게 실천할 것인가?

이무완 글

살림터

지난겨울 많은 아이들이 거리에서, 광장에서 촛불을 들었다. 촛불은 낡은 세력을 몰아냈고 다시 찾아온 봄과 함께 새 대통령을 뽑았다. 투표권은 없지만 우리 아이들은 거대한 역사의 물결에 함께했다. 평생을 살아가면서 이 같은 놀라운 역사의 경험을 마주할 수 있는 행운이 몇 번이나 있을까?

지난날 우리 나라는 민주주의 모델을 다른 나라의 경험에서 보고 배우려고 했다. 하지만 이제 세계는 우리의 성숙한 민주주의를 보고 좇으려고 한다. 촛불혁명으로 새 정부를 만들어 낸 우리 나라를 워싱턴 포스트지는 '세계 민주주의의 모범'으로 치켜세우며 '한국은 세계가 민주주의를 어떻게 해야 하는지 보여 줬다'고 했다. 독일 프리드리히 에버트 재단은 촛불집회에 참여한 대한민국 국민 모두에게 인권상을 수여했다.

우리는 오랫동안 새로운 학문과 과학은 두말할 것도 없고 교육도 다른 나라에서 들여왔다. 새로운 교육 사조가 생길 때마다 우리 토양에 맞는지는 톺아보지도 않은 채 무작정 들여와 교육 현장에 마구 뿌렸다. 교육 방법과 교육 철학도 바깥에서 일어난 것을 더 높이 보고 우러러 섬겼다. 하지만 늘 채워지지 않는 목마름이 있었다. 우리 땅에 맞는, 우리 현실에 맞는 교육 철학과 방법으로 가르치고 싶은 열망.

우리에게도 교육사상가들이 있다. 그 가운데 으뜸으로 손꼽을 사람이 있다면 바로 이오덕이다. 세상 어디에 내놓아도 우뚝한 교육사상가요 교육철학자요 어린이문학가, 교육운동가, 우리 말 연구자였다. 그의 사상을 꾸준히 연구하고 현장에서 실천해 온 이무완 선생이 때마침 귀한 책을 세상에 내놓았다. 참으로 값진 일이다. 이 책을 많은 이들이 읽어 우리 교육을 새롭게 열어 가면 좋겠다. 이 땅에서 삶이 있는 교육이 교실마다 뿌리내릴 수 있기를 바란다.

세계가 한국의 민주주의를 배워야 한다고 한다. 이오덕 교육사상을 퍼뜨려야 한다. 그러자면 먼저 우리가 이오덕을 공부하고 알아야 한다. 내가 『교사, 이오덕에게 길을 묻다』를 읽는 일, 그게 첫걸음이다.

2017년 12월

강원도교육감

・이 글은 2015년 7월 18일 한국교육연구네트워크 2015년도 제5회 월례토론회에서 「한국 진보 교육의 담론 모색: 이오덕 교육론과 현장 실천」을 주제로 발표한 원고에 교실일기와 아이들이 쓴 글을 보탰다.

・학교 이름을 따로 밝히지 않은 어린이글은 삼척시 서부초등학교 아이들이 쓴 글이다.

개 훈련, 사람 교육

교육방송에서 하는 〈세상에 나쁜 개는 없다〉가 꾸준히 인기를 누린다. 이 프로그램은 한 식구로 살아가는 개가 보이는 갖가지 문제 행동을 어떻게 해결할 것인가에 방점이 찍혀 있다. 개 행동 전문가가 문제 행동을 보이는 개가 있는 집을 찾아가서 문제 행동을 어떻게 해결해야 하는지를 알려 준다. 그리고 방송은 뒷날 다시 찾아가서 개가 얼마나 달라졌는지를 보여 준다. 가령, 사람한테 펄펄 달려드는 강아지가 있다면 대부분 강아지가 문제라고 생각한다. 하지만 오히려 함께 사는 사람이 문제일 때가 더 많다. 박기범이 쓴 동화 「문제아」의 결말이 떠오른다.

> 나는 나를 문제아로 보는 사람한테는 영원히 문제아로만 있게
> 될 거다. 아무도 그걸 모른다. 내가 왜 문제아가 되었는지, 나를
> 보통 아이들처럼 대해 주면 나도 아주 평범한 보통 애라는 걸
> 아는 사람이 아무도 없다.

여기서 들려주는 목소리를 '나'에서 '강아지'로 바꿔 넣어 보면 어떤가. 개는 상품처럼 값이 매겨지고 기분에 따라 언제라도 사고 팔릴 수

도 있다. 더러 사람 눈 밖에 나면 버림받을 수 있다. 사람의 처분에 따라 언제라도 삶이 뒤바뀔 수밖에 없는 게 개의 운명이다. 개 전문가는 개들이 보이는 몸짓과 소리로 개가 어떤 마음일지, 무엇을 바라는지를 알아차린다. 그러곤 개하고 마음을 어떻게 주고받을 수 있는지를 보여 준다. 얼핏 봐서는 문제 행동을 보이는 개를 훈련하는 것처럼 보이지만 속내를 들여다보면, 실상은 다르다. '세상에 나쁜 개는 없다'라는 제목에서 보듯 개와 함께 살아가는 사람의 행동부터 바꾸라고 조언한다. 강아지를 사람에 딸린 부속품으로 보지 않고 온전한 생명체로 대접하고 소통하려는 마음을 가져야 한다고 말한다. 결국 '개 훈련'이 아니다. 훈련 대상은 개가 아니라 사람이다. 개 주인이라고 내려다보지 말고 어린 강아지 처지에서 생각할 수 있을 때 비로소 개가 보이는 문제 행동을 바로잡을 수 있다.

결국 달라져야 할 주체는 개가 아니다. 사람이다. 개가 일으키는 문제 행동을 개 주인이 성찰하고 사유하는 기회로 삼으면서 자기 자신을 돌아보고 자기 삶을 바꿀 때 비로소 해결의 실마리를 찾을 수 있다고 알려 준다. 교육자로서 우리는 이 사실을 진지하게 받아들여야만 한다.

우리 교육과 우리 아이 문제로 돌아와 생각해 본다. 아이들은 답답한 교실 책상머리에 목줄에 매인 강아지처럼 붙들여 앉아 초등학교 때부터 대학 졸업까지 오직 점수 따기만을 목표로 살아간다. 어리석고 모자라고 덜된 인간으로만 여겨 어른 욕심대로 끌려가기 일쑤다. 더욱이 이 나라 교육은 아이를 탐욕스러운 자본과 권력에 무람없이 길들이기를 주저하지 않는다. 아이들 마음에서 터져 나오는 말에 귀 기울일 줄 모르고 생생하게 살아 오르는 목숨을 억누르고 야만스러운 경쟁을 끊임없이 부추기면서 이를 교육이라고 아무 부끄럼 없이 말한다. 하루

하루가 온 지구의 무게로 아이들 어깨를 짓누르고 마음을 억누르는데, 그게 다 네 자신을 위한 일이라고, 그 경쟁에서 악착같이 살아남아야 더 좋은 뒷날이 있다고 끊임없이 아이 귀에 대고 속삭인다. 아이들은 실수해서 꾸중 듣는 게 두렵고 어른들의 관심이 멀어지는 게 더욱 무섭지만 자본과 권력과 손잡은 어른들은 교육을 이윤 추구나 정권 선전을 위한 수단쯤으로 본다. 우리 아이들이 겪는 이 모든 불행이 바로 아이들을 위한다는 교육에서 오지만, 그게 결코 비극인 줄 모른다.

더구나 이러한 문제를 바깥에서 온 이론과 사상으로 설명하고 극복하려는 데에 이르면 한 번 더 절망하지 않을 수 없다. 흔히 교육사상가라고 하면 페스탈로치Johann Heinrich Pestalozzi, 피아제Jean Piaget, 타일러Ralph Winifred Tyler, 스키너Burrhus Frederic Skinner, 존 듀이John Dewey, 이반 일리치Ivan Illich, 존 화이트John White, 마이클 W. 애플Michael W. Apple, 하워드 가드너Howard Gardner, 콜버그Lawrence Kohlberg, 프레이리Paulo Freire, 브루너Jerome S. Bruner, 프뢰벨Fröbel, 몬테소리Maria Montessori 루소J. J. Rousseau 같은 하나같이 다른 나라 학자나 사상가를 먼저 떠올리고 그들 말을 펼쳐 낸다. 1945년 이후 우리 교육이 이식된 서양 교육에 뿌리가 있었으니 크게 놀라거나 새로울 것도 없다.

지금이라고 다르지 않다. 사토 마나부佑藤學의 '배움의 공동체', 비고츠키Lev Semyonovich Vygotsky, 프레네Freinet Celestin, 슈타이너Rudolf Steiner, 하부루타 교육, 거꾸로교육Flipped Learning 같은 바깥에서 들어온 교육 철학이나 방법들이 우리 학교 현장을 유령처럼 떠돈다. 이들 사상과 이론의 눈으로 자신들의 교육적 실천을 설명하고 포장하는 모습도 숱하게 본다. 그렇다고 저들 교육사상이나 방법이 허약하다거나 잘못되었다는 말은 아니니 오해 없길 바란다. 다만, 우리 땅에서 우리 아이를 살리는 교육을 하자고 하면서 다른 나라 교육 제도를 연구하고 교육 철학을 읽고 교육 방법을 따라 하려는 모습은 그만큼 우리 교육이 철학이나 사상 면으로 보면 여전히 식민지를 극복하지 못했음을 보여 주는 반증이다. 가령, 성악을 공부하는 사람들이 오래도록 애써서 배우는 발성법에 벨칸토 창법이라는 게 있다. 벨칸토 창법은 이탈리아 말 가락과 장단에 따라 노랫말을 늘였다 줄였다 높였다 낮추었다 하는 발성법인데, 가끔 성악가들이 우리 가곡을 부르는 것을 들어 보면 뭐라고 노래하는지 알아먹기 어려울 때가 많다. 듣는 사람 귀에 노랫말이 들리지 않으니 그 노래에 무슨 뜻이 담겼는지 크게 와 닿지 않는다. 자연히 마음의 울림도 크지 않다. 말은 말마디를 어떻게 끊느냐에 따라서 달라진다. 말마디를 잘못 끊거나 하면 생판 낯선 말이 되고 만다.

우리에게 교육사상가가 없지 않다. 방정환, 함석헌, 김교신, 성래운, 이오덕, 윤구병, 김수업, 이호철, 서정오, 박문희, 이주영 같은 이들이 있다. 우리 역사와 문화, 사회 현실에 바탕을 둔 빛나는 생각과 실천들이다. 이 가운데서도 무엇보다 먼저 우리는 이 땅의 교육자로서 또 부모로서 이오덕을 읽어야 하고 알아야 한다.

지금 이 나라 교육 현장에서 무슨 일이 일어나고 있는가. 과연 우리는 우리 아이들을 민주시민으로 살 길을 열어 가도록 가르치는가. 교육은 무엇보다 현실 속에서 숨 쉬는 어린이를 올바로 보는 데서 시작해야 한다. 초·중·고 12년 동안 풀어낸 문제 개수나 읽은 책, 봉사 시간과 동아리 활동 시간 같은 숫자로 교육을 설명할 수 있는 게 아니다. 오히려 그들에게서 터져 나오는 말과 마음과 몸짓과 꿈을 알아보려는 노력이 먼저 있어야 한다. 그게 교육이고 그래야 교육이다. 우리는 왜 애써서 교육을 하는가 하는 본질로 돌아가 묻고 또 물어야 한다.

미래는 다가오는 것이지 이미 만들어지거나 정해진 것이 결코 아니다. '다가온다'는 건 지금 여기에서 어떤 선택을 하느냐에 따라서 얼마든지 달라질 수 있다는 말과 같다. 뒷날은 지금 여기의 실천에 따라 저마다 다르게 열린다. 이 말을 뒤집으면 '나'를 포함한 '우리'가 서 있는 '지금 여기'에 이미 미래가 와 있다는 말이 되기도 한다. 그런 점에서 이오덕은 우리 교육의 현재이면서 미래다.

길은 분명하다. 모두 훌륭하고 귀한 뜻을 품고 있다. 아이들이 하나하나가 미래를 가치 있게 열어 가도록 거드는 것, 그게 교육이 맡은 일이고 교육자가 할 일이다.

차례

1장

이 땅에서 살아갈
아이들을 위해

01

아이들 눈에 비친 교육

2010년 12월이다. 내가 일하던 초등학교 앞 길에 펼침막 하나가 걸렸다. 졸업생 가운데 하나가 서울대학교에 합격한 때문이다. 합격한 학생이야 말할 것도 없고 동네잔치라도 벌여 걸판지게 놀아 보세 할 일이다. 학교 동창회에서는 이런 졸업생이 있으니 너희도 본받아 열심히 공부하고 학교를 자랑스럽게 여기라는 뜻으로 내걸었지만 아이들 눈에는 과연 어떻게 보였을까.

더러운 세상

우리 교문 옆에
'○○○ 서울대학교 지리교육과 합격'
현수막이 걸렸다
"야, 저 누나 1등급이겠지?"
"1등급 한우면 진짜 비싸겠다."
"에이, 1등급만 기억하는 더러운 세상!"
애들이 낄낄대고 웃었다.

'나는 몇 등급 고기일까?'
교실 오면서 속으로 생각했다.

_김민준, 6학년(2010. 12. 17.)

　그쯤 '1등만 기억하는 더러운 세상'이라는 책이 한창 사람들 입에 오르내리던 때다. '1등급만 기억하는 더러운 세상'은 그 말을 살짝 비틀었다. 아이들이 주고받는 말을 보면 부러운 마음이 들면서 동시에 점수로 사람 등급을 나누고 매기는 세상을 못마땅해한다. 물론 "저 누나 1등급이겠지?" 하는 말에는 공부 잘해서 얼마나 좋을까 하는 마음이 담겨 있다. 자신도 공부 잘하면 좋겠다는 부러움이 묻어난다. 하지만 아이들은 그 말을 곧바로 '1등급 한우'로 바꿔치기해 버린다. 그러곤 1등급만 기억하는 더러운 세상이라고 한목소리로 낄낄댄다. 위 글을 쓴 아이는 교문에서 교실까지 오면서 '나는 과연 몇 등급 고기일까' 하고 자신을 돌아본다. 머지않아 자신이 겪을 일이다. 성적에 따라 등급이 매겨지고 그게 대학을 가든 직장을 얻든 꿈을 이루는 데 족쇄가 됨을 잘 안다. 요즘은 초등학생까지도 '외고나 자사고 못 가면 루저'라고 자신을 낮잡는다. '이름난 대학', '좋은 직장'을 얻자면 죽어라 문제풀이 기계가 되어야 한다.

　　어떤 언니일까

　　어떻게 공부하면 서울대에 척 붙을까?
　　잠도 안 자고 죽어라고 공부만 했을까?
　　누가 물으면

자고 싶은 대로 다 자고

학교에서 교과서만 착실히 공부했다고 할까?

친구는 있을까?

노래 부르고 춤추고 놀 줄은 알까?

우리 언니 같은 얼굴을 하고 있을까?

_유은지, 6학년(2010. 12. 20.)

「어떤 언니일까」에서는 어떻게 얼마나 공부하면 서울대학교에 합격할 수 있을까 하고 부러워하는 마음이 느껴지지만, 한편으로는 뻔한 합격담을 비꼬는 마음도 엿보인다. 수석 합격자 입에 붙은 말이 잘 것 다 자고 놀 것 다 놀면서 공부했다는 소리다. 정말 그럴까. 잠도 안 자고 놀지도 않고 둘레 사람 돌아볼 시간도 없이 과외와 학원 공부를 해도 가고 싶은 대학에 갈까 말까 한데 그런 소리를 하면 코흘리개 아이도 믿지 않는다. 저 말을 뒤집어 죽어라고 공부만 하면 가고 싶은 대학에 척척 붙을 것이라고 믿는 순진한 아이도 없다. 그런데도 어른들은 저 말을 곧이곧대로 믿는다. 아니, 믿고 싶어 한다. "저 봐라, 사교육 없이도 가고 싶은 대학에 척척 붙는데 난 얼마나 든든한 뒷배고 훌륭한 부모냐, 네게 부족한 게 뭐냐, 이제 너만 잘하면 된다"고 말하고 싶은 건지도 모르겠다.

현수막

교문 앞

방음벽에서

현수막이 펄럭 퍽 퍽 소리를 낸다.

"○○○ 서울대학교에 합격했어요!"

"○○○ 서울대학교에 합격했어요!"

저 좀 봐 달라고 안달이 났다.

참 좋겠다.

저 누난 공부를 얼마나 잘할까

나는 공부만 빼면 다 잘할 자신 있지만

엄마 생각은 나하고 반대다

학생이 공부 말고 잘하는 건 소용이 없다고 했다.

_류장현, 6학년(2010. 12. 17.)

위에 든 두 편과 마찬가지로, 이 시도 비슷한 시기에 쓴 시다. 「현수막」에서는 학교고 가정이고 온 사회가 우리 아이들에게 공부 말고는 소중한 게 없다고 강요하는 게 날것 그대로 드러난다. 엄마 생각이라고 했지만 과연 이 아이 엄마만의 생각일까. 여기서 엄마는 우리네 어른들 모습이라고 해도 결코 지나치지 않다. 이름 있는 대학 가고 좋은 일자리 얻고 잘나가는 배우자 만나려면 지금 여기의 삶은 잠시 접어 두라고 말한다. 놀 시간 잘 시간뿐만 아니라 밥 먹는 시간까지 줄이라고 한다. 내 아이도 노력하지 않아서 그렇지 노력만 하면, 우리 아이도 지금보다 조금만 더 노력하면 저렇게 자랑스러운 펼침막을 큰길에 내다 걸 수 있을 거라고 착각한다. 1등이 있으면 꼴찌도 있을 수밖에 없는데, 우리 아이가 꼴찌가 될 수 있다는 생각은 병아리 오줌만큼도 하지 않는다. 아이는 공부만 빼면 뭐든 다 잘할 자신이 있는데 부모든 학교든 공부만 잘하는 아이를 바란다.

학교고 학원이고 부모고 한통속이 되어 아이들을 책상 앞에 붙들어 앉혀 놓고 국어고 수학이고 사회고 과학이고 영어고 쉴 틈도 없이 가르치려고 든다. 제 것으로 삭일 시간도 없이 뭐도 가르치고 뭐도 가르치고 끝도 없이 가르치려고 든다.

지금까지 어른들은 아이들을 자기들에 딸린 부속물로 여겼다. 그래서 어른들의 욕망대로 아이들을 가르치고 훈련하고 끌어가고 하였다. 부모들은 자식들에게 효도를 하라고 요구했다. 교육자들은 아이들이란 때리고 족쳐야 성적을 올릴 수 있다고 생각했다. 정치인들은 정권을 오래 유지하는 수단으로 아이들을 이용했고, 행정관리들은 행정 실적을 자랑해 보이고 꾸며 보이는 방편으로 보았다. 문인들은 아이들을 장난감으로 여겨서 글을 쓰고, 상인들은 돈벌이의 대상으로 여겼다. 우리 나라의 어른들이 이와 같은 태도로 아이들을 보았기에 그토록 어처구니없는 사람 잡는 교육이 태연하게 제도로 굳어 아이들이 여기저기 자살을 하거나 말거나 눈 하나 깜짝하지 않고 그 실적을 자랑하면서 진행되었던 것이다. _『참교육으로 가는 길』, 196쪽

이 땅에서 아이들은 이제 기획인간이 되었다. 부모가 짜 준 프로그램에 따라 학원으로 학습지로 과외로 뺑뺑 돌아야 한다. 어른들은 애써서 가르치고 아이들은 놀고 잠자는 시간을 줄여 뭐도 배우고 뭐도 배우지만 정작 아무것도 배우지 못하고 시간만 허비할 때가 더 많다.

2015년 5월 12일, 한 출판사는 열한 살 난 어린이가 낸 시집 『솔로

「학원가기 싫은 날」과 『솔로 강아지』 소개글

강아지』 437권을 모두 폐기하는 일이 벌어졌다. 시집에 실린 시 「학원 가기 싫은 날」이 논쟁거리가 된 때문이다.

말난 김에 시를 한번 보자.

"학원에 가고 싶지 않을 땐/이렇게//엄마를 씹어 먹어/삶아 먹고 구워 먹어~/눈깔을 파먹어/이빨을 다 뽑아 버려/머리채를 쥐어뜯 어/살코기로 만들어 퍼먹어/눈물을 흘리면 핥아 먹어/심장은 맨 마 지막에 먹어//가장 고통스럽게."

시 옆에는 심장을 손에 들고 입가에 피 묻힌 여자아이를 섬뜩하게 그려 놓았다. 어린이에게 주는 책(책 표제에 '어른을 위한 동시'라고 돼 있음)을 도대체 이렇게 만들 수 있는가를 누구든 생각해 보지 않을 수 없다. 하지만 이 시는 행복은 언제나 내일에 있다고 말하는 어른에게, 죽어라고 공부하지 않으면 큰일 일어날 것이라고 말하는 어른에게 '잔 혹한 현실'이 무엇인지 '어른의 압력'이 무엇인지 솔직하게 말한다. 어 른들 눈에 거슬리기 짝이 없다. 이 시집에 실린 시들은 결코 상투로 쓴 뻔한 시가 아니다. 시 내용을 나무라기에 앞서 아이가 어떤 자리에서 어떤 마음으로 이런 시를 썼을까를 먼저 톺아보아야 했다. 내용이 거슬리는 건 사실이지만 더욱 세심하게 살펴야 할 건 좋은 건 좋다 싫은 건 싫다고 계산 없이 토해 내는 아이의 말이다. 이런 시가 나오는 현실을 차분히 돌아보고 깊이 있게 고민해야 좋은 뒷날을 바랄 수 있다. 하지만, 내 눈으로 보기에 시의 내용이나 그림보다 더 섬뜩하고 무서운 건 따로 있다. 이 시집이 보여 주는 어른의 탐욕이 지배하는 잔혹한 현실이다. 시집 소개 글을 보면, "한글 동시와 영어 번역시가 함께 실려 있어, 영어 공부도 함께할 수 있으며 서로 다른 언어를 비교하며 재미있게 읽힐 어린이 동시집"이라고 적어 놓았다. 말처럼 이 시집은 왼쪽에는 한글로 쓴 시, 오른쪽에는 영어로 뒤친 시를 실어 놓았다. 시를 시로만 읽지 말고 내친 김에 영어 공부도 하라고 해 놓은 게 더 잔혹한 현실이 아닐까.

한국보건사회연구원 분석(2015)을 보면 우리 나라 11세, 13세, 15세 어린이의 학업 스트레스 지수는 50.5퍼센트로 조사 대상 29개 국가 가운데 가장 높았다. 덕분에 청소년 자살률이 경제협력개발기구 회원 국가 중 1위다. 아이들이 잔혹하다면 그건 어디에서 온 것인가. 이오덕은 아이들은 본래 깨끗하고 바르고 참된 사람이지만 만약 한 아이가 비열하고 잔인하며 약삭빠르게 행동한다면 그건 죄다 어른들이 그렇게 가르친 때문이라고 했다.

이 땅의 어른들이 만들어 놓은 잔혹한 현실을 보여 주는 시 한 편을 더 보자. 부모 마음으로는 든든한 뒷배만 되어 주면 뭐라도 배우겠지 하는 마음으로 허리띠 졸라매고 학원 보내지만 거기서 아이들은 과연 무엇을 어떻게 배우고 있을까.

○○○○학원

학원에서 수학, 영어만 한다.

수학은 숙제 못해 오면 한 시간 동안 거의 반을 죽여 놓는다. 때린다. 그냥 몽둥이로 아무 데나 막 때린다. 엉덩이나 허벅지를 막 때린다. 죽겠다. 아이들이 안 맞으려고 숙제를 해 간다. 그래도 영어는 수학에 비하면 덜하다. 숙제 네 번째 걸리면 손바닥에 불이 난다. 영어도 무섭다. 수학보단 덜하지만 무섭다. 혼나지 않으려면 숙제를 잘해 가야 한다. 하지만 오늘도 숙제를 못해 간다.

'오늘 또 맞겠구나.' 하는 생각을 하면서 간다.

_정은수, 6학년(2010. 4. 27.)

아이는 학원 이름을 밝혀 썼지만 지우고 옮겼다. 우격다짐으로 두려움으로 한 공부가 얼마나 갈까. 그 속에서 아이는 무엇을 익히고 배울까. 이런 처지에 있는 아이가 아름다움을 노래하고 아무 걱정 없는 착한 아이가 되어 행복을 흉내 내어 쓴다면 그것이야말로 비뚤어진 마음이고 비극이 아니겠는가. 이오덕은 "시를 쓰는 것이 사람이 사람답게 되는 가장 확실한 길"이라고 했다.

나의 꿈

나는 꿈을 꾼다. 일요일 되는 것을.
나는 꿈을 꾼다. 날마다 노는 것을.
나는 꿈을 꾼다. 푹 자는 것을.

나는 꿈을 꾼다. 놀토가 다가오는 걸.

나는 꿈을 꾼다. 학교 안 가는 것을.

나는 꿈을 꾼다. 학원 안 다니는 것을.

그러다 꿈이 깬다. 아, 망했다.

_정승욱, 6학년(2010. 10. 28.)

아이들은 학년의 높고 낮음을 떠나 내남없이 순간순간을 살아간다. 어떻게 하면 공부에서 얼른 벗어날까 궁리할 뿐이다. 아이들은 마음껏 뛰놀 수 있는, 숨통 트이는 놀토[1]를 기다리고 아침 공기부터 다른 방학을 기다린다. 하지만 그건 꿈일 뿐이다. 토요일은 토요일대로 더 바쁘다. 비워야 다시 채울 수 있을 텐데 어른들 욕심으로는 끝도 없이 채우려고만 든다. 아이들은 부모의 아바타이다. 부모들은 자신을 대리한 아들딸이 남들보다 뒤처지고 실패하는 꼴을 참을 수 없다. 그래서 잠시 학업을 놓는다는 '방학'조차도 아이들은 쉴 틈이 없다. 오히려 더 바쁘다. 방학을 '집중학습 시기'로 여겨 학원 순례를 한다. 하루 생활 계획표에는 아침에 일어나서 밤에 잠들 때까지 돌아야 할 학원 수업 목록으로 꽉 차 있다. 방학이 되어도 집 밖을 나와서 노는 아이를 보기란 쉽지 않다. 인성교육진흥법이니 해서 말 같지도 않은 법을 시행하면서 인성마저 사교육으로 배우는 세상이 되었다. 학년이 더할수록 고달픔은 더하면 더했지 조금도 덜어지지 않은 것이다.

---

1. 이때는 아직 주 5일 수업을 하지 않던 때로 한 주 걸러 한 주씩 주 5일 수업제를 했다. 한 주 걸러 한 번씩 학교에 가지 않는 토요일을 아이들은 '놀토'라고 했다.

공부

울 오빠는 요즘 눈가가 그늘져서 어둡다.

시험공부 때문에 지쳐서 시체처럼 걸어 다닌다.

수능 대비 하느라고 머리카락 줄줄이 빠져도

그건 끝낼래야 끝낼 수 없는 스트레스다.

지쳐 있는 울 오빠가 공부한다.

책상에 엎드려 있다.

눈이 충혈되어 있다.

토스트와 커피 갖다 준다.

한 입 베어 물고 오물오물 씹다가 눈꺼풀이 점점 내려간다.

조용히 불 꺼 주고 나오면 얼마 안 되어 또 불 켜 놓고 또 잔다.

내일 한단다.

또다시 시작하는 하루, 공부가 우리 오빠를 아주 잡는다.

_장정은, 6학년(2010. 12. 9.)

초등학생 눈으로 본 고3 오빠 모습이다. 이 나라 대부분 고등학생의 모습이다. 밤이 깊어도 불 끄고 마음 편하게 잠들지 못한다. 자더라도 불을 켜 놓고 자야 덜 불안하다. 머리카락이 한 움큼씩 빠지고 눈은 퀭한데다 핏기마저 어렸다. 숨이 붙어 걸어 다니니 사람이지 좀비도 이런 좀비가 없다. '공부가 우리 오빠를 아주 잡는다'는 말에서 안쓰러워하는 어린 동생의 마음이 엿보인다. 오빠 모습은 머지않아 곧 자신이 맞닥뜨려야 할 뒷날이기도 하다. 사실 '수능'과 '시험' 빼고 이 땅의 아이들 삶을 말하는 건 의미 없는 일이다. '사당오락', '시험기계', '전투

적 교육가족' 같은 말에서 보듯 지금 우리는 시험 과잉 시대를 살고 있다. 수능 원서를 낸 수험생 60만을 1등부터 꼴찌까지 예쁘게 줄 세운다. 수험생뿐인가. 이 나라에 있는 대학 200여 곳을 이른바 '스카이'니 '인서울'이니 '지잡대'니 하면서 차례로 줄을 세우고 대학 졸업생도 줄선 대로 능력이 다를 것이라고 쉽게 단정해 버린다. 이 나라 교육이 바뀌려면 대학 입학시험이 먼저 바뀌어야 한다고 해도 쇠귀에 경 읽기다. 어디 대학만 그런가.

2017년 6월 정부는 전국 중·고등학교를 대상으로 실시해 온 '국가수준 학업성취도 평가'를 일부 학생을 골라서 하는 표집방식으로 바꾼다고 발표한다. 그동안 이 시험은 서울 강남 부자 동네부터 산골 동네까지 온 나라 학교를 성적순에 따라 한 줄로 세우려는 경쟁을 부추겨 왔다. 학생과 학교와 지역 간 경쟁으로 교육의 질을 끌어올리겠다는 달콤한 말로 2008년부터 모든 학생이 한날한시에 같은 시험을 봐 왔다. 하지만 지난 아홉 해 동안 일제고사 방식으로 치러 오면서 학업성취도평가는 결과를 위해서라면 부정행위를 부추기고 성적을 조작하는 일도 마다하지 않아야 한다는 '야만'을 가르쳐 온 것도 사실이다. 문화상품권과 간식, 영화 관람 따위로 꾀어 밤늦도록 교실에 붙들어 놓고 공부를 시키는 초등학교가 있는가 하면 학교 교문에 '국가학업성취도평가대비, 6학년 목숨 걸고 공부하는 기간, 필승'이라는 걸림막을 높이 내거는 반교육 행태를 보여 주기도 했다. 더러는 시험이 있는 날 성적이 낮은 아이들은 차라리 학교에 나오지 못하게 해야 한다는 말까지 나오는 학교도 있었다. 그 결과 우리 아이들은 어찌 되었는가.

진짜 비극은 아이들이 왜 공부하는지 모른다는 데 있다.

공부

공부를 왜 하고 왜 중요하지?
공부는 왜 해야 할까?
엄마 아빠는 나를 위해서 공부하는 거란다.
그런데 나는 날 위해 공부하는 게 아니다.
엄마 아빠는 계속 나를 위해 공부하는 거라고 하는데
나는 노는 게 나를 위하는 거라고 생각한다.
나는 노는 게 나의 행복이다.
근데 엄마 아빠는 나를 위해서란다.

_김형진, 2학년(2009)

　누구나 아이 말에 '정말 그렇구나' 하고 고개 끄덕여질 것이다. 2학
년 아이다운 솔직함이 그대로 드러나 있다. 지금까지 수많은 아이들이
이런 생각을 했겠지만 이 아이처럼 자기를 위하는 일은 공부가 아니
라 노는 것이라고 선언한 글은 좀처럼 보기 어렵다. 어른의 눈으로 보
면 아직 세상 물정을 모르고 떠벌리는 철없는 소리고 배부른 투정이라
고 할지 모르겠다. 하지만 이제 겨우 아홉 살 난 아이다. 어른들은 공
부해서 남 주느냐고 하면서 다 네게 피가 되고 살이 되는 거라고 최면
을 걸지만 아이는 속지 않는다. 속아 주는 척할 뿐이다. 책만 들입다
판다고 공부 잘하는 게 아니다. 책으로 얻은 것을 잘 삭이고 제 것으
로 삼는 시간이 반드시 있어야 한다. 부모 마음에야 아이가 공부 잘하
면 바랄 게 없겠지. 살아갈 뒷날을 생각하면 낮은 학년 때부터 바짝
공부해서 남들보다 반걸음이라도 앞서 가길 바란다. 그런데 아이들 마

음이 그런가. 어쩔 수 없이 '기획인간'으로 살지만 아이들은 언제든 정해진 틀에서 벗어날 기회를 노린다. 기회가 되면 언제라도 틀 밖으로 뛰쳐나갈 것이다. 2학년 아이지만 생각이 야무지다. 부모는 다 널 위한 일이라고 해도 아이는 그게 온전히 자신을 위한 일이라고 생각하지 않는다. 자신이 기획인간으로 살아가는 건 부모의 사랑과 관심을 놓치지 않으려는 처절한 몸부림일 뿐이다. 그러니 '나는 노는 게 나의 행복'이라고 당당하게 말한다. 어른 눈으로 보기엔 꾸물거리고 아무 일도 않고 빈둥거리는 것 같아도 아이들 시간은 어느 한 순간도 멍한 시간이 없다. 어른 눈에는 한낱 한눈파는 짓거리이겠지만, 아이들에게는 한 순간도 헛되이 보낼 수 없을 만큼 귀한 경험들로 꽉 차 있다. 방구석 자리를 소리 없이 기어가는 거미를 눈으로 쫓아가는 것도 책상 아래 굴러다니는 먼지 덩어리도 하늘을 둥둥 떠나는 구름도 다 놀 거리요 공부거리다.

수학 시간

먼지가 슬렁 어슬렁 굴러가다가
책상 서랍 쿵 부딪혀 보고
야, 비켜, 비켜 한다.
책상은 기가 막혀서 말도 안 나온다.
먼지는 그 맘도 모르고
지지 않고 야, 비켜, 비켜 한다.

_최승민, 2학년(2009)

보잘것없는 먼지가 바위 같은 책상에게 비켜, 비켜 하는 모습은 마치 글 쓴 아이 자신을 그대로 보여 주는 것만 같다. 더욱 재미난 건 시 제목이 '수학 시간'이라는 데 있다. 어른들 기대와는 다르게 아이 눈과 마음은 온통 바닥을 슬렁 어슬렁 굴러가는 먼지 덩어리한테 가 있다. 어른들이라면 어땠을까. 얼른 먼지 덩어리를 손으로든 휴지로든 집어 내버렸을 것이다. 더구나 수학 시간이니 딴청 부린다고 싫은 소리를 들어야 할지도 모르겠다.

구름

하늘에 구름 보면 쿵쿵 신나는 마음이 된다.
아까 나는 토끼 모양 구름을 보았다. 나만 봤다.
_우승수, 2학년(2009. 4. 27.)

「구름」도 공부 시간에 딴 애들은 못 보고 나만 본 것을 썼다. 구름을 봤는데 그냥 구름이 아니다. 귀가 쫑긋한 토끼 모양 구름을 '나만 봤다.' 아이들한테는 세상 모든 게 의미 있게 다가온다.

기획인간 같은 삶에서 벗어나 자신의 의지대로 자유롭게 사는 길은 오직 어른이 되어야만 끝낼 수 있다고 생각한다. 다른 아이가 쓴 글을 들어 본다.

나의 꿈

나는

빨리 어른이 되는 게 꿈이다.

빨리 어른이 되면

내가 하고 싶은 모든 일

다 할 수 있기 때문이다.

나는

빨리 어른이 되었으면 좋겠다.

_정은수, 6학년(2010. 10. 28.)

이 시는 요 앞에 정승욱이 쓴 「나의 꿈」과 같은 날 교실에서 썼다. '내가 하고 싶은 모든 일/다 할 수 있기 때문'이라는 말에서 어른들은 코웃음 칠지 모르겠다. "윤석아, 너도 어른 되어 봐라. 어디 네 맘대로 되는 일이 있는지." 할지 모르겠다. 어른이라고 마음 내키는 대로 뭐든 다 할 수 있는 게 아니니까. 하지만 아이 마음에 자유는 아이한테만 없는 것이다. 어른들 자동인형이 되어 가라면 가고 오라면 와야 한다. 기획인생이고 기획인간이다. 내 몸을 내 뜻대로 놀릴 수 없다. 어른 눈 밖으로 벗어나서는 안 되니 정해 준 길로만 가야 한다. 그 길에 '나'는 없다. 자연히 내 '삶' 따윈 있을 수 없다. 아이 스스로 자기 삶의 주인이 되어야 하는데, 우리 아이들은 좀처럼 자기 삶의 주인으로 살아 본 일이 없다.

얼마 전 스물세 살 난 청년이 스스로 목숨을 끊었다. 청년은 세상을 등지기 전 어머니에게 "다음 생엔 공부 잘하겠다. 미안하다"는 문자 메시지를 남겼다. 자신이 일자리를 얻지 못하는 원인을 공부 못하는 자기 자신의 탓으로 돌리는 교육, 그게 바로 사람이 공부의 도구가 된 이 나라 교육이다. 솔직히 이 나라에는 교육이 없다고 해도 지나친 말이 아니다. 내남없이 교육이 문제라고 말하지만 곰곰이 따져 보면 가정이고 학교고 대학 입시에 온통 방점이 찍혀 있다. 더구나 지식경제를 넘어 제4차 산업혁명이니 인공지능(AI)이니 하는 말들이 혀끝에 붙은 말처럼 자연스러운 때다.

교육이 도대체 무엇인가 묻지 않을 수 없다. 사람을 애써 기계로 만드는 일은 분명 교육이 아닐 것이다. 사람을 사람답게 길러 내야 비로소 교육이다. 상식이 있는 사람이라면 교육은 어떤 사람을 길러 내느냐 하는 고민에서 출발해야 한다. 어떤 입시제도라도 뚫을 수 있는 '1등급 문제풀이 기계'로 키우는 게 교육의 목표일 수는 없다. 사회 속에서 서로 영향을 주고받으면서 행복하게 사는 사람을 길러 내야 하는데, 오히려 관계를 깨뜨리는 일을 교육이 앞장서서 해 온 것이다.

「교육기본법」 제2조는 우리 교육이 지향하는 바를 이렇게 풀어놓았다.

> 교육은 홍익인간(弘益人間)의 이념 아래 모든 국민으로 하여금 인격을 도야(陶冶)하고 자주적 생활능력과 민주시민으로서 필요한 자질을 갖추게 함으로써 인간다운 삶을 영위하게 하고 민주국가의 발전과 인류공영(人類共榮)의 이상을 실현하는 데에 이바지하게 함을 목적으로 한다.

결국 우리가 애써 길러 내야 할 사람은 제 손발을 놀려 제 앞가림을 할 줄 아는 민주시민이다. 사람은 사회에서 살아간다. 그 누구도 사회 관계에서 자유로울 수 없다. 누구나 다른 사람과 어울려 살아간다. 거기서 갈등은 필연처럼 일어난다. 서로 갈등하는 힘들이 대화하면서 새로운 역사를 만들어 간다. 우리 아이들도 시민이다. 교복 입은 시민이다. 아이들을 민주시민으로 길러 내야 한다고 했지만 아이들이 하는 말을 시들방귀로 여긴다.

우리 엄마

엄마가 나랑 오빠랑 싸웠는데
엄마는 맨날 오빠 편만 든다.
오빠는 중학교 3학년이다.
오빠가 먼저 시작했는데
엄마는 아무것도 모르면서
"왜 오빠한테 대들어?" 하신다.
나만 갖고 소리 지른다.
그래서 방에 들어가서 눈물을 흑흑 흘리고 온다.
속이 좀 시원해지면 나온다.
_김하은, 4학년(2012. 11. 7.)

집에서 흔하게 보는 장면이다. 민주교육은 이 땅에서 교육을 맡은 교사와 학교만의 일이 아니다. 우리 모두의 일이다. 누구든 민주주의와 모순되는 삶 속에서 살아간다면 결코 민주시민으로 자라나지 못한다. 민주주의는 삶 속에서 자라나는 것이지 단순히 민주주의를 묻는 문제에 정답을 몇 개 맞혔는지는 크게 중요하지 않다.

음악 시간

음악 시간에
동현이랑 떠들었는데
선생님이 눈에 힘을 딱 주면서
김민기 경고야, 그랬다.
아-씨
동현이도 같이 떠들었는데
동현이한테는 안 주고
선생님은 나한테만 경고 준다.
억울해서 선생님을 눈에 힘주고 보면서
"왜, 저한테만 주세요?" 했다.
선생님이
"아까도 떠들었잖아"
하셨다.
나는 내 책상을 힘없이 칠판 앞으로 옮겼다.
그리고 쓸쓸하게 혼자 앉아 공부했다.

_김민기, 4학년(2012. 9. 6.)

　자기 자신한테는 너그럽지만 학생 일이라면 대충 봐주는 게 없는 선생이다. 불평이 입술 밖으로 막 새어 나올 수밖에 없다. 교사들은 언제나 아이를 앞세운다. 아이들에 대해 이야기한다. 하지만 아이와 이야기하는 게 아니라 아이에게 일방으로 말한다. 아이 말은 자신이 묻는 물음에 답할 때만 귀 기울인다. 교육은 어디까지나 주고받는 것이 되어야 하는데 그렇지 못하다.

교사와 학생은 서로를 필요로 한다. 교육은 사회적 과정이며 온갖 표현은 교사와 학생을 연결한다. 교사는 아이들이 말하는 것을 잘 들어야 하고 몸짓이 드러내는 바를 눈여겨보아야 한다. 동시에 아이들한테 배울 수 있어야 한다.

"인류는 어린이에게 '가장 좋은 것'을 줄 의무가 있다."

1924년 국제연맹이 처음 채택한 「아동 권리에 관한 제네바 선언」 전문에 나오는 말이다. 이 다짐은 1959년 「아동권리선언」, 1989년 국제법 효력이 있는 「유엔 아동권리협약」으로 다시 확인한다. 우리 나라를 비롯해 세계 196개 나라가 비준했다. 그러나 우리 아이들이 발 디디고 선 현실은 이오덕이 절망했던 시대에서 크게 나아지지 않았다. 오히려 세계 어린이·청소년 넷 가운데 하나는 어른들에게서 '가장 나쁜 것'만을 강요받고 있다.

02

지금 왜 이오덕인가?

   부모로서, 교육자로서 우리 교육이 가는 길을 보면 안타깝고 절망스러울 때가 허다하다. 아이들을 바로 키우기만 하면 10년 뒤에 우리 사회는 지금하고는 아주 다른 사회가 되겠지만, 지금 우리 교육은 5년 앞도 감히 내다보지 못한다. 도무지 교육이 될 수 없는 일을 교육이라고 막무가내로 우기고 아이들이 죽고 병들어 가도 그게 잘못된 교육 탓인 줄 몰라라 한다. 그때그때 즉흥으로 터뜨리는 일도 많다. 그러는 사이 교육과정은 누더기가 되었고 학교와 아이들은 교육 정책의 '마루타'가 되었다. 아이는 아예 눈에 들지도 않는다. 자본은 언제나 교육을 만만한 돈벌이 수단으로 보고 아이들을 철저히 자본의 몸종으로 길들이려고 기를 쓴다. 정치꾼들은 자신들을 떠받들고 편드는 나팔수쯤으로 여긴다.

   교육 주체란 말은 듣기 좋으라고 하는 입바른 소리일 뿐 아이들은 언제나 소외받기 일쑤다. 어른들이 알아서 할 터이니 너흰 딴 생각 말고 책상머리에 엉덩이 붙이고 죽어라 책만 파라고 으르고 다그친다. 오직 대학만이 지상 목표인 양 꾀어 내남없이 몰아간다. 그 틈바구니에서 아이들은 본능적으로 배움을 두려워하며 어떻게든 도망가려고 한다. 손을 대면 댈수록 불행은 끝없이 일어나고 비극은 세대를 넘어 이어진다.

이러한 소용돌이 속에서 우리 교육이 어떤 길로 가야 하는가를 앞에 서서 보여 준 이가 바로 '이오덕'이다. 이오덕은 소박하지만 단호한 교육사상가였다.

이오덕 사상은 주류 학계에서는 좀처럼 거들떠보지 않는다. 오히려 최근 학교문화를 새롭게 만들어 가려는 혁신학교들에서 크게 주목받고 있다. 혁신학교는 우리 공교육의 절박한 슬픔을 스스로 넘고자 하는 사람들이 무엇이 교육의 본질에 가까운 것인가를 고민하면서 이오덕을 읽고 있다.

이오덕은 일제강점기이던 1925년 경상북도 청송군 화목면 덕계리에서 태어났다. '오덕'이라는 이름은 1925년의 '5'와 덕계리의 '덕' 자를 따서 지었다. 1941년 영덕 공립 농업실수학교에 입학해서 1943년에 졸업하는데 성적이 뛰어나 군청에 바로 특채된다. 군청 직원으로 일하던 이오덕은 1944년 3종 교원시험에 합격하여 경북 청송 부동국민학교에서 교사로 일하기 시작한다. 스무 살에 해방을 맞이하지만 20대 중반에 한국전쟁을 겪고, 청년기와 장년기에는 어지러운 정치, 경제, 사회, 문화, 교육을 생생하게 겪는다. 그는 정년을 5년 가까이 남겨 두고 퇴직한 1986년까지 43년 동안 경북 지역에서 교사, 교감, 교장으로 일하면서 어린이 교육에 열성을 쏟았다. 이오덕은 아이들과 가까이 지내면서 아이들을 가르쳐야 할 대상으로 보지 말고 아이들을 하늘처럼 섬기고 오히려 아이들한테 배울 줄 아는 어른이 되어야 한다고 말한다. 또 학대받고 매질을 당하고 노동력을 착취당하는 아이들을 보면서 어린이 인권에 관심을 갖는다. 이오덕이 아이를 바라보는 눈[2]은 기독교 집안에서 태어나고 성장하면서 방정환의 천도교 동심관의 영향을 받았기 때문(이주영, 2011, 198쪽)이라고 할 수 있다. 그런 까닭에 "어린이의 순진한 마음은 뱀이나 호랑이들까지도 통하는 바로 하느님 마음이요, 우주의 마음이다. 어린이가 되어야 하늘나라에 갈 수 있다든지, 어린이는 어른의 아버지라고 하는 말은 결코 어린이란 존재를 어른의 머릿속에서 공상으로 미화시켜 한 말이 아니고, 현실 속에서 숨 쉬고 있는 어린이들의 살아 있는 마음을 보여 주는 말"(『이 땅에 살아갈 아이들 위해』, 60쪽)이라고 했다.

이오덕은 현재를 살아가는 아이와 아이를 섬기는 교육을 주장하고 사랑했다. 그 사랑이 교육자로 시인으로 교육과 어린이문학 평론가로 우리 말 살리기 운동가로 살게 했다.

이오덕은 1948년 6월 고향을 떠나 부산으로 가서 다시 초등학교 선생 노릇을 한다. 1954년 『소년세계』에 동시 「진달래」로 등단한다. 이어 1957년에는 군북중학교 교감으로 발령 받지만 한 달 만에 사표를 내고 상주로 옮긴다. 1950년대에 남긴 「제목 없이 쓰는 시(詩)」[3]에서 당시

2. 이오덕(1987: 27)은 어린이를 열네 가지로 나누어 보면서, 공통되는 목표를 짧게 말하면 '자유를 지키고, 평화를 사랑하고, 평등을 염원하는 어린이'라고 했다.
   - 참된 민주적 삶을 실천하는 어린이
   - 어린이다운(사람다운) 감정, 사고, 행동을 가진 어린이
   - 사물을 있는 그대로 보고, 사물과 사물의 관계를 파악하고, 참 이치를 생각하는 어린이
   - 겸손하고, 양보할 줄 알며, 남을 도와주는 것을 기쁘게 여기는 어린이
   - 역한 자, 불행한 자의 편에 서는 어린이
   - 불의를 미워하고 정의감을 갖는 어린이
   - 일하면서 살아가는 사람을 높이 보고, 일하면서 살아가고 싶어 하는 어린이
   - 물욕에 사로잡히지 않는 어린이
   - 어려운 일을 참고 이겨 내는 어린이
   - 창조적 태도를 가진 어린이
   - 자기의 느낌과 생각을 정확하게 표현하려고 하는 어린이
   - 사치하지 않고 검소한 어린이
   - 생명을 귀하게 여기는 어린이
   - 자연을 해치지 않고, 자연과 더불어 살아가는 어린이

이오덕이 어떤 마음으로 살았는지 짐작해 볼 수 있다.

그 뒤 청리초등학교에 복직하여 2학년을 가르치면서 삶을 가꾸는 글쓰기 교육을 한다. 이를 바탕으로 1965년 『글짓기 교육의 이론과 실제』를 쓴다. 1964년 이안서부초등학교 교감으로 승진하지만 아이들을 닦달하고 괴롭히는 일제 식민지식 교육에 절망하고, 동시에 부패와 부정에 찌든 거꾸로 된 교육을 견디다 못해 '교사 강등 청원서'를 내어 교감에서 교사가 되게 해 달라고 한다. 『이오덕 일기』에는 이때 일을 다음과 같이 적었다.

> 이런 내용을 썼는데, 사실은 "이놈의 교감 노릇 죽어도 못 하겠습니다. 온갖 부패와 부정을 나 자신의 책임으로 그것에 동조하거나 묵인하게 되고, 그렇지 않고서는 월급쟁이 노릇을 할 도리가 없으니 저는 그만두는 수밖에 전혀 딴 길이 없습니다" 이렇게 쓰고 싶었지만 할 수 없었던 것이다. (……) 내가 이대로 교감으로 있다가는 앞으로 교장이 될 때까지 10년 동안을 머리를 썩여 가면서 아부·아첨하는 것들, 부정부패로 살아가는 것들을 눈감아 주면서 구역질 나는 생활을 해야 할 테니까 말이다.
>
> _『이오덕 일기 1』, 44~45쪽

---

3. 어제는 교안을 안 썼다고 잔소리를 듣고/오늘은 청소가 안 되었다고 불려가고/방학 책값 가져오라, 도덕책 값 가져오라/유리 값, 종잇값, 크리스마스 씰, 운동회비,/충무공 동상 대금…/빈 병을 가져오라, 신문 잡지 가져오라…/대통령 암화를 외워야 하고/문교부의 방침, 도의 방침, 교육구의 방침,/도지사의 열세 가지 유실녹화 수종을 외워야 하고/좌천과 파면의 끊임없는 위협 속에/아첨과 비굴이 반지르르 기름을 바르고 다니는데,//꿈에도 그리운 나의 소년들은 어디 갔는가?/나의 하늘은 어디 있는가?/차라리 산속으로 들어가/풀뿌리 나무 열매를 먹고/산짐승과 함께 살고 싶구나!(『이 지구에 사람이 없다면 얼마나 얼마나 아름다운 지구가 될까?』, 96~97쪽).

이오덕은 다시 교사가 되었다가 1971년에 문경 김룡초등학교 교감으로 발령을 받는다. 같은 해 동아일보 신춘문예로 등단한다. 1973년에는 봉화군 삼동초등학교 교장으로, 1979년엔 대성초등학교 교장으로 간다. 1971년 한국아동문학가협회를 결성하면서 글쓰기 교육보다 어린이문학 비평을 더 많이 한다. 『아동시론』, 『시정신과 유희정신』, 『이 아이들을 어찌할 것인가』, 『삶과 믿음의 教室』 같은 책을 펴내고, 1978년 펴낸 『일하는 아이들』은 우리 교육계와 문단에 커다란 충격과 반성을 주었다. 이는 한국글쓰기교육연구회를 만드는 밑거름이 된다. 어린이 글쓰기는 삶을 키워 가는 데 목표가 있으며 삶을 떠난 글재주를 나무랐다. 마침내 1983년 '한국글쓰기연구회'를 만들어 삶을 가꾸는 글쓰기 교육을 시작하는데, 글짓기 교육을 비판, 반성하고 새로운 대안을 찾고자 한 일선 교사들과 함께 만들었다. 47명으로 시작하여 1990년에는 글쓰기회 지회가 22개, 회원이 3천 명으로 불어났으며, 달마다 『삶을 가꾸는 글쓰기』라는 회보를 냈다. 그 뒤 『우리 말과 삶을 가꾸는 글쓰기』라는 이름으로 바꿔 2017년 12월 현재 262호까지 냈다. 이오덕은 글짓기 능력이 뛰어난 아이 몇몇만 집중 지도하여 상 타 오는 글짓기 교육을 크게 나무랐다. 또, 글짓기 교육은 감정을 거짓으로 부풀리고 손끝 재주로 세련된 글을 만드는 데 치우쳤으며, 어른 중심의 이데올로기와 관념에 굴종하는 글을 쓰도록 강요했다고 말한다.

1986년 반강제로 학교를 그만두고 나와서는 우리 말 바로 쓰기 운동에 힘을 쏟는다. 1998년에는 '우리 말을 살리는 겨레 모임'을 만들어 공동대표를 맡기도 했다.

그는 누구보다도 우리 교육의 뿌리 깊은 모순과 병집을 잘 알았고 그것을 극복하고자 치열하게 살아왔다. 그가 교육자로 살던 때는 일제강점기와 미 군정, 이승만, 박정희, 전두환 정권 때다. 그 컴컴한 시대를 살면서 이오덕은 학교가 사람을 병신으로 만드는 빈 지식을 가르치는 데 앞장서고 아이들을 삶과 일과 놀이가 빠진 공부만 하는 기계로 만들었다고 안타까워했다. 교육을 교육답지 못하게 하는 껍데기 교육과 거짓 교육을 날카롭게 비판했다. 동시에 탁류를 거슬러 우리 교육과 교육자가 나갈 길을 밝히려고 애썼고 가야 할 길을 앞서 걸어갔다. 『삶을 가꾸는 글쓰기 교육』, 『우리글 바로쓰기』, 『어린이를 살리는 문학』, 『참교육으로 가는 길』 같은 책은 교육 문제를 누구보다도 치열하게 고민하고 연구하면서 온몸으로 실천해 낸 산물이다.

이에, 이 글은 이오덕 교육사상을 몇 가지로 갈래지어 보고 우리 교육에서 어떤 실천으로 거듭나고 있는가를 거칠게나마 살펴보려고 한다.

2장

밑바탕 생각:
아이와 교육에
대한 '사랑'

학생은 배움의 주체이고 학부모는 돌봄의 주체이며 교사는 가르침의 주체이다. 이때 교사가 어떤 마음가짐으로 아이 앞에 서느냐에 따라 교육의 실현 양상은 사뭇 다를 수밖에 없다. 교사가 교육자로서 품은 신념 또는 가치관을 '교육사상'이라고 한다. 이오덕은 교육 이론을 체계 있게 정리한 교육 이론가라기보다는 교사, 교감, 교장으로 활동한 교육 실천가였다. 하지만 교육 분야에만 머물지 않고 아이를 살리는 어린이문학과 비평, 말과 얼을 살리는 우리 말 바로 쓰기 같은 사회문화운동에서도 활동할 만큼 다양한 분야에 걸쳐져 있다. 그렇다면 이오덕의 교육사상은 어떻게 간추릴 수 있을까. 이주영(2004)은 「이오덕의 교육사상 연구」에서 '민주교육, 민족교육, 인간교육, 일과 놀이 교육, 생태교육'과 같이 다섯 가지 사상으로 나눈 바 있다. 이에 동의한다. 다만 교육사상은 한 교육자가 교육의 목적과 방법, 교육과정의 밑바탕이 되는 일정한 견해라고 본다면 이것들을 아우를 수 있는 '무엇'이 있어야 한다. 나는 그게 아이와 교육에 대한 '사랑'이라고 본다.

우리는 사랑한다 이 땅을,/이 땅에서 모든 풀과 나무를/숨

쉬는 모든 벌레와 짐승과 새들과 물고기를,/이 땅에서 노래하며
일하며 살고 싶어 하는/모든 부모 형제자매를,/어린이들을,/우
리들의 말을/우리는 죽도록 죽도록 사랑한다. (……)

_『이 지구에 사람이 없다면 얼마나 얼마나 아름다운 지구가 될까?』, 551쪽

이오덕이 남긴 시 「사랑」의 앞부분이다. 이오덕의 교육사상은 이 땅
과 이 땅에 살아가는 온갖 목숨과 어린이와 우리 말을 사랑하는 데서
출발한다. 아이와 교육에 대한 사랑은 그가 실천해 온 교육사상의 밑
바탕으로서 교육 목적, 교육 방법이나 교육과정에까지 큰 영향을 미치
고 있다.

01
사람을 사람이 되게 하는 교육

교육이란 무엇인가, 또는 교육을 받았다는 말은 무엇을 뜻하는가. 내가 생각하는 교육과 다른 사람이 생각하는 교육이 얼마든지 다를 수 있다. 그 결과로 교육의 목적이나 교육 정책, 교육 내용에 대한 논의도 달라질 수밖에 없다. 그런 까닭에 이오덕이 생각한 교육이 무엇인지 살펴보는 것은 매우 중요한 일이다. 물론 의견이 같을 수는 없다. 하지만 우리가 공들여야 할 일과 버려야 할 일이 무엇인지는 말할 수 있다. 또한 교실에서 일어나는 실천들이 농사꾼이나 장사꾼, 학자, 사업가들하고는 어떻게 다른가를 알고 어떻게 구분하는가에 따라서 교육의 개념도 달라진다. 그렇다면 이오덕이 생각하는 교육이란 무엇인지 살펴보자.

아주 쉽게 말해서 아이들이 착하고 바르게 세상을 살아가도록 하는 것입니다. (……) 오늘날 이 땅에서 우리 아이들이 착하고 바르게 살아가도록 하려면 무엇보다도 먼저 반민주 반민족 반인간 반생명 교육을 물리쳐야 하며, 입신출세를 목표로 하는 살인 망국 교육을 씻어 내야 한다. 그래서 모든 아이들이 민주스런 삶을 창조하면서 통일로 나아가는 자유인이 되게 해야 한다. 곧 교육하는 방향을 아주 크게 바꾸어서 새로운 지표로 뚜렷하게 세워야 하겠다. _『내가 무슨 선생 노릇을 했다고』, 299쪽

참된 사람교육은 나이 어릴수록 하기 쉽다. 어려운 것은 어른 쪽이고, 어른이 몸으로 해 보여야 하는 것이 어렵다. 글자를 가르치고 셈하기를 가르치고 노래를 부르게 하는 따위 교육은 모두 그다음에나 할 일이다.

제비가 제비가 되게 하고, 고양이를 고양이가 되게 하듯이, 사람을 사람이 되게 하는 교육이 진짜 교육이다.

_『내가 무슨 선생 노릇을 했다고』, 125쪽

교육은 사람을 사람이 되게 하는 일이다. 제비는 제비가 되어야 하고 고양이는 고양이가 되어야 하듯 사람은 사람이 되어야 한다. 그래야 교육을 잘한 것이다. 이 말은 교육이 한 사람을 어느 자리에고 데려다 쓸 수 있는 사람으로 키우는 일이라기보다 먼저 사람이 되게 해야 한다는 말이다. 된 사람은 사람다운 마음을 품고 사람답게 행동하는 사람이다. 착하고 바르게 세상을 살아가는 사람이다. 자기 생명을 지킬 수 있는 힘과 슬기가 있는 사람이면서 민주스러운(민주적인) 삶을 창조하면서 통일로 나아가는 자유인이다.

교육은 글자 그대로 가르치고 기르는 것이라고 하면 가장 무난하고 타당한 말이 될 듯한데, 그러나 이런 말은 너무 막연합니다. 옛날에 하였던 서당 교육, 일제강점기의 식민지 교육, 그리

고 분단시대에 하여 온 점수 따기 경쟁 교육, 이것이 모두 '가르
치고 기르는' 일이라고 말하여 왔던 것이 사실입니다. (……) 아
이들이 자라나는 것은 스스로 하는 것이고 하늘이 하는 것입니
다. 스스로 자라나게 하는 환경을 만들어 주고, 자라나지 못하
게 하는 요소를 없애 주는 것, 이것이 교육의 전부입니다. 그래
서 삶을 가꾼다고 하는데, 아이들이 삶을 지킨다, 북돋운다고
도 말할 수 있겠지요. (……) 교육은 절대로 교사가 아이들에게
일방적으로 무엇을 '주는' 것이 아니고 서로 주고받는 것, 아이
들의 마음과 교사의 마음이 만나는 것, 거기서 교육이 된다는
뜻이겠지요. _『민주교육으로 가는 길』, 214~215쪽

이오덕은 아이들은 '스스로' 자라고 '하늘이 하는' 일이라고 하면서
교육은 아이가 자라나게 하는 환경을 만들어 주고 아이가 자라나지
못하게 훼방 놓는 것은 없애는 일, 그래서 마침내 아이의 마음과 교사
의 마음이 만나는 일, 그게 바로 '교육'이라고 말한다. 글자 그대로 '가
르치고(敎) 기르는(育)' 교육이 있었지만, 입으로만 가르치고 잡동사니
지식을 읽어라, 써라, 외우라고만 하는 교육은 아이를 억누르고 휘두르
는 속 빈 교육이요 거짓 교육이요 사람을 노예로 만드는 교육이라고
잘라 말한다.

교육을 제대로 하자면 먼저 올바른 철학이 있어야 한다. 교육을 바
라보는 태도 또는 밑바탕 생각, 그게 바로 철학이다. 올바른 철학은 아
이 하나하나를 옳게 보는 데서 얻을 수 있다. 삐딱한 눈으로 아이를 믿
지 못하면 교육 목표고 교육 방법이고 교육 내용이고 죄다 거짓이 되
고 만다. 아이를 사람답게 키우기는커녕 죽이는 노릇을 하게 된다.

02
아이들에게 배워야 한다

교육자로서 맡은 자리에서 아이들에게 죄 짓는 일 없이 교육을 해 나가자면 무엇보다도 먼저 아이를 보는 눈부터 달라져야 한다. 그래서 아이들을 가르칠 때 가장 먼저 해야 할 일은 아이를 옳게 아는 일이 다. 아이를 올바르게 알자면 아이마다 다른 삶과 몸짓과 마음과 문화 와 경제 배경 따위를 눈여겨보아야 한다. 아이를 착하고 바르고 깨끗 한 존재로 보고 교사가 아이를 높이 보고 섬길 줄 알아야 한다. 한 걸 음 더 나아가 아이들의 착함과 참됨, 가능성을 믿고 그것을 다치지 않 도록 하고, 고이 자라날 수 있게 지켜 주고 즐겁게 살아가게 도와주는 게 교육자의 태도 아니겠는가. 이오덕이 한 말을 들어 보자.

어린이야말로 인간의 가장 순수한 원형이요, 희망이다. 그것 은 버리고 지양해야 할 유치하고 미개한 상태가 아니라, 지키고 키워 가야 할 가장 깨끗하고 착하고 참되고 아름다운 세계다. (……) 어른들은 아이들의 인격을 존중해야 하며, 아이들에게 어 떤 지식이나 교훈이나 생각을 자꾸 쑤셔 넣어 주려고 하지 말 고, 그들이 같이 놀고 일하는 동안에 함께 이치를 깨닫고 지혜를 얻고 삶을 배우도록 해야 한다. 즐거운 삶을 살아가게 하는 것이 아이들을 키워 가는 참교육이다. _『참교육으로 가는 길』, 196쪽

이러한 생각은 무엇보다 방정환, 이원수에게서 영향을 받았다. 이오 덕은 어린이야말로 가장 깨끗하고 바르고 참된 사람으로 보았다. 그런 데 이제껏 우리 교육은 아이들을 덜 떨어지고 모자란 사람으로 보고 윽박지르고 닦달하고 훈련시켜야만 옳은 사람이 되는 것처럼 해 왔다 고 비판한다. 이는 노예로 만드는 독재 교육관이라면서 "이런 관점에서 하여 온 지식주입 교육, 생활선도 교육, 정신훈련 교육이 아이들의 개 성과 재능을 죽여 버렸다"(『참교육으로 가는 길』, 82쪽)고 한탄한다.

나는 아이들이야말로 가장 깨끗하고 바르고 참된 사람이라고 봅니다. 아이들은 정직합니다. 거짓말을 하는 아이는 어른한테 배운 것이고 어른들이 만든 잘못된 환경이 거짓말을 가르친 것 입니다. 아이들은 처음부터 헛된 욕심이 없으며, 약삭빠르게 행 동하지 않습니다. 만약 계산을 하고 약삭빠르게 행동한다면 그 것은 어른들한테 비참한 훈련을 받은 것입니다. 또 아이들은 동 정심이 많다는 점에서 어른과 다릅니다. 남의 아픔을 자기의 아 픔으로 여기지요. 아이들이 갖는 이 정직함과 계산하지 않음과 동정심-세 가지는 아이들 마음의 속성이요, 어른들이 잃어버린 가장 사람다운 마음의 본바탕입니다. _『참교육으로 가는 길』, 44쪽

이오덕은 아이 마음은 본디 착하고 깨끗하여 어른들이 도리어 아이 한테서 배워야 한다고 말한다. 곧잘 어린이가 되어야 하늘나라에 들어

갈 수 있다고 말하는데, 실제 어른들 행동은 아이들을 훈련시키고 길들여서 얼른 어른을 만들고 싶어 한다고 나무란다. 이런 어른들한테서 어떤 아이로 자라나겠는가. 공부 열심히 해서 훌륭한 사람이 되고 모두 행복하게 살기 위함이라고 말하면서 점수를 더 많이 따라고, 남의 등을 밟고 올라서는 것이 자랑이 되고 보람이라고 배우는 것 아니냐고 되묻는다. 아이들 몸과 마음이 병들고 비뚤어지는 것은 잘못 살아가는 어른들 뒤를 따르고 죄다 잘못 가르치고 잘못 시켰기 때문이라고 꼬집는다.

> 아이들을 어리석고 못난 사람으로 보지 말고 어른보다 더 깨끗하고 착하고 바른 사람으로 보고, 그래서 아이들에게 주기만 하려 하지 말고 도리어 아이들한테서 얻고 배우도록 하라, 배우는 것이 없으면 가르치는 것도 있을 수 없다.
>
> _『내가 무슨 선생 노릇을 했다고』, 76쪽

어디 깨끗하고 착하고 바른 마음과 몸짓뿐이겠는가. 말과 글에서도 오염되지 않아 깨끗한 말을 하고 글을 쓰는 아이들에게서 배워야 한다고 한다.

교육은 교사와 학생이 함께 하는 교육으로 더 잘 드러나고 배움이 더 잘 일어난다. 교사는 학생의 삶을 이루는 말과 놀이와 일을 알아야 한다. 그래서 자기 이야기를 자기 목소리로 말할 수 있게 해야 한다. 그 과정에서 교사는 자신의 권위와 아이들의 고정관념이 무엇인지 끊임없이 물으면서 아이들에게 배워야 한다.

이오덕은 평생 아이 편이었고 아이들이 주인이 되는 세상을 꿈꾸었다. 또, 자신이 가르친 아이들이 쓴 글을 모아 『일하는 아이들』, 『우리도 크면 농부가 되겠지』, 『허수아비도 깍꿀로 덕새를 넘고』 같은 책 또는 글모음으로 꾸준히 묶어 낸다. 아이를 덜된 사람, 어리숙해서 깨우쳐 주고 명령하고 지시해서 어른들이 생각하는 자리로 제멋대로 끌고 가는 교육은 사람 교육이 될 수 없다고 말한다. 아이들은 자연 속에서 자라는 풀과 나무와 같아서 스스로 자라도록 가꾸어 주고 지켜야 할 생명으로 보아야 한다. 그렇지 않고 빨리 자라나라고 뽑아 올리면 죽고 만다. 그래서 글이고 말이고 마음이고 몸짓이고 아이들한테 배우지 못하고 배울 것이 없다고 했을 때 어처구니없게 아이들을 학대하는 가짜 교육이 일어난다고 보았다.

이오덕은 교사와 학생의 관계를 다시 세울 것을 요구한다. 교사는 가르치기만 하고 학생은 배우기만 하는 것이 아니라 교사가 배우고 학생이 가르칠 수도 있다. 지금까지 교사는 모든 것을 알고 있으며 교육 내용을 사고하고 판단하고 선택하는 주체이면서 권력이었다. 거기에 견줘 학생은 아무것도 모르며 사고와 판단과 선택의 대상이고 객체로 보아 온 게 사실이다. 그래서 아이들의 판단과 생각과 선택은 언제라도 버려질 수 있다.

교감선생님

학교에서
우리 나라는 자유국가라고 배웠는데
우리 학교는 자유가 없다.
뛰놀지도 못하고

축구도 못하고

이게 뭔 자유국가냐?

교감선생님은

우리가 놀려 하면

일로 와봐 해서 뭐라 뭐라 시간 끈다.

아까운 쉬는 시간 다 간다.

교감선생님은

쉬는 시간에도 공부시키고 싶나 보다.

정말 진짜

진짜

너무하다.

_최승훈, 동해 망상초 4학년(2007. 10. 6.)

    운동장에서 마음껏 뛰어놀고 싶은 아이 마음과 쉬는 시간에도 뭔가 가르쳐야 한다고 생각하는 교감선생님 마음이 부딪힌다. 이런 모습은 학교에서뿐만 아니라 아이가 있는 집에서도 얼마든지 만날 수 있는 장면이다.

    이 시가 나온 때가 2007년이다. 이듬해인 2008년에는 초등학교 교문 위에 '6학년 목숨 걸고 공부하는 기간'이라는 펼침막이 걸릴 만큼 국가수준학업성취도평가라는 일제고사가 기승을 부릴 때다. 2008년 11월 강원도교육청은 '표집 방식'으로 진행한 강원도 학업성취도평가를 보지 않고 여느 때처럼 수업을 했다는 까닭을 들어 동해시 초등학교 교사 하나를 해임하고 셋을 파면[1]하기도 했다. 성실의 의무, 복종의 의무를 어겼다고 징계 사유를 들었다. 누가 시험을 보았는지 안 보았는지 조사할 까닭도 없고 보고할 필요도 없는 표집 방식 평가였는데 말이다.

지금이야 교실마다 평가 방법이나 시기를 달리하는 게 아주 상식처럼 받아들이고 있지만 이때만 해도 온 나라 아이들이 한날한시에 일제고사를 봐야 한다고 여겼다. 그러니 오죽 했겠나. 2학기 중간고사가 바로 코앞에 닥쳤는데도 아이들은 아무 걱정 없이 공을 끼고 운동장으로 나간다. 쉬는 시간마다 판판 노는 모습이 교감선생님에게는 눈엣가시만 같다. 시험 기간만이라도 자리에 엉덩이 붙이고 앉아 공부하는 모습을 보여 주면 얼마나 예쁘겠냐마는 아이들은 오늘 하루를 살아갈 뿐이다. 지금이나 그때나 우리 교육은 아이의 성장과 발달보다 숫자가 더 중요하다. 등수가 중요하고 점수가 중요하고 등급이 중요하다. 잡동사니 지식을 끝도 없이 머릿속에 쑤셔 넣고 비참한 경쟁터로 내몰아 높은 점수를 받아야만 번듯한 일자리를 얻고 입신출세할 수 있다고 말한다. '지금 여기'보다 '뒷날 저기'에 행복이 있다고 세뇌한다. 아이들은 이해할 수도 없고 이해할 까닭도 없는 '내일' 때문에 행복을 끊임없이 뒷날로 미루도록 강요받는다. 그 결과로 아이들은 교사를 지식을 전달해 주는 월급기계나 지식의 중계업자쯤으로 여기기 일쑤다. 교육은 상품이 되었고 공부는 지긋지긋한 것이 되어 할 수만 있다면 서둘러 벗어나고 싶은 일이 되었다.

---

1. 2008년 11월 5일 강원도교육청은 평가 시행을 지시한 학교장 명령을 따르지 않고 거부한 동해시 초등학교 교사 남정화, 구미숙, 김주기를 파면하고, 교사 이범여는 해임한다. 이들 교사들이 학생 학습권과 학부모의 교육권을 침해했다는 까닭을 들었다. 하지만, 11월 5일에 실시한 초등학교 학업성취도 평가는 표집 방식 평가로 시행 요강에 10%의 학급을 표본 추출 대상으로 했고, 비표집 학급은 교사 자율에 따라 시험 여부를 결정해 왔던 것이다. 사실 이들 교사 징계는 앞서 동해시 교육청(교육장 김형춘)이 2008년 12월 9일 시행하려고 했던 시 단위 일제고사가 교사들 반발로 치르지 못한 것과 관련이 깊다. 2011년 2월 10일 대법원 판결로 이들 교사는 2011년 3월 1일로 학교로 돌아왔다.

공부

나는 공부할 때 언제나 공부가 끝이 나나 생각했다.
대학에 가면 공부가 끝이 나나 계산해 보니까
아직도 10년이 더 남아서 그만 죽고 싶은 마음이 들었다.

_김○연, 6학년(2010. 10. 28.)

앨빈 토플러Alvin Toffler는 "한국에서 가장 이해하기 힘든 것은 교육
이 정반대로 가고 있다는 것이다. 한국 학생들은 하루 15시간 이상을
학교와 학원에서, 자신들이 살아갈 미래에 필요하지 않을 지식을 배우
기 위해, 그리고 있지도 않을 직업을 위해 아까운 시간을 허비하고 있
다"고 우리 교육을 비판한다. 우리는 아이들이 학교에서 무엇을 배우
는지 관심을 기울여야 한다. 야누스 코르착Janus Korczak은 "아이가 칠
판을 바라볼 때 더 많이 배우는지, 창밖을 바라볼 때 더 많이 배우는
지는 누구도 알 수 없다"고 했다. 아이들은 교과서 밖에서 더 많은 세
상을 배우고 공부하는지도 모르겠다. 4학년 아이가 쓴 시를 보고 말을
이어 가자.

앵두

앵두 따 먹다가 오디 생각이 나서
오디 따 먹고 혓바닥이 시커매져서 놀았다.
앵두는 6월에 빨갛게 익고
오디는 까매져서 달달하고 맛있다.

근데 뽕나무에 나는데

왜 뽕이 아니고 오디일까.

우리 샘도 모르고

사전에도 안 나온다.

_이광원, 동해 망상초 4학년(2007. 6. 12.)

이 아이는 시내 큰 학교에 다니다가 전학을 왔다. 앵두도 오디도 나무에서 열리는 걸 처음 본다. 사 먹어 본 일이야 있겠지만 나무에 달린 걸 제 눈으로 보고 따 먹는 건 생전 처음이다. 빤히 아는 사람 눈에는 앵두는 앵두고 오디는 오디일 뿐이다. 그런데 아이가 묻는다. 뽕나무 열매는 왜 오디라고 할까 하고. 익숙해져 흐리멍덩한 눈으로 앞에서 끄는 선생이 가자는 대로 투덜투덜 끌려가는 아이라면 평생을 가도 해 보지 않을 물음이다. 이런 물음을 만들어 내고 물어물어 그 답을 찾아가는 아이가 수학 문제 앞에서 주춤댄다고 해서 덜떨어지고 모자란다고 단정 지어 말할 수 있을까. 그깟 물음은 학교 시험에서는 가르치지도 않고 결코 묻지 않으니 쓸데없는 물음으로 버려질 때가 많다. 어쩌면 아이들 개성과 재능을 학교 교육이 앞장서서 깡그리 죽이는 셈이다.

이오덕은 어린 아이일수록 그 속에 본래 착하고 아름다운 마음이 있다고 보았다. 순수한 동심. 제 생각을 굽히지 않고 끝까지 참되고 아름다운 마음을 지키는 게 아이 마음이라고 했다. 갓난아이일 적에는 누구나 순결한 사람이었으나 악한 사람이 되는 건 어른 세상에 물들어 그리된 것이라고 보았다.

초등학교 2학년 아이가 쓴 시 한 편을 보자.

찢어진 학습지

학습지 다 못 하고 놀고 있는데
엄마가 와서
너 왜 공부 안 하고 놀고 있어 해서
나도 모르게 나 다 했어 했다.
엄마가 공부 검사한다 해서 깜짝 놀랐다.
아직 덜 했는데 검사해 보라고 했다.
엄마가 학습지를 보고 학습지를 죽 찢어 버렸다.
엄마가
공부 그따위로 할 꺼면 그만 끊어! 한다.
난 울면서 이제 안 그러겠다고 빌었다.
나는 테이프와 가위로 학습지를 다시 붙였다.
그때 나는 정말 슬펐다.

_이○영, 2학년(2009. 11. 18.)

아이가 노는 일에 너무 정신이 팔려 그만 그날 해야 할 학습지를 미처 다 못 했다. 어머니가 다 했느냐고 물었을 때 아이는 그만 겁에 질려 저도 모르게 다 했다고 거짓말을 해 버린다. 일은 걷잡을 수 없이 커진다. 어머니는 아이에게 바른 말을 할 기회를 줄 요량으로 물었을까. 아니다. 오히려 처음부터 아이를 믿지 못해서 물었다. 그래서 학습지를 가져와 보라고 한 것이다. 하지만 아이는 물러서지 않고 검사해 보라고 거짓말을 연거푸 해 버린다. 미처 다 하지 못한 학습지는 아이가 보는 눈앞에서 죽 찢어지고 만다. 글을 읽어 보면 아이가 처음부터 아주 작정하고 거짓말을 한 것은 아니다. 저도 모르게 거짓말이 입 밖으로 튀어나왔고 그다음엔 처음에 한 거짓말을 덮으려고 다시 거짓말을 한다. 처음에 사실대로 말했다면 아이는 꾸지람을 듣지 않았을까. 학습지는 온전했을까. 하지 않았다고 말했을 때 어떤 일이 일어날지가 눈에 환하게 그려지지 않는가.

이오덕은 아이들이 자라날수록 어른들을 닮아 행동이 비뚤어지고 마음이 모질어지고 약빠르게 제 잇속부터 챙기고, 또한 남이야 어찌 되든 저만 편하고 보자 하는 건 어른들한테 비참한 훈련을 받고 닮아서 그렇게 되었다고 말한다. 그런 까닭에 교육은 악에 물든 사회로 나아갈 아이에게 악을 미워하고 없애는 행동을 하도록 가르쳐야 한다. 이에 이오덕은 '타산'만 일삼고 '사랑'이 빠져 버린 교육을 나무란다.

> 오늘날의 교육에는 사랑이란 것이 없어졌다. 겉으로야 무슨
> 말을 못하며, 보이기야 무슨 모양 어떤 숫자를 못 만들어 내랴.
> 가르치는 것이 지식의 단편이요, 물질을 얻고 입신하는 수단이
> 고 보면 이런 넋 빠진 교육에서 아이들은 교사를 지식 전달의
> 기계로 보고, 교사는 아동을 밥벌이의 도구로 여긴다. 교육은 완
> 전히 하나의 상품에 지나지 않게 되었다. _『삶과 믿음의 教室』, 49쪽

> 아이들이 사회에서 배우게 되는 것은 악이다. 그러니 교육은
> 악을 미워하며 악에 물들지 않도록 경계하고, 나아가 악을 없애
> 는 행동을 할 수 있게 가르쳐야 한다. 악을 가리고 덮어 둘 것
> 이 아니라 그것을 보여 줌으로써 적극적으로 악에 대항하는 교
> 육을 해야 한다. 이것은 대단히 어려운 일이지만 하지 않을 수

없다. _『삶과 믿음의 教室』, 20쪽

"교실 어항에 한 마리 올챙이를 기를 때, 한 알의 씨앗을 화분에 뿌려 싹이 트기를 기다릴 때, 거기 사랑의 마음이 없다면 아무것도 보지 못할 것"(『삶과 믿음의 教室』, 53쪽)은 너무나 옳고 환한 상식 아닌가. 교육은 무엇보다 사랑으로 이루어져야 하는데, '타산적인 심리' 때문에 곧잘 파탄에 이르곤 한다.

> 거듭 말하지만 어린아이들은 공백의 시간을 보내는 것이 아니다. 아이들의 시간은 가장 귀한 것으로 꽉 차 있다. 거기에다 또 추악한 어른들이 잡동사니를 쑤셔 넣는 짓은 인권을 짓밟는 범죄 행위가 된다. 아이들의 영혼을 폭파하는 이 범죄 행위를 우리는 절대로 용서할 수 없다. 아이들을 살리는 일만이 우리들의 희망이다. _『우리글 바로쓰기 3』, 248쪽

아이들에게 가르칠 것은 반드시 가르쳐야 하겠지만 어른이 도리어 배워야 한다고 말한다. 아이들의 시간은 가장 귀한 것으로 꽉 차 있으며 아이의 마음은 깨끗하고 착하며, 아이들 말은 가장 싱싱하고 살아 있는 말이라고 힘주어 말한다. 또한, 악을 무턱대고 가리고 덮어 둘 것이 아니라 그것을 보여 주어 악에 맞서는 아이로 키워야 한다고 말한다.

03
참교육으로 가는 길

흔히 참교육은 '민족·민주·인간화 교육'을 기치로 내세운 전국교직원노동조합의 주장이라고 생각하지만, 사실 이 말은 이오덕이 1977년에 낸 『이 아이들을 어찌할 것인가』에서 '참된 교육'이라는 표현으로 처음 썼다.

> 서로 다투어 가려고 하는 교통이 편리한 큰 학교에 가서, 아이들과 인간적 인정을 맺어 참된 교육을 할 수도 없이 겉치레하는 일에만 정신을 들이는 것을 교육이라고 처음부터 알게 된다면 그것을 교사로서의 귀한 재질을 타고난 사람으로서 크나큰 비극의 시초가 되기 때문이다. _『이 아이들을 어찌할 것인가』, 19쪽

'참된 교육'은 아이들을 중심 자리에 놓고 이루어지는 교육으로 점수를 따서 서둘러 벽지에서 벗어나려는 입신 출세주의와 겉치레 교육과 맞선다.

> 동료끼리, 마을 사람들과 어울려 틈만 있으면 술을 마신다. 그

러면서 그럭저럭 벽지 근무자로서의 혜택을 받아 점수를 따서, 때가 되면 그곳을 벗어나려고 하는 것이 단 하나의 바람으로 되어 있다. 보리밥을 먹고 허름한 옷으로 지게를 지고 일하는 마을 사람들과 조금도 다름없는 생활을 하는 것은 참된 교육을 위한 수단으로 될 수 있다. 그러나 벽지 교사들이 이런 정체된 생활의 타성에서 벗어나지 못하는 한, 그들이 존경받을 존재는 될 수 없을 것 같다. 벽지 교육은 언제 제대로 이뤄지려는가.

_『이 아이들을 어찌할 것인가』, 53~54쪽

여기서 교육이 참 교육이 되려면 가정과 학교와 사회에서 어린이들이 입은 비인간적 기계화의 해독을 풀어 주는 역할을 맡지 않으면 안 된다. 이런 참 교육을 하려면 획일적인 사고(思考), 기계적인 동작을 배제하고 용납하지 않는 창조적 작업(놀이·학습)을 경험하게 하는 것이 가장 바람직하다 하겠다.

_『삶과 믿음의 教室』, 216쪽

참된 교육은 학교가 있는 마을 사람들과 어울려 다름없이 살고 그곳 아이들을 위해 교육을 하는 것이다. 이오덕은 참된 교육은 이것이라고 또렷하게 뜻매김하지 않고 거꾸로 없어져야 할 것, 바로잡아야 할 것을 보여 주면서 참된 교육을 말한다.

그 뒤 1978년 『삶과 믿음의 教室』에서는 '참된 교육, 참 교육, 참다운 교육, 올바른 교육' 따위를 섞어 쓴다. 여기서도 비뚤어진 교육 현장의 모습-개인주의, 편리주의, 물질만능주의, 생명 경시, 겉치레 교육 선전, 인간의 기계화, 입신출세주의를 들고 이를 극복할 수단으로 '참

교육'을 말하고 '글짓기 교육'으로 이 나라 아이들을 살리고 지키자고 제안한다. 이어 1979년『교육과 문화의 길』에서 '참교육'이란 말이 나온다.

　　오직 물질적인 풍요만을 목표로 하는 개인주의, 편리주의가 자연과 인간 정신을 황폐하게 만들고 있다. 이런 상황을 더욱 촉진하고 있는 학교 교육은 시험점수 따기와 상호 경쟁을 수단으로 하는 입신출세주의로 타락하여 아이들에게 정직과 진실 대신에 잔꾀와 거짓을 강요하고, 서로 해치는 것이 영리한 삶의 길임을 결과적으로 가르치고 있는 것이다. 이런 세상에서 제 정신을 잃고 살아가는 농촌 아이들에게 스스로의 느낌과 생각의 소중함, 생활의 귀중함을 깨우치는 글짓기 교육이야말로 이 나라 아이들을 살리고 지켜 가는 참교육이라고 믿는다.

_『삶과 믿음의 敎室』, 한길사, 1978, 164쪽

　이주영은 '참교육'이란 말이 우리 말 속에 뿌리내리기까지 과정을 다음과 같이 일러 준다.

　1986년 5월 15일에 성래운, 이오덕, 문병란이 공동대표로 꾸린 '민족교육실천협의회'는 '민족교육', '민주교육'을 주장한다. 이때 이오덕은 '인간교육'을 더 넣어야 한다고 주장하여 '민족, 민주, 인간화 교육'으로 쓰기 시작했다. 1987년 9월 27일 민주교육 추진 전국교사협의회 결성문에 '민주, 민족, 인간화 교육'이 들어가고 '민족과 역사 앞에 떳떳한 참교육을 실천해 나가자'로 끝을 맺는다. 전국교직원노동조합은 민주교육추진 전국교사협의회에서 쓰기 시작한 '참교육=민주, 민족, 인간화 교육'을 그대로 계승한다.

_2015. 7. 18. 한국교육연구네트워크 2015년도 제5회 월례토론회 토론문에서

'우리의 교육지표' 사건(1978년 6월 27일)으로 성래운은 감옥에 갇힌다. 이때 이오덕 책을 읽고 편지를 주고받으면서 '참교육'에 대한 생각을 나누고 키워 간다. 곧 '참교육'은 이오덕, 성래운 두 교육자가 당시 교육을 '거짓 교육'으로 보고 그에 맞서는 교육을 '참교육'이라고 함께 이름 지은 것으로 보면 좋겠다.

'참교육'이라는 말은 거짓된 교육, 가짜 교육에 '참된 교육, 진짜 교육'으로 맞서는 말로 '거짓 교육이 참 교육을 만나면 곰팡이가 햇빛을 만났을 때처럼 오직 소멸이 있을 뿐입니다.

_『다시 선생님께』, 26쪽

한편, 전교조의 역사서인 『참교육 한길로』(2011)는 '참교육'이란 말을 최초로 쓴 문헌으로 성래운이 낸 『참다운 교사는 역사 속의 참사람들』(1982)로 보고 다른 사용자로 이오덕을 짚고 있다. 하지만 이상준은 "이오덕(1979)이 성내운(1982b)보다 약 3년 먼저 '참교육'이라는 용어를 사용하였으며, 그와 유사한 표현들을 그보다 앞서 사용한 것을 확인하였다. 두 인물 이후에 '참교육' 용어를 사용한 것은 교사들로 구성된 협의회이며, 전교조와 '교육부(문교부)'가 발행한 문헌과 함께 검토하였다"고 말한다. 이오덕은 1979년 『내가 걷는 길』에서 '참교육'이란 말을

처음 쓴다. 여기서 참교육은 1945년 해방 이후 우리 교육이 겉치레 형식에 치우쳐 '반민주, 반민족, 반인간 교육'을 하는 거짓 교육으로 보고 이러한 굴레를 벗어나 '민주교육, 민족교육, 인간교육'을 해야 한다는 주장을 요약한 것이다.

이오덕은 참교육을 못 하는 까닭으로 일제 식민지 교육을 여전히 따라가고 교사가 점수 따기 경쟁으로 아이들을 내몰고 겉치레 행정 업무와 돈 걷는 세리 노릇에 매달리기 때문이라고 한다. 실제로 『죄인의 말』에서 이오덕이 한 고백에 귀 기울여 본다.

> 해방이 되어 잠시 꿈같은 날을 보냈지만, 일제의 망령은 모든 학교 교육에서 조금씩 되살아났다. 아동 중심이니, 민주교육이니 하는 것은 입으로만 지껄이는 말이 되었다. 그리고 이런 상황을 한층 악화시킨 것이 아이들을 상대로 하는 온갖 금품 징수 사무였다. (……) 그 당시에 교육계에서 모범 교사가 되는 조건이 세가지 있다고 했다. 첫째는 '돈' 잘 걷어 내는 일이고, 둘째는 '청소' 깨끗이 하는 것, 셋째는 '환경 정리' 잘하는 것이다. 이런 역사에서 무사히 월급쟁이 노릇을 하여 왔다는 것은 아이들에게 죄를 짓지 않고는 불가능한 일이었다. _『거꾸로 사는 재미』, 327쪽

1990년대에 들어서자 돈 걷는 일은 거의 사라졌지만, 교육이 한낱 이익만 노리는 상품처럼 되고 말았다. 빈 내용을 겉치레로 선전하기에 학교마다 경쟁이 되었고, 아이들은 서로 점수를 많이 따려고 하는 비참한 경쟁에서 인간답지 못한 삶을 강요당한다.

교육행정은 그 어느 때보다 심하게 교육을 그 세부 실천에 이르기까지 간섭함으로써, 학교 교육은 온전히 자주성을 상실하고 말았다. 어느 학교 없이 교육 목표는 세우지만 장학 방침을 구형하여 그 실적을 숫자로 보고해야 하므로 교육 목표는 형식에 그치거나 그 목표조차 장학 방침을 열거하는 꼴이 되어, 천편일률의 교육이 강행되었다. 교사들은 다만 명령을 수동적으로 받아들여 그대로 이행하는 기계로서 존재할 수밖에 없이 되었다. 이런 상황에서 아이들이 또한 교사의 지시 명령에만 움직이는 기계가 되는 것은 너무나 당연한 귀결이다. 『거꾸로 사는 재미』, 329쪽

1984년 이오덕은 『삶을 가꾸는 글쓰기 교육』을 펴내는데 '삶을 가꾸는 교육', '참교육'이 교사와 사람들 입에 오르내리면서 교육 민주화와 교육개혁을 이끄는 말로 마침내 자리 잡는다. 이에 앞서 이오덕은 한국글쓰기교육연구회를 만들어 우리 말과 아이들의 참삶을 가꾸는 글쓰기 교육을 연구하고 실천하는데, 한국글쓰기교육연구회는 1982년 창립한 YMCA 교육자협의회(줄여서 'Y교협'이라고 함)와 더불어 민주교육추진 전국교사협의회(줄여서 '전교협'이라고 함)를 결성하던 1987년까지 회원이 천 명이 넘는 전국적인 교사운동 단체였다. 1983년 이오덕은 민주교육실천협의회를 결성할 때 성래운, 문병란과 함께 공동대표를 맡았고, 1987년 결성한 전국초등민주교육협의회(줄여서 '전초협'이라고 함) 자문위원을 맡는다. 그해 9월 전초협은 민주교육추진 전국교사협의회 초등특별위원회로 통합되고 전교협은 1989년 5월 28일 전국교직원노동조합을 결성한다. 이 과정에서 이오덕이 말한 '참교육'은 전국교사신문과 지역교사협의회 창립선언문에 등장하였고, 1988년 8월 전

교협 제2차 대의원대회에서 교육악법 개폐투쟁을 중심으로 하는 '참교육 실천운동'을 주요 사업으로 결정하면서 전교조의 지향으로 공식화된다. 전교조 창립대회에서 채택한 행동강령은 이렇다.

1. 우리는 교육의 자주성, 전문성 확립과 교육 민주화 실현을 위해 굳게 단결한다.
1. 우리는 교직원의 사회 경제적 지위 향상과 민주적 권리의 획득 및 교육 여건 개선에 모든 노력을 기울인다.
1. 우리는 학생들이 민주시민으로서 자주적 삶을 누릴 수 있도록 민족·민주·인간화 교육에 앞장선다.
1. 우리는 자유, 평화, 민주주의를 사랑하는 국내 여러 단체 및 세계 교원 단체와 연대한다.

'참교육'은 '민족·민주·인간화 교육'으로 촌지 안 받기, 부교재 채택료 거부하기, 방학 책 강매 중단, 육성회 불법 찬조금 근절, 각종 커미션 비리 척결 같은 학교 현장의 문제들을 내부에서 날카롭게 비판하고 관행을 거부하고 나서면서 국민들에게 박수를 받는다. 하지만 정부는 참교육이 자유민주주의 체제를 부정하는 민중교육이며, 교사 마음대로 교육 내용을 정하여 의식화 교육을 하려는 것으로 여겨 참교육을 비난한다. 1986년 교육민주화선언 뒤 문교부는 '전교조 교사 식별법'이라며 학교장에게 보낸 공문에서 다음과 같이 제시한다.

1. 촌지를 받지 않는 교사
1. 학급문집이나 학급신문을 내는 교사

1. (특히 형편이 어려운) 학생들과 상담을 많이 하는 교사
1. 신문반, 민속반 등 학생들과 대화가 잘되는 CA반을 이끄는 교사
1. 지나치게 열심히 가르치려는 교사
1. 반 학생들에게 자율성, 창의성을 높이려 하는 교사
1. 탈춤, 민요, 노래, 연극을 가르치는 교사
1. 생활한복을 입고 풍물패를 조직하는 교사
1. 직원회의에서 원리 원칙을 따지며 발언하는 교사

지금으로 치면 교육부라고 할 문교부가 앞장서서 학생을 열심히 가르치며 촌지(돈 봉투=뇌물)를 받지 않는 교사를 '나쁜 교사'라고 감시한 셈이다. 이와 관련한 『신동아』(1986년 7월호 480쪽)에 실린 글을 보자.

당국은 『민중교육』지 사건 이후 소위 '문제교사'에 대해 특히 신경을 곤두세워 왔다. 그러면 문제교사란 누구인가? 한 교사는 당국의 공문을 기초로 하여 ① 지나치게 열심히 공부를 가르치려 하고(물론 열심히 가르치는 교사가 다 '문제교사'는 아니다. 이하 같음), ② 학급신문·학급문집을 내고, ③ 반 학생들에게 자율·자치성을 높이려 하고, ④ 특별활동에 신문반 민속반 등 학생들과 대화가 잘되는 것을 만들어 이끌어 가는 교사를 문제교사로 꼽았다. 탈춤, 노래, 연극, 민요를 가르치는 교사도 주목을 받는다.

달리 말하면 전교조가 내세우는 '참교육'은 이오덕이 말한 '삶을 위한 교육'이고, 민족·민주·인간화 교육은 '참교육'의 세 가지 측면으로 이오덕이 말하는 '참교육'에 뿌리가 있다. 이는 수입한 외국 교육 이론이나 교육사상에 기대어 일어났던 '새교육'이나 '열린교육'과는 달리 비뚤어진 교육을 바꾸어 보려는 학교 현장에서 일어났다는 점이 남다르다. 전교조가 펼쳐 온 참교육 운동은 교실 수업 개선과 학급운영 혁신, 양성평등, 환경, 통일 같은 새로운 가치의 교육 방향 제시, 민속문화 교사 강습과 문화 활동가 양성, 학생문화 사업과 학생 자치활동, 동아리 활동의 활성화를 이끄는 데 큰 몫을 한다.

뒷날 이오덕의 '참교육'은 대안학교 운동과 작은 학교 살리기 운동의 핵심이 되었고, 2009년 경기도교육청에서 가장 먼저 시작한 혁신학교 정책의 밑바탕 철학이 되었다. 1990년대에 일어난 대안교육은 그 뿌리를 더듬어 가면 1980년대 교사운동에 있다. 입시 위주 교육, 삶과 동떨어진 교육과정, 교육 불평등, 비민주적 학교문화를 비판의 눈으로 보던 글쓰기회 교사들에서 시작한다. 2000년 폐교 위기에 있던 경기도 광주 남한산초등학교는 이오덕의 '삶을 가꾸는 글쓰기 교육'과 '참교육'을 바탕 삼아 새로운 학교로 거듭난다. 그게 혁신학교의 출발점이다.

> 우리는 우리 학교를 '참삶을 가꾸는 작고 아름다운 남산한초등학교'라고 부르기로 했다. 교육을 구호화하는 것에 대한 거부감이 있었지만 학교의 지향점을 합의하는 구체적인 언어가 필요하다는 것을 서로 인정했기 때문이다.
>
> _『작은 학교 행복한 아이들』, 19쪽

실제로 변화를 주도한 안순억을 비롯한 새로 남한산초등학교 전입한 교사 중 넷이 글쓰기회 회원이면서 전교조 조합원이었다. 전교조 운동으로 교육 정책을 비판하고 제도를 개선하면서 교육 민주화를 이루는 데 어느 정도 성과가 있었지만 그것만으로 충분하지 않았기 때문이다. 남한산초등학교가 새로운 학교로 거듭나는 데는 참교육을 지지한 학부모의 열망과 지역 주민의 학교를 살리려는 뜻이 결합한 때문이다. 남한산초등학교는 애국조회, 주번제도, 선발과 시상, 글짓기, 그리기, 표어 짓기 같은 겉치레 계기교육 같은 낡은 관행[2]을 과감하게 버리고 아이들이 중심이 되는 학교문화를 만들어 간다. 또 오전에는 인지 활동을 중심으로 한 교과, 오후엔 신체·예술 활동을 중심으로 한 교과를 배치하거나 여름과 가을에 여는 계절학교, 무학년 주기 집중형 체험학습 같은 교육과정을 교사가 새롭게 엮어 내고자 한다. 애초 남한산초등학교는 '참삶'을 추구하고, 학교 교육과정에서 '앎'과 '삶'이 분리되지 않는 방식을 끊임없이 고민한다.

> 우리는 처음부터 학교 교육과정의 조직과 운영을 '체험 중심 교육과정'에 두고 학교 그림을 그려 왔다. 여기서 '체험'이란 단순히 일회적 경험이나 행사를 의미하지 않는다. 이것은 '앎'의 과정이 '삶'의 과정과 분리되지 않도록 하는 것이고, '참삶'을 가꾸는 학습의 중요한 키워드이며, 교사와 학생 모두를 능동적 학습의 주체로 바로 서게 하는 교육의 본질적 지향을 가리키는 말이

---

2. 오성철(2000: 39~41)은 일제강점기 때 애국조회나 주번제도 들을 실시하고 교사 권력의 일부를 위임받는 반장제도를 도입하였으며, 이 같은 많은 규율 형식이 해방 이후 한국 교육에 그대로 남았음을 밝혔다. 오늘날 학생 인권 침해 논란이 이는 복장 검사, 학용품 검사, 휴대폰 검사 들이 그 당시 보통학교에서 일상으로 이루어지던 학생 감시제도였던 셈이다.

다. 그리고 이것은 그동안 우리 교육이 아이들에게 느끼지 못하는 공부, 선택이 없는 공부, 스스로의 필요에 의해 움직이지 않는 공부, 교사와 아이들 간에 상호 교감이 없는 공부, 그리고 안다는 것과 잘 살아간다는 것의 연관을 놓치는 공부를 강요해 온 것이 가장 큰 문제라는 인식을 전제하는 것이다. 체험 중심 교육과정을 중심에 두고 사고하면 많은 부분에서 우리 교육이 가진 이러한 문제들의 해법이 보인다. 이것은 단지 교수 기법상의 문제가 아니라 교육 철학과 밀접하게 관련을 맺고 있는 것으로 교과를 포함한 학교 교육과정의 모든 영역에서 효과적인 적용 방식을 고민해야 한다. _『작은 학교 행복한 아이들』, 36~37쪽

남한산초등학교 성공 사례는 충남 아산의 거산분교, 전북 완주의 삼우초등학교, 상주남부초등학교를 살리는 데 새로운 상상력을 불러일으키며 용기를 준다. 2001년 아산 지역 글쓰기회 회원이면서 전교조 조합원으로 활동해 오던 아산 지역 교사들은 생태환경 교육과 글쓰기 교육에 남다른 애정을 쏟는다.

2001년 5월, 글쓰기 모임을 같이하던 교사와 학부모들과 함께 남한산초를 방문하게 되었다. 꿈같은 교육 활동이 이루어지고 있는 공간에 처음 들어섰을 때 가슴에서 쿵쾅쿵쾅 뛰던 소리가 지금도 생생하다. (……) 남한산초를 다녀온 후 용기를 얻어 우리도 해 보자며 무모한 도전을 시작했다. 막연하기만 했던 새로운 학교에 대한 우리의 꿈에 남한산초는 불을 지핀 것이다. (……) 그래서 우리는 과감히 도시를 버리고 농촌을 선택했고, 거대 학

교, 과밀학급보다는 작은 학교, 학급당 20명 내외의 교육 환경에
서 자주적이고 공동체적인 삶을 지향하는 교육을 시작했다.

_『작은 학교 행복한 아이들』, 73~81쪽

이에 2001년 폐교 위기에 있던 거산분교는 2002년 천안과 아산 지
역에서 96명이 전학을 오고 2005년에는 분교에서 거산초등학교로 승
격하기에 이른다. 전북 완주의 삼우초등학교는 남한산초와 거산초의
사례를 적극 받아들이면서 농촌의 지역 학교로 자리매김하기 위해
"돌봄, 교육 복지, 명상, 농사 체험, 전통문화를 교육과정에 담아내는
데 집중"(『작은 학교 행복한 아이들』, 279쪽)한다. 상주남부초등학교 역
시 '참삶을 가꾸는 행복한 작은 학교'를 교육 목표로 2005년 '참교육
실천학교' 모임을 하던 교사들이 문화예술 교육과 프로젝트 학습을 특
성화한 학교로 일군다. 아래부터 지역 주민과 학부모, 교사가 함께 만
든 이들 학교들은 공교육의 위기를 넘어서는 학교 혁신의 본보기가 된
다. 이들 학교들은 단순히 '작은 학교 지키기'에 머물지 않고 '새로운
학교 만들기'로 한 걸음 더 나아간다. 그 과정에서 다른 나라에서 펼쳐
지는 교육 사조나 사상에 기대지 않고 이오덕의 '삶을 가꾸는 교육'과
'참교육'을 바탕으로 교사의 경험과 교육 구성원의 요구를 받아들여
만들어 가야 할 학교상을 만들었다는 공통점이 있다. 이를 정리해 보
면 옆의 표와 같다.

2009년, 2010년은 새로운 학교 운동이 크게 일어나는 분기점이 된
다. 2009년 4월 '공교육 혁신 등을 통해 새로운 교육, 새로운 학교를 선
보이겠다'고 한 김상곤 후보가 경기도교육감으로 당선하면서 경기도교
육청이 혁신학교 정책을 만들고 펼치는데, 이오덕의 '참교육'은 기본 철

학교 이름	교육 목표(바라는 인간상)
남한산초등학교	참삶을 가꾸는 작고 아름다운 학교
상주남부초등학교	참삶을 가꾸는 어린이
아산 거산초등학교	참삶을 가꾸는 아름다운 학교, 내 삶의 주인은 나, 더불어 사는 우리
성남 보평초등학교	참삶을 가꾸는 행복한 교실, 꿈을 키우는 활기찬 학교
동해 삼화초등학교	행복한 삶을 함께 가꾸는 학교
송산초등학교	자율과 협력을 바탕으로 참삶을 가꾸는 작고 아름다운 학교

학이 된다. 이오덕은 참교육과 대비되는 비뚤어진 겉치레 교육, 비인간
화 교육의 모습을 보여 주면서 이를 극복하고 참교육을 실천할 방법으
로 '삶을 가꾸는 글쓰기 교육'을 제시하여 참된 사람을 기르자고 주장
한다.

　서울에서 경기도에서 강원도에서 광주에서 전라도에서 혁신학교(경
기, 서울, 전북), 행복더하기학교(강원), 무지개학교(전남), 빛고을혁신학
교(광주) 같은 이름으로 학교들이 살아나고 이오덕 교육사상을 실천으
로 펼쳐 나간다.

선생인 죄

104년 만에 겪는 가뭄이란다. 104년 전이면 1909년, 대한제국 시절 순종 임금 때. 안중근이 이토 히로부미를 총으로 쏘아 거꾸러뜨리던 해다. 지금 농촌은 논바닥이고 저수지고 쩍쩍 갈라지고 있다지. 오후 미술 시간에 소낙비가 쏴아아 내렸다. 민기 할머니가 오셔서 우산을 주고 가셨다. 민기는 좋겠다고 그랬다.

아침에 교실에 와서 아이들 집에 보낼 때까지 내내 아이들은 내게 와서 미주알고주알 일러 댄다. 누가 때렸다, 누가 저 흉본다, 누가 제 물건 들고 가 안 준다……. 하아, 내 귀는 하난데 서넛이 한꺼번에 떠들어 댈 때도 있다. 공부 시간에는 제발 말 좀 하라고 해도 입 꼭 다물면서 저희끼리 말로 얼마든지 풀 수 있는 일들은 죄다 내게 와서 자꾸자꾸 말한다. 거참, 내가 뭘 어쨌다고. 마음이 풀릴 때까지 마음대로 일러 봐라 하는 마음으로 내 자리에 턱을 괴고 앉아 듣는다. 헥헥, 들어 주려니 밑도 끝도 없다.

오늘은 선향이하고 유빈이, 하은이, 민선이가 다투었다. 선향이 하나하고 나머지 셋 사이가 안 좋다. 선향이는 선향이대로 억울하고 나머지 셋은 저희끼리 또 억울하다. 선향이하고 하은이가 주고받은 비밀쪽지로 뒷담(?)을 간 게 발단이 되었다. 그 쪽지에 유빈이, 민선이를 흉보는 말들을 적었는데 그 사실을 입 가벼운 하은이가 두 아이한테 전한 것. 당연히 유빈이나 민선이로서는 참을 수 없는 일. 유빈이하고 민선이, 하은이가 한편이 되어 선향이 곁을 돌며 비웃고 손가락질을 했고, 선향이는 선향이대로 마음이 껌껌해져 내게 왔다. 음, 믿었던 하은이였는데 버림받은 마음이야 오죽하겠나. 도와 달라고 했다. 그렇지만 으, 너무 멀쩡한 얼굴에 괜히 심술이 난다. 에잇, 내가 뭘 잘못했는지 집중해 보고 미안하다 한마디면 끝날 일을 내게 풀어 달라고 하니 나로선 난감할 수밖에. 그런 일은 어른인 나도 서툴고 힘들다. 이건 누가 가르쳐서 머리로 배우는 게 아니다. 너희끼리 풀어라 하고 말하고 싶은데 선생인 까닭에 그냥 모른 척 넘길 수도 없는 노릇. 내가 이 아이들 선생이니 뭔가 방법을 내놓기는 해야겠지. 하지만 뻔하다. 진정으로 마음으로 우러난 말이 아니면 단단하게 굳은 마음을 쉽게 허물 수 없을 것이다. 그 어떤 말이라도 귀에 가닿지 않을 것이다.

곧 유빈이, 민선이, 하은이가 몰려와서 이건 학교폭력이니 어쩌니 하며 와글와글 떠들어 댔다. 어쨌거나 네 아이가 서로 누구 입이 큰지 떠벌리는 말들을 거듭거듭 들으려니 하아 하품이 날 지경이다. 일에는 다 까닭이 있는 법. 누구라도 먼저 손을 내밀어라. 어제까지는, 아니 오늘 아침만 해도 쿵짝 하고 마음 잘 맞던 사이 아니었던가. 아이 넷을 모아 놓고 서로 잘못한 일은 잘못했다 말하라고 했다. 그래야 사람이고 동무라고 했다. 그러면서 우정도 생기고 사랑도 있지 않겠느냐고 했지만 아이들 얼굴은 어둡고 삭막하다. 주춤거리며 머뭇대기만 했다. 그러는 사이에도 다빈이는 배가 아프다고 왔고, 동현(B)이는 동태눈을 하면서 저를 괴롭힌 아이를 일러 주러 왔다. 머리에 쥐가 나는 것만 같다.

귀를 틀어막았다.

그때 시뻘건 배를 내보이며 훌떡 뒤집고 죽은 척하는 무당개구리 생각이 났다. 나도 무당개구리가 되고 싶다.

"햐, 내가 무슨 죄로 이래 살까?"

그 말에 유빈이가 말했다.

"선생님인 죄이에요!"

그래 맞다. 둥그렇게 둘러서서 서로 마음을 털어놓았다. 선향이는 사과하겠다는데 유빈이하고 민선이는 끝끝내 사과할 마음이 없다고 했다. 덮어놓고 뭐라도 좀 해 보라고 말하려다가 그만두었다. 컴컴한 얼굴로 눈이 비뚤어진 채로 보면서 며칠 어둡게 지내보자. 뒤에서 수군거리면서 랄랄라 살아 봐야 서로 마음을 할퀴고 갉아먹는 일 말고 무슨 이득이 있겠나. 그사이 나는 지켜보는 눈이 되어 네 아이를 똑똑히 새겨보겠다. 선생인 죄로.

_2012. 6. 19.

3장

교육 목적:
민주스러운 삶을
창조하는 사람

모든 교육은 스스로를 넘어서 끝끝내 도달하고자 하는 목적이 있다. 목적 없이 이루어지는 교육 실천은 있을 수 없다. 이때 아이들 앞에 선 교사는 몸과 마음을 다해 노력할 만한 가치가 있는 교육의 목적을 품고 있어야 교육 실천에 생명을 불어넣을 수 있다. 유아교육을 가리키는 영어 킨더가튼Kindergarten은 독일어 킨더가르텐Kinder Garten에서 왔다고 한다. 우리 말로는 '아이들 정원'쯤이 되겠다. 그런데 이 정원은 아이들이 온갖 위험이나 악으로부터 벗어나 마음 놓고 뛰어놀도록 안전하게 울타리 친 것이 아니다. 오히려 가정에서 제멋대로 자라는 아이들을 한데 모아 놓고 똑같은 모양으로 만들 요량으로 만들었다고 한다. 이 정원에서 나무와 꽃은 바로 '아이'다. 교사는 그 꽃과 나무를 솜씨 좋게 가꾸는 정원사 같은 존재이다. 이러한 교육으로 아이들은 국가가 하는 말은 팥으로 메주 쑨다고 해도 곧이곧대로 받아들이는 자동인형이 되어 2차 세계전쟁을 일으키는 데 앞장섰다.

교육을 왜 하는가. 이 물음은 교육의 본질과 이어진다. 마땅히 교사는 제대로 교육받은 사람은 어떤 사람인지, 어떤 지식이 가치 있는 것인지, 아이가 무엇을 배우고 무엇을 알아 가길 바라는지 묻고 또 물어야 한다.

교사는 자신이 가르치는 목록이 교과를 넘나들며 어떻게 조화를 이루고 어떻게 목적과 연결되는가를 알아야만 한다. 교사는 수업과 수업이 서로 어떻게 이어져 있으며, 더 큰 목표뿐만 아니라 저마다의 삶과도 연관해서 생각하지 않으면 안 된다. 그렇지 않으면 아이가 무엇을 배우고 있는지는 별 관심이 없이 숫자로만 기록되는 결과에만 매달려 닦달하고 몰아갈 것이다. 실제로 그날그날 수업과 일상에 파묻혀 자신의 실천이 교육 목적과 어떻게 맞닿아 있는지 모르는 교사가 허다하다. 이 말을 뒤집으면 교육 목적은 왜 교육하려고 하는가 하는 물음에 대한 답을 찾아가는 일이다.

목적은 '지금 여기'를 조건 삼아 이루고자 하는 '뒷날'의 모습이다. 흔들리면서도 끝끝내 가려는 방향이다. 자연히 나아가는 단계 단계마다 영향을 미친다. 반면 목표[1]는 목적에서 나온다. 가령, 학교에서 국어, 수학, 과학, 사회, 음악, 미술, 체육 같은 교과에서 가르치고자 하는 바는 조금씩 다를 것이다. 국어과에서는 '일상생활과 학습에 필요한 실질적인 국어능력'을, 수학과에서는 '주변의 여러 가지 현상을 수학적으로 관찰하고 해석하며 논리적으로 사고하고 합리적으로 문제를 해결하는 능력과 태도'를, 미술과에서는 '미적 감수성, 시각적 소통능력, 창의·융합능력, 미술문화 이해능력, 자기주도적 미술 학습능력'을, 체육과에서는 '체력 및 운동능력을 비롯한 건강하고 활기찬 삶에 필요한 능력'을 기르는 것을 목표로 한다. 하지만, 이들 교과들이 교과마다 지향하는 바를 넘어서 공통으로 도달하려는 지점이 있다. 그게 바로 교

---

1. 목적(目的) 실현하려고 하는 일이나 나아가는 방향.
　목표(目標) 어떤 목적을 이루려고 지향하는 실제적 대상으로 삼음. 또는 그 대상.

육의 목적이다.

그렇다면 우리 교육의 목적은 무엇인가? 「교육기본법」 제2조에는 모든 국민이 "인격을 도야(陶冶)하고 자주적 생활능력과 민주시민으로서 필요한 자질을 갖추게 함"이라고 말한다. 우리 교육은 자기 삶의 주인으로 살아가는 민주시민을 기르는 데 목적이 있다고 밝힌 셈이다. 교육 목적은 시대 상황이나 교육자가 어떤 세상을 꿈꾸느냐에 따라 달라지겠지만, 이오덕이 본 우리 교육의 목적도 이와 크게 다르지 않다. 이오덕은 아이들을 '민주스러운 삶을 창조하는 사람'으로 살아갈 수 있게 할 때라야 비로소 어른으로서, 교육자로서 죄를 덜 짓고 제 맡은 일을 다 한 것이라고 말한다.

> 학교와 학년에 따라, 학급의 특수성에 따라, 또 교사의 교육관에 따라 자유롭게 세울 일이지만, 우리 나라 모든 학교와 학년에 공통되어야 하는 교육 목표, 모든 학급 생활과 교과 지도의 구체 목표에 이어지면서 더욱 그 윗자리에 있는 커다란 목표를 뭉뚱그린 말로 나타낸다면 저는 서슴지 않고 '민주스런 삶을 창조하는 사람'을 기르는 일이라 하겠습니다. 우리 사회가 민주로 되고, 우리 역사가 민주로 나가야 된다고 하는 말에 반대할 사람은 독재자나 독재 정권에 빌붙어 있는 사람이 아니고는 한 사람도 없을 것입니다. 통일도 민주가 안 되면 이룰 수 없습니다. 민주의 씨앗을 뿌리는 밭이 바로 학교 교실입니다. 학교 교실이 아니고서는 지금 봐선 민주의 씨앗을 뿌릴 자리가 없습니다. 그러니까 선생님들은 '민주주의'라는 농사를 짓는 농부이지요. 민주주의 농사는 민주사회를 창조하는 사람을 기르는 일입니다.

다른 어떤 크고 작은 교육 목표, 지도 목표도 이 커다란 목표를 등지거나 어긋날 수 없다고 봅니다. 민주주의는 우리 겨레한테 가장 큰 과제요 절대 명령입니다.

_『내가 무슨 선생 노릇을 했다고』, 277~278쪽

우리 교육이 법령에서는 인격을 도야하고 자주적 생활능력과 민주 시민으로서 필요한 자질을 갖춘 사람을 기르니 어쩌니 하면서 아름다운 말로 분칠했지만 지금까지 우리는 어떤 교육을 했던가. 남이야 어찌 되든 짓밟고 올라가 저만 편하게 살고 보자는 이기주의와 입신출세주의 교육이 이 땅의 아이들을 서로 적으로 삼아 미워하도록 만들고, 오직 자기 하나만 아는 동물로 개성이고 창조력이고 다 시들어 버린 기계 같은 사람으로 키우고 있지 않은가.

이에 이오덕은 어느 학교 어느 교실에서고 민주스러운 삶을 살아가는 사람을 기르는 교육을 해야 한다고 말한다. 삶 속에서 삶으로 하는 교육을 원리로 삼아 민주의 마음과 태도를 가르치는 교육을 해야 한다고 주장한다. 아이들을 생명의 주체로 인정하면 아이들 삶을 소중하게 여기지 않을 수 없으며 민주의 삶을 가르치지 않을 수 없다. 결국 남에게 해를 입히지 않고 제 앞가림을 하면서 살아가는 사람, 모두가 같이 일하고 평등한 자리에서 소통하고 협력하며 민주로 살아가는 시민을 길러 내는 게 우리 교육의 가장 큰 목표라고 했다.

01
나날이 민주로 살아가는 시민

민주로 살아가는 시민이 있는 민주사회는 어떻게 생겨나는가. 이오덕은 "아이들 교육한다는 것이 군대식 훈련이 되어 있고, 민주주의를 용납하지 않는 생각과 느낌을 가지도록 하고 행동을 하도록 키우고 있는데 어떻게 민주사회가 되겠는가?"(『참교육으로 가는 길』, 67~68쪽) 하고 한탄하면서 이 땅에서 민주주의가 지금껏 뿌리내리지 못한 가장 큰 원인이 '교육'에 있다고 보았다.

이오덕 시 두 편을 차례로 본다. 먼저 1970년대에 쓴 「떠드는 이유 1」이라는 시다.

"차렷!"
"누가 움직이나?"
"똑바로 서지 못해!"
"잡아낸닷!"
……
이 아침에도 운동장에서
그렇게 오랫동안 서 있었지.

그 시시한 얘기를 참고 듣기에 나무토막이 되어 있었지.

오, 교실이 터져나갈 듯
떠들어대는 아이들아,
소리쳐라, 고함질러라!
발을 굴러라, 손을 내저어라!
너희들이 떠드는 이유를 나는 안다.

소리치고 떠드는 너희들의 고함 소리에
나는 듣는다, 조국의 목소리를!
이 땅의 민주주의를!

_『이 지구에 사람이 없다면 얼마나 얼마나 아름다운 지구가 될까?』, 325~326쪽

　　다음은 1980년에 쓴 「조회」라는 시다. 그로부터 10년이 지났다. 강산
이 한 번 바뀌고도 남을 시간이다. 하지만 이오덕에게 학교 풍경은 예
나 다름이 없다.

　　쉬엇!
　　차렷!
　　움직이는 사람 잡아낸닷!
　　입을 꼭 다물고!

　　단풍 든 플라타너스 잎들이 눈부시게 반짝이고 있었다.

에- 몇 마디 주의한다.

첫째,

쉬는 시간 운동장 구석에 쭈그리고 앉아 있지 말 것,

오늘부터 공개놀이하면 용서 없다!

모두 운동장 가운데 나와 활발하게 뛰놀아야 돼.

알았어?

알았어!

예!

둘째,

딱지를 치지 말 것,

오늘부터 딱지 치면 엄중 처벌한다.

알았어!

예!

더 큰 목소리로!

옛!

그 원색의 하늘을 제비야, 늬들은 마음대로 날고 있었지.

셋째,

종소리와 함께 움직일 것,

동작을 빨리 해야 한다는 거야.

알았어!

예!

가슴 펴면 쏟아져 내리는 푸른 하늘이 둥둥 마음에 풍선을
달고…

넷째,

인사를 잘해야 돼.

특히 학교에 찾아온 손님들에게

머리만 꾸벅, 하지 말고,

"안녕하십니까" 웃어 보여야 하는 거야.

알았어!

예!

더 큰 목소리로!

옛!

바람이 일고, 먼지가 날고, 그 속에서 나는

웃고 있었다.

_『이 지구에 사람이 없다면 얼마나 얼마나 아름다운 지구가 될까?』, 423~426쪽

　오늘날 학교는 이오덕이 이 시를 썼던 1970~1980년대와 견주어 얼마나 달라졌을까. 교육자로서 이오덕은 지시와 명령으로 아이들을 옭아매고 꼭두각시로 만드는 비민주적 학교문화에 절망하고 아파했다. 생각하고 판단하는 쪽은 교육 잘 받은 교사다. 정답을 아는 사람이다. 아이는 교사의 선택과 판단과 처방에 순응해야만 한다. 정답을 모르기 때문이다. 교사는 아이들이 마땅히 누려야 할 인권조차도 마음만 먹으면 언제든 빼앗을 수 있다. 그래서 눈에 거슬리면 아무리 쉬는 시간이라고 해도 공개놀이(공기놀이), 딱지치기하지 말라면 찍소리 없이 순순

히 따라야 한다. 파블로프Ivan Petrovich Pavlov의 개처럼 종소리에 몸을 맞춰야 하고, 학교에 찾아온 손님이 누구든 깊이 머리 숙여 웃으며 인사해야 한다. 아이 스스로 생각하고 자신이 발 디디고 선 현실을 새롭게 해석해선 안 된다. 묻는 일은 알아 가고 배워 가는 과정에서 핵심인데, 교사는 아이들 말을 경청하지 않는다. 아이들 입을 틀어막고 아이들이 물어보지 않은 것을 앞질러 대답하기 일쑤다. 아이들은 배움에서 소외되어 그저 교사의 말을 경청하고 복종하고 침묵해야 하는 대상이 될 뿐이다.

이를 두고 이오덕은 "교육이 무엇인지 생각을 가지고 하는 것이 아니다. 시키면 하고 안 시키면 안 하고, 완전히 허수아비요 기계다. 또 너무 시키는 것이 많기 때문에 시키지도 않는 것을 할 수가 없다. 시키고 부리는 정치는 바로 이것을 노린다. 그래도 놓아두면 생각을 하게 되고 진짜 교육을 하게 되니 그것을 막기 위해서 온갖 잡동사니 일을 지시하고 보고하게 한다"(『이오덕 일기』, 1·106쪽)며 이오덕은 이를 눈가림의 엉터리 교육이라고 보았다. 생각해 보라. 이렇게 자란 아이들이 어떻게 민주시민이 될 것이며 이 사회를 어떻게 민주사회로 만들어 갈 수 있겠는가.

이오덕은 "민주사회는 그 어느 자리보다 학교에서, 학교 교실에서 먼저 이뤄야 한다. 담임교사가 교실에서 민주학급사회를 아이들이 만들어 갈 수 있게 하는 것이 우리 역사에서 가장 먼저 해야 할 과제"(『글쓰기 어떻게 가르칠까』, 73쪽)라고 말한다. 선생이라고 해서 높은 곳에 서서 내려다보지 말라, 교사도 민주주의를 아이와 함께 배운다는 생각과 몸가짐을 잊지 말라, 아이를 조종하려고 하지 않으며 불행한 운명 속에서 살도록 내버려 두지 않아야 한다고 말한다. 지극히 상식적인 말이다. 교실에서 민주스러운 삶을 살아 보지 못한 아이들이 어찌 민주시민으로 자라나겠는가.

> 나는 지난날 박정희나 전두환 같은 독재자를 가르친 교육자, 특히 초등학교 때 그들을 맡아 가르친 교사들은 그 교육의 책임을 절대로 면할 수 없다고 본다. 초등학교에서 단 1년 동안만 아이들을 맡아서 민주학급사회를 만들어 살아가게 한다면, 설혹 그다음 해부터 좋지 않은 교사가 담임이 되었다고 하더라도, 그 1년 동안에 얻은 귀한 삶의 체험은 그 아이들이 어른이 되어 살다가 죽을 때까지 그 삶을 바르게 지탱해 준다고 나는 믿고 있다. _『참교육으로 가는 길』, 70쪽

민주교실에서 교사는 아이 스스로 생각하도록 이끈다. 자신들이 만들지 않은 질서와 규범, 교과서에 나온 지식에 물음을 갖도록 하고, 일상으로 쓰는 입말로 바꾸어 보고 다시 생각해 보도록 이끈다. 달라지려면 이미 알고 있는 것들, 너무도 당연하다 여겨 온 것들에 대해 "왜?" 하고 물을 수 있어야 한다. 거기서 민주교실이 만들어진다. 할 말을 속 시원하게 못할 때, 달리 말해 표현의 자유가 없을 때 누구랄 것도 없이 시들고 병든다. 본 대로 들은 대로 느끼고 생각한 대로 표현할 수 있느냐 없느냐에 따라 한 교실이 민주교실인지 아닌지 알 수 있다. 민주교실에서는 하고 싶은 말을 누구든 마음 놓고 할 수 있어야 한다.

우리 선생님

선생님은 나만 보면
이것도 하지 마, 저것도 하지 마 한다.
내 마음 속에서 막 소리치고 있다.
선생님도 잔소리 그만해요, 공부도 제발 그만 시켜요
_김동현B, 4학년(2012. 4. 3.)

　이렇게 아이들을 막는 건 선생이고 부모다. 교사는 혀끝에 '하지
마'라는 말을 아주 달고 산다. 그뿐인가. 책 펴라, 써라, 읽어라, 들어
라, 걸어라, 빨리 해라, 줄 서라, 앉아라, 서라 따위의 입만 열었다 하면
명령하고 지시하는 말이 아주 일상이다. 이 아이는 발바닥에 무슨 용
수철을 달아 놓은 것만 같았다. 마음을 북돋는 말을 해 준 일이 드물
다. 제 딴에는 암만 잘하려고 해도 선생 눈에 차지 않으니 귀에 딱지
가 앉도록 들은 말 듣고 또 들을 수밖에. 그렇긴 해도 자기 마음에서
터져 나오는 말을 토해 내니 얼마나 다행이냐. 어린이 시 한 편을 더
보자.

　　우리 선생님

　　우리 선생님 쪼잔하다. 진짜 쪼잔하다. 너무 치사하다. 저렇게
치사해서 친구 하나 있겠나. 치사하다. 내 말도 냠냠 쩝쩝 맛있
게 씹는다. 그 몇 발자국 가는 데 10초도 안 걸리는데 중앙 현
관으로 가지 말란다. 치사하다. 차라리 무시하고 중앙으로 가는

게 빠르겠다.

_김민준, 6학년(2010. 4. 27.)

　다소 부풀려 말한 데도 있지만 아예 없는 소리를 한 건 아니다. 중앙 현관으로 다니지 않으면 좋겠다는 잔소리를 입에 달고 살았겠지. 이 글을 민준이가 소리 내어 읽을 때 아이들은 휘파람 휘휘 불고 손뼉까지 요란하게 치면서 응원했다. 그만큼 누구라도 고개 끄덕일 일이기 때문이다.

　누군가 이걸로 회의를 열자고 했다. 오늘 공부는 어쩌고 하는 마음이 들었지만 이것도 좋은 공부거리가 되겠다 싶어 그러자 했다. 왜 교장실 옆 중앙 현관으로 다니지 못하는 규칙이 생겼는지, 언제부터 그랬느냐고 고개 치켜들고 또박또박 따진다. 사실 이딴 규칙 따위는 없어야 옳다. 학교 규칙에도 없다. 아이들한테 말 한마디 묻지 않고 무턱대고 따르라는 건 규칙이 아니다. 지켜보는 눈이 있으니 어쩔 수 없었다고 말할 수는 없었다. 교장실 옆이고 학교 밖 사람들도 자주 드나드는 곳이니 깨끗하고 조용하면 우리 학교에 오는 분들 마음이 환하고 좋지 않겠냐고 얼버무렸다. 그러면 조용히, 더럽히지 말고 다니라고 하면 될 일이지 왜 다니지 못하게 막느냐고 했다. 학교의 주인은 우린데 왜 손님들만 쓰라고 하느냐고도 했다. 비가 올 때 날이 추울 때는 2층이나 3층 교실 앞까지 신발 벗고 어떻게 올라오느냐고 볼멘소리를 마구 쏟아 냈다. 선생들이야 그리로 다니지 말라고만 했지 아이들 불편한 줄은 몰랐다. 나야 선생이니 어디고 다니고 싶은 데는 누구 눈치도 보지 않고 마음 내키는 대로 다녔으니까. 아이들은 중앙 현관으로 다닐 수밖에 없는 까닭을 여러 가지를 들었다. 당장 그 주 전교어린이회의에 가서 안건으로 올리고 쟁점으로 만들었다. 이제 내가 해야 할 일은 교무회의에서 이 일을 안건으로 올리고 아이들과 함께 해결책을 찾는 것이다. 덕분에 아이들이 중앙 현관으로 다닐 수밖에 없는 까닭을 알았고 1층 현관에 뚝딱뚝딱 신발장이 마련됐다. 아이들은 더 이상 맨발로 시린 콘크리트 바닥을 걸어 교실로 오르내리는 일이 없어졌다. 물론 중앙 현관으로 다니는 일도 줄었다.

선생님, 저는 공부가 어려워요

선생님, 저 공부가 어려워요! 완전 완전 너무 어려워요! 무슨 곱하기, 나누기, 더하기, 빼기 막 들어 있는 시험지가 무슨 계산기 같아요. 그걸 풀려고만 하면 머리가 어질어질해요, 또 보면 눈이 자꾸 자꾸만 커져요. 그러니까 선생님, 공부 좀 시키지 마세요. 공부가 저를 너무 힘들게 하는 것 같아요. 선생님, 나도 공부 정말 잘했으면 좋겠어요. 그런데 그게 마음처럼 안 돼요. 그래서요, 집에만 가면 엄마가 공부를 잘 못한다고 공부를 아주 많이 시켜요. 문제집을 세 장이나 풀어요. 세 장보다 더 많이 풀 때도 있어요. 그런데 세 장을 푸는데 어려운 문제가 많이 많이 나와요. 그래서 쉬고 싶은 마음이 자꾸 나요. 쉬고 싶지만 엄마가 계속하래요. 열 시에 자지도 못해요. 엄마가 공부를 못해서 학원을 더 다니래요. 시험을 보고 점수가 안 나오면 엄마한테요, 나는 아주아주 많이 혼나요. 그러니까 선생님, 시험을 보지 마세요. 또, 나머지 공부를 조금만 시키세요. 선생님이 미워지지 않게요. 또, 기초튼튼 할 때 어려운 문제를 주면요, 잘 몰라서 늦

게까지 풀잖아요. 그러면 피아노를 못 가서 엄마한테 또 혼나요. 그래서요, 선생님, 문제를 낼 때 내가 풀 수 있는, 아주 쉬운 문제로 내 주세요. 부탁이에요.

　　_신승훈, 4학년(2011. 7. 4.)

　이 글은 4학년 승훈이가 한 말을 입말 그대로 받아 적은 것이다. 승훈이는 공부 시간에 해야 할 공부거리를 제때 끝내지 못해 이틀 걸러 한 번꼴로 교실에 붙들려 공부를 했다. 동무들이 모두 돌아간 교실에서 담임하고 둘이 마주 앉아 공부한다는 건 곤혹스러운 일. 모르면 알고 가야지 하고 선생은 아무렇지 않게 말할지 몰라도 아이는 집에서도 공부하고 학교에 와서도 공부를 해야 한다. 더구나 하기 싫어서 안 하는 게 아니라 저도 잘하고 싶은데 마음처럼 되지 않는 것이라고 말한다. 아이를 자리에 붙들어 앉혀 놓고 하루 종일 이것도 가르치고 저것도 가르치고 끝도 없이 가르치지만 정작 아이는 몸만 앉아 있을 뿐이지 아무것도 배우지 못한다. 마음대로 쉬는 시간도 없고 밥 먹고 소화시킬 틈도 없다. 생각하니 어른들이 다 틀렸다. 아이 어깨에 올려놓은 짐이 무거우면 덜어 주는 게 상식인데 도리어 애가 타서 교사고 부모고 짐을 더 지운다. 그리곤 더 빨리 더 멀리 뛰라고 윽박지른다. '선생님이 미워지지 않게요' 하는 데서 승훈이가 달리 보인다. 선생 처지에서야 하루도 거르지 않고 속 태울 일만 잔뜩 물고 와서 미운 생각이 들 때가 많았으니까. 어쨌거나 어른들이야말로 아이들을 바로 보는 공부를 해야 한다. 덕분에 아이 마음을 알았다. 그 뒤 이 아이 삶은 어찌 되었을까.

작은책

재완이가
《작은책》속에 나온
내 시 〈나뭇잎〉을 작은 칠판에 적었다.
그리고 그 밑에 느낌이라고 적어 놨다.
어느 아이가 느낌을
드럽다고 써 놨다.
내 시는 하나도 드럽지 않다.
그렇게 생각하는 사람이 더 드럽다.

_최승민, 4학년(2011. 9. 20.)

　몸집으로만 보면 승민이는 우리 교실에서 아주 작은 축에 드는 아이
다. 하지만 이 시를 읽어 보면 누구보다도 단단하고 야무진 아이라는
게 단번에 느껴진다. 《작은책》이라는 어른 손바닥만 한 잡지에 승민이
가 쓴 시가 실렸다. 이 시를 본 재완이가 교실 한쪽 벽 작은 칠판에 그
대로 적어 놓았는데 누가 장난스러운 마음으로 '드럽다'고 느낌을 적어
놓았다. 어찌 분한 마음이 일지 않겠는가. 하지만 승민이는 거기에 휘
둘리지 않고 '어느 아이'한테 당당히 소리친다. 내 시는 하나도 더럽지
않다, 오히려 숨어서 '드럽다'고 말하는 사람이 더 더럽다고 말한다. 같
은 날 오후에 이 시를 읽어 주고 교실 아이들하고 이야기를 나누었다.
　누군가 승민이가 화가 무지 났을 거라고 했다. 하지만 승민이가 하도
예민하게 구니까 그게 재미있어서 놀리는 거라고 모른 척하는 게 약이
라고도 했다. 그 말에, 꼬리 내리고 깨갱 하면 더 놀릴 텐데 그러면 어

떡할 거냐고 누가 말했다. 그렇지, 좋게 좋게 대충 넘어가서 저절로 좋아지는 일은 드물다. 어떻게 동무 화를 돋우려고 재미로 그럴 수 있나. 그때 승민이가 눈을 부릅뜨고 누구랄 것도 없이 두고 보자 하며 입에 담지도 못할 욕을 마구 퍼부었다는 증언이 나왔다. 여기저기서 그날 아침 일이 생각났다며 욕을 너무 심하게 했다고 말들을 보탠다. 어라, 피해자인 줄로만 알았던 승민이가 '드럽다'는 말을 백번이고 들어도 될 만큼 아주 막돼먹은 아이가 되고 말았다. 나쁜 건 나쁜 거다. '드럽다'고 써 놓고 지금도 아이들 틈에 숨어 끌끌끌 웃고 있을 사람이 욕을 들어야 한다. 누구라도 자기가 쓴 글을 '드럽다'고 평해 놓았다면 왁 소리 내며 성내지 않을까. "씨이, 내 시가 뭐가 드러워?" 이러겠지. 누군가 이런 말 듣고도 가만있으면 그게 정말 바보천치라고 했다. "맞아요" 하고 몇이 거들었다. 나도 옳지 않는데 고개 숙이는 건 자기를 지우는 일이나 마찬가지다. "내 시는 하나도 드럽지 않다. 그렇게 생각하는 사람이 더 드럽다"는 말에서 단단한 마음이 느껴져 좋다고 승민이를 띄웠다. 이래서 이 일은 끝.

이렇게 막힘이 없어야 비로소 서로를 올바르게 볼 수 있다. 차이를 인정할 때 다양성은 존중된다. 그 속에서 자기 삶을 당당하게 바라보고 해야 할 말 솔직하게 하고, 거짓 없이 행동하는 사람이 길러진다. 교사는 교과지도와 생활교육에서 이 민주의 삶에 초점을 두고 민주의 삶을 몸으로 익히도록 아이들과 함께 살아야 한다.

민주주의가 언론의 자유로 태어나듯이, 아이들이 사람답게 자라나게 하고 앞날의 모든 가능성을 열어 주는 일-바로 아이들의 목숨이 피어나게 하는 일은 자유로운 표현을 가르치는 교육이다. 민주교육도 표현 교육에서 출발할 수밖에 없다. 아이들의 목숨을 풀어놓아 주는 교육부터 앞장서서 하자. 그리고 모든 교사들이 목숨 살리는 교육을 하는 운동을 펴 나가자. 목숨을 억누르는 야만인이 되느냐, 목숨을 지키고 키우는 영광스런 겨레의 교육자가 되느냐 하는 것은 모두 교육자들이 결정해야 할 엄숙한 과제다. _『글쓰기 어떻게 가르칠까』, 22~23쪽

입에 붙은 말부터 달라져야 한다. 이제까지 지시하고 간섭하는 말을 버리고 아이들 말로 바꿔야 한다. 말을 바꾼다는 건 그 말에 담는 생각과 태도를 바꾼다는 말과 같다. 일테면, 조회 시간에 단상에 뚜벅뚜벅 올라선 선생님이 아이들에게 어떤 말로 말하겠는가. 아이들은 모두 나무 그늘에 앉히고 아이들 앞에 나와 선 교장선생님은 또 어떤 말로 말하겠는가. 우리들 학교 곳곳에 붙여 놓은 말들을 한번 보라. 용모 단정, 두발 단정, 관계자 외 출입금지, 우측통행, 통행금지 따위 눈알을 부라리는 한자말을 보라. 커다란 돌덩어리에 새겨 놓은 성실, 노력, 관용, 겸양, 순결 따위 교훈을 보라. 뜻은 아름답지만 아이에게 주는 방식은 결코 아름답지 않다. 아이들이 알아듣는지는 조금도 중요하지 않다. 지껄이는 입에서 터져 나오는 말만 중요하다.

이오덕은 이런 말들은 죄다 비민주적인 말이라고 나무란다. 아이들한테 주는 말은 세상 어떤 말보다 쉽고 간결해야 한다. 제 아무리 어렵고 복잡한 개념이고 이데올로기고 사상이고 간에 아이들한테 주는 말은 아이가 이해할 수 있게 표현되어야 한다. 그래야 거기에 오래 머물 수 있고 깊이 들어갈 수 있다. 거리낌 없이 표현하고 모든 활동에 참여하며 배우는 과정을 좋아하게 된다.

토의 수업

듣말쓰 시간에 '토의하는 방법'을 공부한다. 점심 먹고 나면 몇몇 아이만 이를 닦는다. 이를 닦는 일이야 지극히 사소한 개인의 일인 까닭에 닦으라고 말만 할 뿐 억지로 끌고 가서 닦을 수는 없는 노릇. 에이, 이 좀 닦자 해도 들은 척 만 척 공을 들고 바깥으로 내달린다. 내 입만 아플 뿐이다.

그래서 오늘 주제는 '아이들이 이를 닦게 하려면 어떻게 하면 좋을까?'이다. 내가 낸 의견이다. 이럴 때 아이들이 "에이, 이 닦는 건 스스로 알아서 할 일인데 무슨 학급 규칙으로까지 만드냐?" 하고 저항하는 아이가 있어야 하는데, 어라, 아무도 없다. 당연히 그래야 하는 것처럼 의견을 낸다. 어쩌면 앞으로 집에서 꼭 똥 누고 오자, 아침마다 낯은 씻었는지, 머리는 감았는지도 토의 주제로 나올지 모르겠다. 내 생각만 앞세워 한쪽 길로 몰아가는 건 폭력이고 야만이다. 반성한다. 하지만 이미 엎질러진 물. 갈 때까지 가 보자.

아이들은 토의라는 게 제 말만 하는 것으로 생각한 모양이다. 내남없이 저요, 저요 하고 소리를 지르고 팔을 들어 흔든다. 그러지 말고 기다렸다가 말해도 얼마든지 말할 기회를 주겠다고 해도 자기 할 말을 참지 못하고 툭툭 토해 낸다.

민규는 '나는 이를 닦지 않아 입 냄새가 납니다' 하고 말하게 하자고 한다. 유빈이는 이를 닦지 않은 사람은 『지각대장 존』에 나오는 선생님이 존한테 시켰던 벌처럼 '나는 이를 닦지 않았습니다. 앞으로는 이를 잘 닦겠습니다'를 50번씩 또는 100번씩 쓰게 하자는 의견을 냈다. 처음에 유빈이는 이를 잘 닦는 사람한테는 선물을 주자고 했다. 막대사탕 같은 선물. 그러자 이를 건강하게 하자고 이런 규칙을 만드는데 이에 해로운 사탕을 주는 건 옳지 않다는 비판이 만만찮았다. 유빈이는 스스로 그 의견을 거두었다.

선향이하고 지현이는 이를 닦았는지 검사를 하고 닦은 사람한테는 스티커를 주자고 했다. 거기에 고개를 끄덕이는 아이가 많았다. 스티커 많이 모아서 뭐 하냐는 소리가 나왔다. 그러게, 그거 어디다 쓰지 하는데 이르자 꿀 먹은 벙어리다.

준민이하고 민기, 동현이는 점심시간을 더 늘리자고 한다. 점심시간이 늘어나면 아이들은 정말 이를 닦게 될까. 난 생각이 다르다. 늘어난 만큼 더 헐떡거리며 운동장을 뛰다 올 것이다. 그렇지만 그 말은 입안으로 삼킨다.

어쨌거나 온통 '이를 닦지 않으면 벌칙을 주자'는 데로 결국 의견이 모아졌다. 이를 닦지 않은 사람 이름을 학급 카페에 공개하자. 히야, 이 안 닦았다가는 온 나라에 망신을 떨 각오를 해야 한다나.

뒤로 혼자 생각이지만 사람은 뭐든 자기 마음으로 움직여야 한다. 규칙에 따르고 남의 말에 따르는 몸은 고달프고 비참하다.

_2012. 4. 17.

식판

넷째 시간은 도덕. 자율, 그러니까 스스로 맡아서 하는 일을 공부했다. 누가 간섭 없이 혼자 알아서 하는 일들이 조금씩 많아지는 게 몸도 마음도 커 가는 거다. 일테면 식판 검사하지 않아도 식판에 주덕주덕 밥 남기지 않는 일, 청소 당번 누구냐 묻지 않아도 알아서 교실 청소 하는 일처럼. 지켜보는 눈 있을 때만 잘하는 체하는 건 비겁한 모습이라고 했다. 먹기 싫다는 아이더러 한 젓가락 먹으라고 해 봐야 내 입만 아프다. 고기반찬이면 먹지 말라고 해도 더 먹으려고 아득바득 덤벼들 거다. 여기저기서 말이 터져 나온다.

"정말 남겨야 할 때는 어떻게 해요?"

"뭐, 남겨야 할 때는 남겨야겠지. 배가 아픈데, 정말 입맛이 없는데 어찌 먹겠나. 그렇지만 못 먹을 만큼 받은 것도 아닌데 그냥 입맛에 안 맞는 반찬이라고 부러 남기는 일은 하늘에고 땅에고 농부에게고 밥 지어 주는 아주머니들에게도 정말이지 죄짓는 일이지. 어떤 날 보면 연거푸 받아다 먹으면서 그러는 사람이 꼭 있거든."

"오늘부터 식판 검사 안 할 거예요?"

"까짓 거 오늘부터 난 식판 검사 안 할 거야."

그렇게 해서 옳다, 기회다 하고 오늘부터 식판 검사를 안 했다. 솔직히 걱정스럽다. 까닭 없이 밥이고 반찬이고 남길까 봐. 그렇지만 이미 쏟아 낸 말 주워 담을 수는 없는 노릇. 내 입에서 나온 말이니 이제 꼭 지켜야 한다. 선생이 입만 살아 동동 뜨는 사람이란 소리를 들어서야 되겠나. 잘됐다, 이것도 중요한 공부라고 생각하자.

점심시간. 여느 때처럼 교실에 와서 밥을 먹었다. 아이들은 이제 밥 먹고 덜렁덜렁 내 눈치 안 보고 식판을 갖다 놓으러 간다. 몇몇은 버릇처럼 식판을 디밀며 "선생님!" 하고 부른다. 고개 달랑 들고 뭘, 알아서 해 하는 눈빛을 하면 그제야 생각난 듯 아, 그러고는 돌아서 갔다. 햐, 모처럼 점심을 점심처럼 먹었다. 검사를 하지 않으니 아이들이 다 예뻐졌다. 밥 자주 남기던 예은이도 수진이도 다른 날보다 알뜰하게 먹었다. '아유, 예뻐라' 하는 마음이 절로 든다. 점심시간이 평화로웠다.

나중에 들으니 우리 반 아이들한테 뭔가 삐치고 뒤틀린 게 있어서 식판을 검사하지 않는 것으로 말들이 돈다고 했다. 딴 선생님들이 얼마나 열심히 식판을 살피고 급식 지도를 하는데 제 한 몸 편하자고 아이들을 몰라라 하는, 속 비좁고 게으른 선생처럼 되었다고도 하고 괜히 잘난 척 폼 잡는 거라고도 하고. 식판을 들여다볼 때는 왜 시시콜콜 자기들 밥그릇을 들여다보며 트집 잡느냐고 식판 검사는 정말 없애야 할 꼰대 같은 짓거리라고 입방아들 찧지 않았나. 히야, 그 마음은 어디로 가고 도리어 이젠 검사하지 않는다고 분명 무슨 다른 꿍꿍이가 있을 거라는 음모론까지 떠돈다지.

이깟 일도 한 사람 한 사람 입을 모아 규칙으로 세워야 했을까. 처음부터 밥 먹고 식판은 검사받고 가져다 놓아야 한다는 규칙은 없었다. 그러니 난 억울하다. 교사들 사이에선 "아이들이 하고 싶은 대로 내버려 두면 제 입맛에 거슬리는 건 죄다 안 먹고 버릴 걸요. 급식도 교육이에요. 그러니까 식판 검사를 해야 해요." 했지만, 난 그때도 급식 교육을 꼭 식판 검사로 해야 하느냐고 했다. 과학 시간, 사회 시간, 국어 시간에 하면 안 되나. 영어 시간, 음악 시간에 하면 또 어떤가. 음식물이 어떻게 우리 몸에 피가 되고 살이 되는지, 우리 몸에서 나간 똥, 오줌이 어떻게 자연으로 되돌아가는지, 우리가 별 생각 없이 음식을 쓰레기로 만들 때 어떤 일이 일어나는지 생각해 보는 공부가 정말 해야 할 급식 교육 아닌가. 우리 음식을 영어로 소개해 볼 수도 있고 김창완이 부른 〈어머니와 고등어〉 같은 오래된 노래를 배워 볼 수도 있다. 더구나 밥 먹는 일 가지고 개 벼룩 씹듯 잔소리 늘어놓는 사람도 입이 아프지만 듣는 사람도 참기 힘들다.

다시 식판 검사가 시작된 첫날로 돌아가 보자. 내게 식판을 보여라 하는 소리를 나는 입 밖에 낸 적도 없다. 해가 바뀌었고 아이들은 4학년이 되었고 나는 그 아이들 담임이 되었다. 종이 울려서 점심시간이 되었고 밥 먼저 다 먹은 아이들부터 차례로 내게로 와서 식판을 들이밀었다. 이상했다. 한 아이가 그러니까 그다음 아이가 와서 식판을 얼른 봐 달라고 재촉했다. 우물쭈물하는 사이 수많은 눈알들이 어쩌나 하고 날 빤히 봤다. 먼저 학년에는 그렇게 한 모양이다. 그래, 몸에 붙은 버릇을 단번에 고칠 수 있겠나. 더구나 먼저 학년 담임들은 정말 신념을 갖고 한 일일 텐데 하루아침에 그건 잘못이라고 말할 순 없었다. 동업자(?)로서 할 말은 아니다. 잘 먹었으면 식판을 제자리에 잘 갖다 놓으라고는 뜻으로 고개를 끄덕여 준 게 그만 이 일에 말려들어 앞날을 망친 꼴이다. 그렇게 스스로 고생 구덩이에 아무 생각 없이 밀어 넣고는 내 핑계를 댄다. 아무래도 내일은 이 일로 회의를 열어야 할 것 같다.

오늘 공부가 끝났다. 끝 시간은 미술이었는데 교실 바닥 여기저기 자잘하게 떨어진 게 많다. 어쩌나 본다. 공부가 끝나면 푹 죽었던 아이도 다시 기운이 펄펄 넘친다. 앞문에 서서 아이 하나하나 악수를 하고 보냈다. 빠져나가는 아이들 뒤로 선향이가 남아 빗자루를 들고 교실 바닥을 쓴다. 맡은 청소를 시늉만 하고 내빼는 아이가 많은데 이렇게 예쁜 아이도 있다. 이런 아이가 많아지기를 늘 바란다. 그래야 나중에 어른이 되어서 세상을 사랑하며 사람들을 위해 일하는 사람이 넘쳐날 거다. 자기 혼자만 잘 먹고 잘 살다가 죽어 버리면 이 세상에 온 게 무슨 의미가 있겠나.

_2012. 9. 11.

02
자기다움을 잃지 않는 사람

　교육은 학생 하나하나가 자기다움을 찾아가도록 응원하는 일이다. 하지만 우리 교육은 오래도록 자기 삶을 바로 보지 못하고, 자기 현실을 부끄러워하고 가족과 이웃을 멸시하고 남의 나라 것만 좇아가는 교육이었다. 일제강점기에는 일본을 우러러보고 일본말 잘하는 사람들이 활개 쳤다. 일본이 패망하자 이 땅은 미국말 하는 사람이 목을 빳빳이 세우고 돌아치는 세상이 되었다. 경제고 문화고 교육이고 정치고 간에 미국에서 배우고 온 사람이 말하면 마법처럼 이루어지는 세상이었다. 배운 사람들 머리에는 제 것이란 게 없고 남의 것만 가득 차서 자기 자신뿐만 아니라 고향이고 나라고 겨레고 배반하는 일을 서슴지 않았다. 세상이 그러하니 교육이야 말해 무엇 하겠나. 언제나 남의 것을 하늘같이 우러러보고 자신의 존재와 모순되는 것을 배우고 좇아가는 게 교육이었다. 노예교육이 별건가. 이런 교육이 바로 노예교육이다.

　식민지 통치자들은 우리 아이들에게 물질적으로 부하고 강한 것, 표준적인 것을 가르치고 모방하게 하고 따르게 함으로써 가난한 자신을 부끄럽게 여기도록 하고 자신과 이웃을 멸시하도록 만들었던 것이다. 글짓기 지도에서 모범적인 것, 표준적인 것, 남보기 자랑스런 것을 보여 주고 그것을 따르게 하는 교육은 이렇게 하여 아이들의 인간적인 깨달음을 방해하고 자기모멸에 빠지게 하며, 필경 그들을 노예근성으로 길들도록 돌아가게 하는 것이 된다. _『삶과 믿음의 교실』, 157쪽

모든 것이 근본을 버리고 우리 것을 천하게 여기니 중국 것을 따르다가 일본 것 따르고, 다시 서양 것 쫓아다니는 꼴이 되었는데, 이런 슬픈 종살이 버릇을 일본 제국은 36년 동안 이 땅에서 아이들에게 채찍으로, 어른들에게 총칼과 자본으로 몸에 배게 훈련했던 것이다. _『바른 말 바른 글』, 452쪽

이에 이오덕은 겨레를 살리는 교육으로 자기다움을 찾는 교육을 해야 한다고 말한다.

우리 아빠

아빠가 생물 장사해서
집에 오면 고기 비린내가 지독하다
고기 비린내 나는 것은
아빠가
오늘 일 많이 했다는 거다
딴 사람들은
냄새 지독하다 해도

아빠 냄새라서 좋다

_남무길, 동해 망상초 6학년(2005. 4. 19.)

아버지를 글감으로 쓴 시를 보자. 「우리 아빠」에서 '생물 장사'는 '생선 장사'를 말한다. 자연히 옷에 몸에 비릿한 생선 냄새가 밴다. 몸에 쩐 생선 냄새를 맡아 본 사람이라면 저도 모르게 코를 싸쥘 수밖에 없다. 생선 비늘이 덕지덕지 말라붙은 일옷을 입은 아버지를 우리 아버지라고 큰 소리로 말할 수 있는 아이는 많지 않다. 그런데 무길이는 다르다. 자기다움은 이렇게 자신을 솔직하게 드러내는 일에서 출발한다.

아빠의 실눈

아버지가 텔레비전을 본다.
거실 바닥에 누워
피곤해서 꼽박꼽박 존다.
살살 눈을 감는다. 내가
잘 거면 그만 텔레비전 끄고 주무시라니까
실눈을 뜨며
안 잔다고 한다.
리모컨을 손에 쥐고 존다.
커어커어 푸우우 코를 골며 존다.
텔레비전 끄고 자요 하면
또 실눈을 뜨고 안 잔다 한다.
내 방에 가면 또 코를 커어커어 곤다.

아빠는 아침 여덟 시에 가서 밤 열 시에 온다.

일요일만 빼고 다 일한다.

_고한승, 4학년(2012. 11. 6.)

「아빠의 실눈」은 열심히 일하고 돌아와 텔레비전 앞에서 실눈을 뜬 것처럼 눈 감고 코를 고는 아버지 모습을 보고 썼다. 주저함이나 숨김이 없다. 제 말을 숨기고 안으로 움츠러드는 건 남의 것을 따라가고 흉내 내고 부러워하는 마음에서 나온다. 남들이 어떤 눈으로 자신을 볼까 하고 자꾸 생각하기 때문이다. 자기가 발 디디고 선 현실을 똑바로 보고 솔직하게 드러낼 때 오히려 자기다움이 지켜진다. 어린 아이일수록 정직하다가 나이가 들수록 거짓에 물들어 간다. 남의 것에 마음이 더 기울고 제 것을 보잘것없다 여길 때가 많다. 학교 교육을 받으면 받을수록 더욱 솔직해져서 자기 것을 당당하게 드러내고 자기 목소리를 분명하게 내는 사람이 되어야 할 텐데 남의 것과 견주고 자꾸 안으로 움츠러든다. 이는 교육의 실패로밖에 볼 수 없다. 본래 아이들은 정직한데 교육이 짓밟히지 않도록 지켜 주고 살려 주지 못했기 때문이다. 일테면, 교실에서 교사가 아이들에게 가르친 내용을 알고 있는지를 알아볼 요량으로 "알겠지요?" 하고 버릇처럼 묻는 말, 거짓 글을 쓰게 하는 글짓기대회, 과학전람회나 발명품경진대회 같은 데에 출품한 아이 작품들이 거짓말을 싹 틔우고 자라나게 하는 짓거리라고 했다.

친구 관계

누가 나한테

세상에서 가장 어려운 게 뭐니
하고 물으면
나는 친구관계라고 할 것 같다

나는 수학보다
사회보다 더 어려운 게
친구 관계인 것 같다.

이리 휩쓸리고 저리 휩쓸리고
이러면서 마음에 상처를 입는다
그만큼 컸다
그리고 깨달았다
친구 관계는 어렵다

하지만 쉬운 게 또 친구 관계다
지금도 난 내 중심을 잃지 않겠다
_○○○, 6학년(2010. 10. 19.)

한편, 자기다움은 일상으로 지껄이는 말로 드러난다. 해방 후 학교는 우리 삶에 붙은 말을 버리고 서울 사람이 쓰는 말을 우리 말의 표준이라고 가르쳐 왔다. 이 고을 저 고을에서 쓰던 말을 다 몰아내고 사투리 쓰는 사람을 교육받지 못한 사람, 교양 없는 사람으로 만들어 금밖으로 내몰았다. 집에서 쓰는 말들은 죄다 버려야 할 말이 되었다. 표준말은 배운 사람, 서울 사람, 교양 있는 사람의 상징이었으며, 표준말을 쓴다는 것은 주변부에서 중심부로 들려는 욕망을 숨김없이 드러낸다. 마치 개화기 때 영어가 그랬고, 일제강점기 때 일본말이 그랬고, 지금 이 땅의 '영어'가 그랬던 것처럼 우리 말 안에서도 표준말은 사투리를 게걸스럽게 잡아먹었다. 말은 단순하게 의미를 전달하는 수단에 그치지 않고 그 말을 쓰는 문화를 퍼트리는 도구이다. 표준어 교육은 시골 사람이 쓰는 말을 멸시하고 학대하고 서울말, 남의 나라 말글을 높이 우러러보는 마음을 알게 모르게 가르쳐 온 셈이다. 자기다움을 드러낼 때 무지렁이가 되고 만다.

작은 꽃

꽃은 예쁘다.
꽃은 예쁘다.
꽃 옆에는 애들이 많다.
꽃은 인기가 많다.
이뿐 꽃 옆에
작은 꽃도 있다.
애들은 작은 꽃은 못 보는 것 같다.
나를 보는 것 같다.
작은 꽃
너도 이뿐 꽃 되어라!
_최승민, 4학년(2011. 5. 13.)

이 시를 읽다 보면 시를 쓴 아이 모습이 고스란히 겹쳐 보인다. 승민이는 교실에서 크게 인기 있는 아이가 아니다. 공부할 때도 놀 때도 혼자 겉돌 때가 더 많다. 아이들하고 생각이 달라 날카롭게 부딪히는 일도 흔하다.

봄꽃을 보러 나갔을 때다. 너나없이 환하게 피어난 꽃 앞에 모여 앉아 한목소리로 감탄하지만 승민이는 그 꽃보다 그 옆에 핀 작은 꽃에 눈길을 준다. 마음이 가니까 그 꽃도 날 보는 것처럼 느껴진다. 이제 승민이는 그 꽃에게 "너도 이쁜 꽃 되어라!" 하고 응원하기에 이른다. 하지만 이 말은 자신을 향한 응원이기도 한다. 시에서 쓴 말을 보면 자기 입에 붙은 말을 그대로 쓰는 데 조금도 주저하지 않는다. 옆자리에 앉은 아이가 "야, 최승민, 예뿌다가 아니고 예쁘다라고 써야 해" 했지만, "난 예뿌다라고 말해!" 하고 쓴다. 옆자리 아이 말처럼 교과서에서 배운 대로라면 '이쁘다'나 '예쁘다'로 써야 하겠지만 승민이는 고쳐 적지 않고 제 입에 익은 말로 그대로 남겨 놓았다.

사투리

듣기, 말하기, 쓰기 시간에 사투리를 배웠다. 나는 이런 말이 재미있다.
"아따 그러는 게 아니랑깨"
"가가 말으 너무 안 듣잖고"
"멩치가 우리한게"
같은 말들이 재미있다.
그리고 방언과 표준어 뜻을 배웠다. 방언은 한 지역에서 쓰는 말이고 표준말은 그 나라의 표준이 되는 말이라고 배웠다. 그리고 옥수수가 다른 지역에서 어떻게 말하는지도 배웠다. 그런데 표준어는 '교양 있는 서울 사람 말'이라는데 표준어가 서울에서만 쓰는 것은 아니다. 방언 쓰는 사람은 교양 없는 사람이라는 것 같아서 조금 기분이 나빴다.

_김국동, 4학년(2011. 5. 11.)

모국어를 배우는 건 단순히 주고받을 말의 가짓수를 늘려 발달을 이끄는 일이기도 하지만 사회 구성원으로서 공동체 의식을 길러나는 과정이기도 하다. 집에서 쓰는 말, 마을에서 쓰는 말은 우리 말을 배우는 주요 원천이다. 그러한 경험을 교육으로 끌어들이지 못한다면 단순히 언어 지식을 배우고 늘리는 일이 되고 만다.

우리 말은 우리 민족의 피요 생명이다. 우리의 민족정신을 기르는 교육은 이러한 순수하고 아름다운 우리 말을 아이들에게 들려주는 것 이외에 더 효과적인 방법이 없다.

_『삶을 가꾸는 글쓰기 교육』, 83쪽

제 나라 말·글이 가장 좋다는 사실을 모르고 남의 나라 글자나 말을 쳐다보고 얼빠진 사람이 되니, 중국 글자고 일본말이고 영어고 밖에서 들어오는 것은 무슨 말이든지 무슨 글이든지 하늘같이 떠받드는 종살이 버릇이 들었다. 이래서 우리 말을 살리고 우리글을 지키는 일은 우리 모두 목숨을 걸고 해야 할 독립운동이다. _『우리글 바로쓰기 4』, 85쪽

이오덕은 우리 말을 살리고 우리 글을 지키는 일을 모두가 목숨 걸고 해야 할 '독립운동'이라고 했지만 우리 말의 현실은 한자말에서조차 자유롭지 않다. 여전히 반식민지 상태다. 한자를 되살리려는 모리배와 보수언론이 하는 짓거리를 보라. 2014년 9월 교육부는 '2015 초·중등 교육과정 총론' 시안을 발표하면서 "한자교육 활성화를 위해 초·중·고 학교급별로 적정한 한자 수를 제시하고 교과서에 한자 병기 확대를 검토한다"고 밝힌다. 그 뒤 그 장단에 맞춰 춤추는 교육부는 어떤가. 1970년에 사라진 초등 교과서 한자 병기를 되살리려고 별별 꼼수를 다 쓰고 있지 않은가.

말이 났으니 말인데 '민족의식', '민족교육', '민족주의' 하면 덮어놓고 버려야 할 낡은 시대 유물처럼 떠벌리는 사람들에게 한마디 해야겠다. 이 말은 제법 그럴듯하지만 곱씹어 보면 힘 있는 나라 사람들 말을 흉내 내어 떠벌리는 말이다. 지난 반만년 역사에서 우리는 크고 작은 외침을 931차례나 받았다. 가깝게는 일제에 나라를 빼앗겨 식민지 지배를 받아야 했고 그 때문에 한 민족끼리 서로 가슴에 총칼을 겨누는 비극을 겪어야 했다. 그런 아픔에도 나라가 사라지지 않고 지금에 이를 수 있었던 것은 제국주의와 민족주의에 맞서 온 또 다른 민족주의가 있었기 때문이다. 저들 힘센 민족주의가 힘없는 민족과 나라를 파괴해 온 것이라면, 우리의 민족주의는 제 삶의 터전을 지키려는 저항이자 살려는 몸부림이었다. 마땅히 이 둘은 다르고 다르게 대접받아야 한다.

말을 살리는 일이 겨레를 살리는 일입니다. 배달말을 살리지 않고 배달겨레가 살아날 수 없습니다. 말을 살리지 않고는 어떤 교육도 학문도 문학도 예술도 종교도 사상도 우리 것이 될 수 없고, 제자리에 설 수 없다고 봅니다. _『우리글 바로쓰기 2』, 232쪽

　불행하게도 우리 말과 글은 오래전부터 잘못된 길을 걸어왔다. 책상 머리에 앉아 책만 들여다보고 큰소리치는 사람들이 중국을 하늘처럼 떠받들어 한자를 끌어들였다. 일제강점기에는 일본에 머리를 숙여 우리 말을 낮잡고 일본말을 배우게 했고, 서양에 정신을 팔아 서양말을 앵무새처럼 따라 하게 하였다. 그러면서 백성들 머리 꼭대기에 올라앉아 배달말 쓰는 사람들 입을 틀어막고 배운 사람 눈치를 보고 그들 비위를 맞추는 바보 교육, 노예 교육을 해 온 것이다. 말이 죽은 것은 생각이 죽는 것이요 생각이 죽는 것은 목숨을 잃은 거나 마찬가지다. 자기 입에 붙은 말로 자신과 자신의 삶을 나타낼 수 없고, 글을 모르는 자신을 부끄럽게 여기도록 하여 끊임없이 열등감에 빠지도록 했다. 이것은 지난날뿐만 아니라 지금 여기의 역사이기도 하다. 가령, 아직도 그 잘못을 손톱만큼도 뉘우칠 줄 모르고 초등학교 때부터 한자를 가르쳐야 한다고 떠벌리는 사람들이 있다는 것이 이를 잘 말해 준다.
　우리 말을 살리지 않고는 우리는 결코 아이들을 살릴 수 없다. 이는 너무나 옳고 환한 상식이다. 지금까지 말글 교육이 '어른·학자·문인·서울에서 쓰는 말 → 글말(책·교과서) → 입말(삶)' 이렇게 내려오던 것을 거꾸로 '어린이·농사꾼·백성·지역에서 쓰는 말 → 입말(삶) → 글말(책·교과서)' 이렇게 올라가는 체제로 바꾸어야 한다. 글은 처음부터 말에서 나오고, 말은 삶에서 나와야 한다. 이 길이 우리 말과 글을 살리고 어린이와 백성을 살리는 길이다. 거꾸로 된 길은 우리 것을 부정하고 큰 나라를 섬기는 반민족, 반민주, 반인간의 길이다.

이오덕은 이러한 현실에 맞서서 우리 말과 우리 글을 지키고 살리는 일에 정성을 다해 왔으며, '우리 말 살리는 겨레 모임'이나 '한국글쓰기 교육연구회' 같은 모임을 꾸려 왔다.

03
모든 생명을 사랑하는 사람

사람이 사람이 되게 하는 교육은 사람이 자연의 하나임을 깨닫고 자연의 일부로 자연스럽게 살아가도록 가르치는 일이다. 나무고 풀이고 새고 벌레고 물고기고 사람이고 짐승이고 저마다 다른 자리에서 목숨을 존중받으며 자유롭게 자신을 드러내며 자기 삶을 살아가야 한다는 건 당연한 이치이고 상식이다. 그러나 학교 교육은 아이들에게서 삶을 빼앗는 데 앞장서 왔다. 자기 삶이 없다는 건 자기표현이 없다는 말이다. 학교 교육은 아이가 1학년에 들어오기 무섭게 삶에서 멀어진 교과서를 쥐어 주고 끊임없이 머릿속에 쑤셔 넣으려고 한다. 아이 하나하나를 생명이 있는 사람으로 인정하지 않고 아이들 삶을 빼앗고 자기표현을 아주 가로막는다. 이오덕은 이는 '살인교육'이라고밖에 달리 가리킬 이름이 없다고 하면서 아이들이 자유롭게 살아가도록 풀어놓아 주는 데서 비로소 교육을 시작할 수 있다고 말한다. 자유, 곧 자기표현을 하지 않고는 어떠한 목숨도 피어날 수 없고 어떤 교육도 제대로 할 수 없다는 것이다. 넓게 보면 삶 자체가 그대로 자기표현이다.

공부를 못하는 아이가 보건(체육)만은 좋아하고, 운동장에서 자유롭게 뛰어다닐 수 있는 쉬는 시간이나 점심시간이 얼마나 기다려지고, 해방의 시간으로서 그들에게 필요한가 하는 것을 생각해 본다.

아이들은 대체로 미술을 좋아한다. 크레용만 있으면 무엇이든지 제 마음대로 이야기를 하면서 그릴 수 있다. 남의 흉내만 안 내고 제 마음대로 그리면 무엇을 어떻게 그려도 칭찬을 받으니까 그렇겠지. 글짓기같이 글자의 저항이 없는 것도 그림 그리기를 좋아하는 이유가 될 것 같다. _『이오덕 교육일기 1』, 13쪽

아이들이 가장 좋아하는 과목이 음악과 미술인 것을 보면, 이 아이들이 평소 모든 학습에서 얼마나 수동적으로 받아들이기만 하면서 자기표현을 억제당하고 있었던가를 짐작할 수 있다.

_『이오덕 교육일기 2』, 9~10쪽

자기표현[2]이 자유로울 때 아이들은 건강하게 자라난다. 자기표현은 생명을 생생하게 피어나게 하는 수단이다. 아이뿐만 아니라 어른들도 자신을 있는 그대로 드러내면서 기쁨을 느끼고 용기와 위안을 얻는다. 거꾸로 오래도록 표현이 꽉 막혀 터져 나오지 못할 때 사람은 시들고 병든다. 때로는 죽음에 이르기도 한다. 자기를 표현하는 으뜸 수단으로는 말하기고 그다음은 글쓰기다. 말과 글 말고도 그리기·만들기·노래하기·춤추기…… 같은 게 있겠지.

---

2. 이오덕은 『우리글 바로쓰기 3』 머리글에서 '자기표현'을 한 낱말로 쓰겠다고 했다. 이 글은 그 생각을 따랐다. 이어 '우리'를 어떻게 쓸 것인가를 두고는 '우리' 다음에 '말'이 오든 '글'이 오든 '집'이 오든 다 띄어서 써야 옳다고 보았다. 다만, 책 이름 같은 데는 보기 좋게 할 요량으로 붙여 쓸 수도 있겠다고 했다.

아이들은 온갖 방법과 모양으로 자기표현을 한다. 손으로 무엇을 만드는 것, 노래를 부르거나 춤을 추는 것, 연극을 하는 것, 토론을 하는 것이 모두 자기표현이다. 싸움도 표현이라 볼 수 있고, 고함치거나 우는 것도 다 표현이다(사람의 맨 처음 표현은 울음이었다). 그러나, 아이들이 두루 가장 많이 하고 있고 교육에서도 가장 중시해야 하는 것은 말하기와 그림 그리기와 글쓰기 세 가지다. _『참교육으로 가는 길』, 97쪽

그러면 아이들에게 말과 글, 그림을 자유롭게 표현할 자유가 있는가. 헌법 제21조 제①항에 '모든 국민은 언론·출판의 자유와 집회·결사의 자유를 가진다'고 표현의 자유를 분명히 해 놓았다. 아이들도 국민이니 마땅히 표현할 자유를 누린다고 할 것이다. 더욱이 요즘 아이들은 버릇이 없다 싶을 만큼 제 할 말은 다 하는데 어째서 표현의 자유가 없냐고 되물을지도 모른다.

자기표현은 교육으로 드러난다. 하지만 아이 표현은 부모와 교사 같은 자신과 가까운 어른들에게서 가장 먼저 벽으로 부딪힌다. 아이는 자신이 쓴 글을 무람없이 들여다볼 어른의 눈을 언제든 생각하지 않을 수 없다. 자연스러운 귀결로 교실에서 써야 할 글은 교과서에 나온 글이거나 어른의 글을 흉내 내거나 지어 만들어야 한다. 당장 나날이 쓰는 일기만 봐도 그렇다. 본 대로 들은 대로 마음에서 터져 나오는 대로 썼다간 꾸지람 듣기 일쑤다. 교육 선전과 상을 목표로 한 무슨 무슨 경연대회, 발표회, 체육대회, 백일장, 사생대회, 글짓기대회 같은 온갖 행사들은 정직한 자신을 드러내지 말라고 가르친다. 자기 마음과 삶을 배반하는 글짓기 훈련을 하고 어른의 말과 생각을 흉내 내고 따라

쓴 글을 잘 썼다고 짝짝짝 손뼉 쳐 준다. 그래서 아이들은 자기 이야기를 자기 말로 정직하게 쓰지 못하고, 남에게 잘 보이기 위한 글, 자랑거리가 될 만한 글을 꾸며 만든다. 어린이신문이나 잡지에 실린 어린이글이 거의 모두 재미가 없고, 그게 그것 같은 글뿐인 데는 다 이런 까닭이 있다. 글 속에 나오는 '나'와 실제로 삶을 살아가는 '나'를 아주 딴사람처럼 분리하여 드러내야만 칭찬받는다. 이런 아이가 장차 어떤 어른으로 자라나겠는가. 이런 아이들 마음이 얼마나 답답하겠는가. 시골 사는 아이는 시골 아이라서 쓸 수 있는 글을 써야 하고 도시 아이는 또 도시 아이라서 쓸 수 있는 글을 써야 한다. 그게 자기표현이다.

이오덕은 "사람이 숨을 쉬는 것은 코로 하지만 마음의 숨은 표현으로 한다. 그래서 아이들의 표현은 아이들의 생명을 이어 가고 생명을 키워 가는 귀중한 수단이 된다"(『글쓰기 어떻게 가르칠까』, 24쪽)고 말한다. 표현이 자유로워야 교실이 살아나고 그 아이가 자라나 만들어 갈 이 나라 뒷날도 환하게 트이는 법이다. 오늘날 이 나라 아이들이 내남없이 공부 기계가 되어 점수 따기 경쟁으로 내몰리는 형편에서 표현 교육은 그 어떤 교육보다도 아이들을 살리는 가장 귀한 교육이다.

여기서 더 나아가 이오덕은 '글쓰기'로 하는 표현이야말로 '교육의 극치'라고 한다. 어찌 그렇지 않겠는가. 공들여 교육하려는 까닭은 한 아이를 글 잘 쓰는 작가로 만들려는 게 아니다. 아이 삶을 보듬어 주고 북돋우어 건강하게 키우려는 데 있다.

하고 싶은 말 다 토해 놓고 나니 속이 후련해졌다는 말을 할 때가 있다. 임금님 두건을 만드는 할아버지가 시름시름 병을 앓다가 대숲에 가서 "임금님 귀는 당나귀 귀" 하고 소리 지르고 나서야 병이 싹 나았다는 옛이야기를 잘 알 것이다. 이 이야기는 세상에 사람이 감출 수 있는 비밀이란 건 없다는 교훈을 말한다지만, 두건 만드는 할아버지가 왜 병이 들었는가에 눈길을 돌리면 자기표현이 막혔을 때 사람이 어찌 병들고 시드는가를 잘 보여 준다. 화병이란 게 왜 생기는가. 표현하지 못한 말들이 가슴에 쌓이고 곪아 생겨난다. 언제고 어디서고 속 시원하게 털어놓는다면 좋겠지만 그게 어디 쉬운가.

아이가 쓴 글을 보면서 교사와 학생, 부모와 자녀가 마음을 주고받는다. 무릇 억눌린 마음을 토해 낼 때 속으로 곪거나 병들지 않는다. 마땅히 교사고 부모고 아이들이 언제 어디서고 남 눈치, 어른 눈치를 보지 않고, 하고 싶은 말을 하도록 해야 한다.

말이 났으니 '일기' 이야기를 하지 않을 수 없다. 아이에게 일기 쓰기를 권하는 까닭은 나날이 겪은 일을 돌이켜 보고 정리하고 글로 쓰면서 자신을 돌아보기도 하고, 남들에게 하고 싶었던 말을 쓰기도 하여 더 낫게 살아가게 하려는 데 있다. 그러니까 일기는 스스로 쓰고 싶어서 쓰도록 해야 하는 것이지, 쓰기 싫은 것을 억지로 시켜서는 거짓 글이나 죽은 글을 쓰게 할 뿐이다. 그러니 아무 보람이 없다. 이 말은 일기 쓰기가 자기표현의 한 수단이라는 점을 강조한 것이다. 그런데 지금까지 일기 쓰기 교육이 '일기 검사'라는 말에서 보듯 일기 내용을 보고 아이 말이나 몸짓이 비뚤어지지 않았는지, 불순한 생각을 하지는 않는지 검열하는 데 있었기 때문에 그 폐해가 적지 않았다. 이것은 일제강점기나 독재 정부 때 불순한 생각으로 사상을 검증하던 일과 크게 다르지 않다. 거기에 보태어 맞춤법, 띄어쓰기, 글씨 바로 쓰기 지도 같은 본질에서 벗어난 국어 공부의 수단으로 일기 쓰기를 강제해 온 것도 문제 삼아야 한다. 그러니 '일기 검사'란 말부터 잘못되었다. '일기 보아 주기', '일기 얻어 보기' 같은 말로 바꿔 말해야 한다.

아이들 일기는 보아 주는 경우도 있겠지만 '얻어 보는 것'이라고 함이 가장 알맞겠습니다. 어른이 아이의 일기를 읽는 것은, 아이가 쓴 정직한 이야기에서 어른이 몰랐던 사실을 찾아내고, 어른이 잘못한 것을 깨닫고 배우게 되는 귀한 보물을 얻게 된다는 데에 가장 넓고 큰 뜻이 있습니다.

_『내가 무슨 선생 노릇을 했다고』, 113쪽

요즘 아이들은 사람답지 못한 점수 따기 경쟁에 시달리고 학원 공부, 과외 공부에 쫓기고 어른들 욕심을 대신해 채워 주면서 그 몸과 마음이 터져 버릴 듯이 된 건 누구라도 인정할 것이다. 다만 제아무리 힘들고 팍팍한 삶이라고 해도 속엣말을 자유롭게[3] 쓰도록 숨통을 틔워서 살아간다. 그게 일기다. 그런데 어른들이 일기 쓰기에 끼어들어 이렇게 써라, 저렇게 써라 하고 터무니없이 간섭하니 아이들이 어찌 자유롭고 올바르게 쓸 수 있겠는가. 더구나 어른들 입맛에 맞게 쓰라고 하는 것만 쓴 글이 무슨 일기이고 자기표현이겠는가. 『표준국어대사전』에는 일기를 "날마다 그날그날 겪은 일이나 생각, 느낌 따위를 적는 개인의 기록"이라고 했다. 2005년 3월 25일 국가인권위원회 제1소위원회가 「초등학생 일기장 검사에 대한 의견」을 내면서 뜻매김한 것을 보면 일기는 "개인의 하루하루의 경험, 생각과 느낌을 적은 글로서 주관적 사유와 양심을 내용으로 하는 내면에 대한 솔직한 기록이며 공개를 목적으로 하지 않는 지극히 사적인 영역"이라고 하였다. 마땅히 '지극히

---

3. 이 나라 어른들은 아이들이 자유롭게, 그리고 올바르게 글을 쓰도록 하게 하지 않는다. 쓰라고 하는 것만 쓰게 하거나 어른들 생각에 잘 맞는 글만 쓰게 하고, 어른들이 쓰는 글과 비슷한 글만 쓰게 한다. 어른들이 쓴 글을 따라 흉내 내는 짓만을 글짓기라 해서 가르친다(『내가 무슨 선생 노릇을 했다고』, 154쪽).

사적인 영역' 또는 '개인의 기록'이라는 데 무게를 둔다면 무엇이든지 자유롭게 쓰도록 해야 한다. 국가인권위원회는 '주문'에 다음과 같이 썼다.

초등학교에서 일기를 강제적으로 작성하게 하고 이를 검사·평가하는 것은 국제인권기준 및 헌법에서 보장하고 있는 아동의 사생활의 비밀과 자유, 양심의 자유 등 기본권을 침해할 우려가 크므로 이를 개선하고 초등학교의 일기 쓰기 교육이 아동인권에 부합하는 방식으로 개선될 수 있도록 지도·감독해야 한다.

이 결정이 났을 때, 학교에서 일기 검사를 그만두라는 말인가 하고 한동안 논란이 있었다. 일기를 검사받을 요량으로 쓰던 아이들이나 일기 검사를 귀찮게 여기던 교사들은 손뼉을 쳤다. 거꾸로 생활교육이나 국어 공부의 한 수단으로 일기 검사를 해야 한다고 주장해 오던 이들은 무슨 소리냐고 반발했다. 결론부터 앞질러 말하자면 국가인권위원회 권고 어디에도 일기 쓰기 지도를 그만두라는 말은 없다. 다만 초등학교에서 지금까지 늘 해 오던 일기장 검사 방식을 살펴보았더니, 일기 검사를 해서 상 주는 식으로 평가하면 아이가 남에게 보이는 일기를 억지로 쓸 수밖에 없고 이는 양심의 자유를 해치는 일이다. 이참에 잘못을 고쳐 일기 쓰기 교육을 제대로 하는 방향으로 가닥을 잡아 가라는 소리인데 엉뚱하게도 일기 쓰기 지도를 그만두라는 말처럼 되어 버렸다. 아이들이 쓰는 글이 무엇이든 삶에서 우러난 느낌과 거기서 일어난 생각이 시원스레 나타나게 해야 한다. 길게 쓰든 짧게 쓰든 발로 썼든 손으로 썼든 그런 것은 보지 말고 자기 자신의 느낌이나 생각, 삶을 귀하게 여기고 솔직하게 드러냈는가를 봐 주어야 한다. 동시에 아이들이 쓴 글을 보고 깨닫고 배워야 한다. 그래서 아이들이 자기 의견과 생각이 존중받는다는 느낌을 경험하도록 해야 한다. 이오덕은 "우선 아이들의 말과 행동, 아이들의 마음을 알아내기 위해서도 아이들이 쓴 글을 읽어야 합니다. 이래서 아이들이 쓰는 일기는 그 아이들에게 공부가 될 뿐 아니라 부모들과 학교의 선생님들을 위해서도 매우 귀중한 공부거리가 되는 것"(『내가 무슨 선생 노릇을 했다고』, 112쪽)이라고 했다.

이오덕은 그리기에도 관심이 컸다. 아이들은 그림 그리기를 좋아한다. 실제로 그리기는 연필하고 종이만 있으면 언제 어디서든 할 수 있는, 꽤 자유로운 자기표현 수단이다. 이에 이오덕은 그리기를 가르칠 때 해야 할 일과 하지 말아야 할 일을 다음과 같이 들었다.

첫째로는 아이들이 어른 그림이나 교과서에 나온 그림을 흉내 내지 말고 남이 그려 놓은 것에 색칠하기 그림책을 절대로 시키지 말 것. 자기 삶이나 자기 마음을 그릴 줄 모르고 남의 것을 따라 그리는 것은 자기표현이 아니다.

둘째로는, 무엇을 어떻게 그리라고 하고 그리는 기술을 가르치지 말 것. 남의 그림, 어른들 그림, 교과서 그림을 베껴 그리지 않도록 하는 일만이 필요하지, 이렇게 저렇게 그려라, 이런저런 색으로 칠해라 하고 가르치려고 하지 말라. 다만, 종이, 붓, 연필, 물감 같은 용구를 챙겨 주고 천천히 온 정신을 기울여서 그리도록 하고 자기가 그린 그림을 소중이 여기는 마음가짐을 가지도록 가르치고, 그림이 그리고 싶어지도록 하는 삶을 주고 삶을 겪게 해야 한다.

셋째로는, 아이들이 무엇을 어떻게 그려 놓았더라도 제 마음을 정성껏 그려 놓았다면 잘 그렸다고 칭찬을 해야지 어른의 상식으로 이러니저러니 비판하지 말 것. 그리고 '아무리 그럴듯하게 그렸더라도 개성이 없고 자기표현이 안 되어 있으면 칭찬하지 말 일이고, 아무리 서툴러도 자기 생각대로 그렸으면 칭찬해 주어야'(『내가 무슨 선생 노릇을 했다고』, 61쪽) 한다.

사람은 누구나 자기 그림을 자유롭게 그리면서 즐길 수 있는데, 어려서부터 끔찍한 흉내 내기 그림 훈련만 받아서 평생 자기 그림을 그릴 줄 모르는 병신이 되었다고 한탄한다. 지극히 상식적인 말이다. 아이들 표현이 자유롭게 뻗어 나게 하자면 무엇이든지 자꾸 가르치고 외우게 하고 남의 것을 따라 하도록 해선 안 된다. 오히려 가르쳐 주는 그만큼 스스로 제 삶과 제 마음을 나타내게 할 때 아이가 살아나고 재능이 피어난다.

이제 자기표현이 드러난 어린이 시를 보자.

공부

엄마는 맨날 공부하란다.
조금만 쉬면
엄마가 들어와서
공부는 안 하니 한다.
희한하게
쉬려고 할 때만
엄마가 딱 맞춰 들어온다.
이제는 엄마가

쉬지도 못하게
시도 때도 없이 내 방에 온다.
엄마가 들어올 땐
똑똑, 하고 들어오면 좋겠다.
_정연수, 4학년(2011. 3. 23.)

책상 청소

엄마가 청소를 하면서
책상이 이게 뭐냐
이렇게 더럽게 사는 애가 어디 있나
얼른 쓸고 닦아 한다
나는 나보다 더 더러운 애도 있을 거라고
핑계를 대지만
엄마한테는 안 통한다

나보다 더러운 애도 있는데
엄마는 그걸 왜 모를까?
_김오연, 6학년(2010. 10. 29.)

「공부」와 「책상 청소」를 읽어 보면 마음에 찔리지 않는 어른이 드물 것이다. 어느 집에서나 볼 수 있을 법한 장면이다. 아이 마음과 어머니 마음이 부딪힌다. 어머니는 아이가 책상머리를 지키고 앉아 있을 때 마음이 놓이겠지만 초등학교 다니는 아이가 그러기란 결코 쉽지 않다.

어른들은 언제나 뻔한 말로 아이들 마음에 칼금을 긋는다. 어른들 말을 곧이곧대로 지키는 아이, 말하자면 어른들 눈에 쏙 들게 공부하고 제 앞가림을 잘하는 아이가 세상에 몇이나 있을까.

몰라요 이런 거

음악 시간에
선생님이 리코더 악보를 내주고
"다장조니까 계이름 좀 읽어 봐."
했다.
풍선이 꺼지는 것처럼
나는 가슴이 푹 쪼그라들었다.
나는 속으로
'선생님, 이런 거 몰라요!'
하지만 말을 못했다.
저녁에 엄마한테 말하니까
"내일부터 피아노 학원 다녀!"
했다.
나는 속으로 싫었다.
이제 놀 시간이 없다.
음악 시간 때문에 놀 시간이 줄었다.

_문민규, 4학년(2012. 4. 3.)

쪽지 시험

어제도 나는
영어 시험 0점을 맞아서
나머지 공부를 했습니다.
영어 낱말을 겨우 외우고 검사를 맡고
겨우 집에 갔습니다.
나는 오늘 아침에 학교에 왔습니다.
칠판에
"아침에 영어 낱말 시험을 봅니다."
했습니다.
나는 머리가 멍했습니다.
그래서 여태까지
우리 선생님이 막 밉습니다.
난 공부를 막 하고 일기를 막 씁니다.

_최승민, 4학년(2011. 7. 1.)

「몰라요 이런 거」와 「쪽지 시험」은 자기만 아는 마음을 똑바로 바라보고 썼다. 누구 눈치도 보지 않고 제 할 말을 하겠다는 마음이 글에 그대로 드러나 있다. 이런 자기 속에서 일어나는 말은 입 다물고 있으면 누구도 알지 못한다. 말로든 글로든 그림으로든 몸짓으로든 꺼내 놓고 드러낼 때 비로소 답답하고 컴컴했던 마음이 보인다.

이오덕은 글쓰기는 '본 대로 들은 대로 한 대로' 정직하게 쓰도록 하는 지도가 무엇보다도 앞서야 한다면서 그 까닭을 세 가지로 들었다.

첫째, 아이들의 삶과 마음을 알아보기 위해서다. 우리가 제대로 교육을 하자면 아이들의 마음을 알고 그들의 삶의 실상을 붙잡아야 한다. 아이들을 모르고 아이들을 가르칠 수 없다. 아이들의 마음과 삶의 참 모습을 알아내는 데는 아이들이 정직하게 쓴 글을 읽는 것보다 더 좋은 방법이 없다. (……)

둘째, 아이들의 순수한 마음을 가꾸기 위함이다. 아이들 마음의 본바탕은 정직성이다. 아이들은 본디 거짓말을 할 줄 모른다. 거짓을 모르고 겉꾸밈을 싫어하고 있는 그대로 살고 싶어 한다. 이러한 깨끗한 마음 바탕을 그대로 지켜 가도록 하기 위해서 정직한 글을 쓰게 하는 것이다. (……)

셋째, 아이들에게 자기의 삶을 바로 보고, 삶을 다져서 건강하게 살아가는 태도를 가지도록 하기 위해서다. 지금 우리 나라 사람들은 남의 것만 쳐다보고 남의 것만 부러워하면서 살아가고 있다. (……) 어른들 따라 아이들도 그렇게 물들어 가고 있다. 얼이 빠진 사람들은 제 모습을 볼 줄 모른다. 아이들에게 정직한 글을 쓰게 하는 것은 정직한 글에서 그 자신의 모습을 깨닫게 하고, 거기서 바르고 참되게 살아가는 길을 찾아 주기 위해서다.

_『글쓰기 어떻게 가르칠까』, 56~57쪽

솔직한 글을 쓰게 하는 일은 아이들에게 자기 삶의 참모습을 깨닫도록 하고 모든 비뚤어진 삶에서 벗어나도록 해서 정직하고 가치 있는 삶을 살게 하는 일이다. 아이들은 자기 삶과 제 속에서 일어나는 생각을 '있는 그대로' 쓰면서 기쁨을 느낀다. 위안을 얻고 용기를 얻는다. 열등감을 씻어 버리고 마음이 환해져서 목숨이 피어나고 살아난다.

> 사람이 정상으로 표현하는 길이 완전히 막히게 되면 병들거나
> 미치거나 이성을 잃은 광포한 행동을 하거나 자살을 한다. 곧,
> 정상이 아닌 표현을 하게 된다. 미치고 자살하고 하는 것도 표현
> 의 한 가지라 할 수 있다. _『글쓰기 어떻게 가르칠까』, 22쪽

그런 까닭에 표현 교육은 아무리 강조해도 지나치지 않다. 말로 지
껄이고 글로 끼적이는 표현은 아이들 목숨을 지키고 올바르게 키우고
자 한다면 꼭 해야 할 일이다. 이러한 목숨을 살리는 교육은 단순히 사
람에게만 머물지 않는다. 마침내 모든 살아 있는 목숨에까지 나아간다.
이오덕은 아이들에게 사랑의 마음을 심어 주어 까닭 없이 풀 한 포기,
벌레 한 마리, 새 한 마리, 나무 한 그루 죽이는 짓은 죄 짓는 일이라고
어릴 때부터 깨닫게 해 주어야 한다고 말한다.

> 지금 온 세계가 자연을 살리고 환경을 지켜야 사람이 살 수
> 있다고 해서 교육도 나라마다 그런 방향으로 나가고 있다. 자연
> 을 살리는 교육은 숫자로 계산해서 할 수 있는 것이 아니다. 숫
> 자로 계산하는 것은 장사꾼들이 하는 짓이다. 한 마리 벌레라도
> 그 목숨이 귀하다고 가르치는 일, 까닭 없이 나무 한 그루를 베
> 어 죽이는 짓은 죄악임을 깨닫게 하는 일, 이런 사랑의 마음을
> 아이들에게 심어 주지 않고서는 결코 사람의 교육을 해낼 수는
> 없다. _『우리글 바로쓰기 3』, 260쪽

어느 날은 교실에 말벌 한 마리가 들어왔다. 지난여름 기세 좋게 웅
웅대며 온 교실을 아수라장으로 만들고 모두를 벌벌 떨게 하던, 그 말

벌이 아니다. 어쩌다 길을 잃고 따스한 곳을 찾아 헤매다 교실까지 들어온 말벌이다. 그 말벌이 지금 내 책상에 떨어지는 볕뉘에 몸을 녹이고 앉았다. 어떻게 해야 할까.

말벌

아침에
내 책상에 말벌이 한 마리 앉았다.
창문으로 들어오는 햇볕에
가만히 몸을 녹이고 있다.
날개를 딱 붙였다.
날개도 다리도 가늘고 이쁘다.
선생님이 와서 도화지로 말벌을 살살 들어
창문 밖에 털었는데
다시 선생님 쪽으로 날아왔다.
난 그렇게 예쁜 말벌은 처음 본다.
난 그냥 놔두면 좋겠는데
선생님은 벌 때문에
우리가 벌벌 떨 거라고 했다.
이 추운 날
말벌을 바깥으로 쫓아냈다.
_오예은, 4학년(2012. 11. 13.)

지네

왕지네 한 마리
발을 부지런히 움직여 갈 때
입에서 슈욱 소리가 날 것 같다.
으아, 징그러워
밟아 죽이자 누가 말했는데
지네 눈이 반짝거렸다.
누가 돌멩이를 던졌다.
다행히 지네한테서 빗나갔다.
이태영이 와서
야, 너네 왜 그래
왕지네가 너네한테 무슨 죄 지었나
왜 죽이려고 해 해서
모두 그 말이 맞다 하고 교실로 갔다.

_김국동, 4학년(2011. 5. 13.)

「지네」를 보면 지네는 아이들 눈에 띄었다가 하마터면 죽을 뻔했다.
징그럽게 생겼다고 함부로 목숨을 빼앗아도 될까. 지네 눈으로 보면 사
람이 더 징그럽지 않을까. 다행히 "너네 왜 그래? 왕지네가 너네한테
무슨 죄 지었나?" 하고 말하는 아이가 있어서 지네는 다행히 목숨을
건졌다.
　다음 글은 어떻게 봐야 할까?

꽃매미 특공대

어제부터 친구들과 나는 꽃매미를 죽이기 시작했다. 꽃매미를 죽이는 이유는 나무에 수액을 빨아 먹는 중국에서 온 벌레이다. 그리고 또 하나의 이유가 난 꽃매미가 무서워서이다. 그리고 친구들이 총을 가지고 논 것도 그때부터이다. 그리고 우리 아파트 셔틀버스 아저씨가 "너희들은 꽃매미 특공대이다"라고 말해서 꽃매미 특공대가 된 것이다.

처음에는 물총으로 꽃매미를 맞히고 총으로 쏜 다음 밟아서 죽였는데 이제는 다 가까이 가서 총으로 그냥 한 번에 죽인다. 꽃매미 특공대의 멤버는 ○○, △△이형, □□이형, 나, ◇◇이, ××이 등이다.

그러니까 버스 아저씨가 차 시간이 끝나면 몇 마리를 죽였느냐고 물어보신다. 그리고 오늘은 어떤 할아버지한테 정확하게 조준하는 방법도 배웠다. 그리고 우리 꽃매미 특공대는 꽃매미를 죽여도 된다고 생각한다.

_○○○, 4학년(2011. 8. 23.)

한창 꽃매미가 기승을 부리던 때다. 수십 마리가 빼곡히 나무에 들러붙어 나무즙을 빨아 대는 모습은 낯설다 못해 머리카락이 쭈뼛해질 만큼 섬뜩하다. 텔레비전에서는 꽃매미가 수확을 앞둔 포도에 달라붙어 포도즙을 빨아 먹고 오줌을 하도 싸서 그을음병이 생겨서 소득이 떨어뜨린다는 보도를 내보냈다. 중국에서 건너온 해충이고 포도 농사꾼 소득을 떨어뜨리는 주범이니 마땅히 죽여야 한다는 목소리가 컸다.

그러던 참인데 「꽃매미 특공대」를 읽었다. 있는 그대로 쓴 글이니 '솔직성'만을 잣대로 하면 마땅히 칭찬받아야 할 글이다. 그런데 결코 칭찬할 수 없다. 당장 글을 쓴 아이의 생각과 태도를 문제 삼아야 하겠다. 더구나 「꽃매미 특공대」에 나오는 어른들을 과연 어떻게 보아야 할까. 아이들한테 물총으로 맞혀 죽여라, 몇 마리나 죽였느냐며 부추기는가 하면 어떻게 쏘면 정확하게 맞힐 수 있는가를 가르친다. 사람한테 도움을 주지 않는 벌레는 마땅히 죽여야 한다는 생각을 아주 당연한 것처럼 아이들한테 심어 주는 것은 참으로 무서운 일이 아닐 수 없다.

꽃매미 깡패

집에 올 때 일이 다시 생각났다
애들이 물총을 들고 뛰어다녔다.
자기들이 무슨 꽃매미 특공대라고 했다.
꽃매미에게 물총을 찍찍찍 마구 쏘아댔다.
퍼드덕 툭 툭 떨어진 꽃매미는
아이들 발에 우르르 짓밟히고 걷어차이고 터뜨려졌다.
겨우 날개 피고 날아가려는 꽃매미가 찍, 밟혔다.
지들이 무슨 특공대인가
순 꽃매미 때려잡는 깡패들이다.
꽃매미가 몸에 달라붙으면
머리가 쭈뼛 설 만큼 싫지만 그래도 죽이면 안 된다
꽃매미한테는 하나밖에 없는 목숨이다.
야, 너네들 꽃매미 그만 죽여!

하고 말하고 무서워서 얼른 집으로 뛰어왔다.

_장유리, 4학년(2011. 8. 23.)

우리 교실에 꽃매미를 차가운 눈빛으로 보는 아이만 있는 게 아니라서 반갑다. 꽃매미를 때려잡아야 한다고 하는 쪽이 있으면 그 반대쪽 목소리도 있어야 건강한 교실이다. 「꽃매미 깡패」는 방송이고 어른이고 꽃매미를 죄다 잡아 죽여야 한다는 목소리가 클 때 쓴 글이다. 교실 아이들도 대부분은 꽃매미는 중국에서 건너온 매미이고 징그러우니까 보이는 대로 죄다 잡아 죽여야 한다고 했다. 그런데 그런 목소리에 지지 않고 꽃매미 목숨도 소중하다고 선언하는 것이라 아름답고 당당하다. 우리에게 일어난 일이지만 이게 곧 우리가 사는 세상의 일이기도 하다. 뒤로 유리는 내게 "선생님, 꽃매미가 나쁘면 우리 나라 매미도 다 나쁜 거 아니에요. 꽃매미는 그래도 공부 시간에 울지는 않잖아요." 했다. 그러고 보니 거기까지 생각을 못 했다. 밤이고 새벽이고 씨부렁대는 참매미, 유지매미, 애매미, 털매미 같은 매미는 그냥 두면서 꽃매미는 바다 건너 중국에서 왔다고 징그럽다고 죄다 잡아 죽이는 건 옳은가. 한 걸음 더 나아가 힘센 무리는 언제라도 어리고 약한 무리의 목숨을 해쳐도 되는가.

이오덕은 이처럼 아이들이 생명을 가볍게 여기고 목숨을 빼앗는 일을 안타까워했다. 동식물을 대하는 마음이나 태도는 사람이고 동물이고 나무고 벌레고 그 값을 돈으로 매기는 세상이 된 때문이라고 하였다.

더욱 농경사회에서는 농사짓기가 가족의 식량을 확보하기 위한 것이었는데, 산업사회에 들어와서는 농산품과 자연자원을 공산품의 재료로 제공하여 돈을 벌기 위한 수단으로 전락했기 때문에 생명을 멸시하고 착취하는 온갖 잔인하고 추악한 행습이 늘어나고 있는 것이다. _『이 아이들을 어찌할 것인가』, 78쪽

생태·생명 교육은 단순히 생태·생명 교육으로 그치지 않는다. 교육은 전문 능력을 갖춘 인적 자본을 기르는 수단이 되었다. 교육은 투자가 되었고 자기 자본의 가치를 불리는 데 도움이 되는 한 가치를 인정받는 세상이 되었다. 다시 돈벌이 수단으로 자연을 보아 억압하고 착취하는 대상이 아니라 민주의 가치를 넓게 보아 교육자는 말할 것도 없이 학부모도 우리 아이들에게 인간이 온갖 목숨들과 같이 살아가는 존재임을 깨닫도록 해야 한다. 어떤 말도 어떤 일도 뻔한 틀에 집어넣지 말고 가까이 다가가 사랑의 눈으로 들여다보고 왜 그런가를 의심하고 물어보는 교육이 되어야 한다.

자리 한번 바꾸겠다고 『까마귀 소년』을 읽었다

제법 봄날 같다. 산수유꽃은 이제 하루가 다르게 노랗게 피어난다.

아침부터 자리를 바꾸자고 아우성이다. 무슨 일이 있나 물었더니 고작 한다는 말이 이렇다. 옆 교실은 바꾸었는데 우리 반은 왜 바꾸지 않냐, 우리 반은 도대체 이게 뭐냐고 한다. 사실, 그리 오래되지도 않았다. 날수로는 보름 남짓 된다. 그렇지 않아도 내일쯤 창체 시간에 의논해서 바꾸어야지 하던 참이었다. 무심한 듯 옆 반은 옆 반이고 우리 반은 우리 반이다 해도 막무가내다. 못 들은 척 턱을 괴고 딴 쪽으로 고개를 돌렸다. 내 귀는 먹은 걸로 하자. 그랬더니 어라, 내가 옆 반 선생님을 따라 하면 좋겠다고 한다. 우와, 이러니 살짝 열이 난다. 나도 할 말이 있다. 너희더러 내가 옆 반 누구는 공부도 잘하더라, 옆 반 아무개는 내 말도 귀담아 잘 듣더라, 또 아무개는 복도를 가만가만 걷더라, 이도 잘 닦더라, 아침에 저희 선생님 없어도 저희끼리 앉아 책도 잘 읽더라……, 뭐 이딴 말들을 쏟아 내면 마음이 어떻겠나. 그런 말 들으면 마음으로 얼른 고쳐질까. 난 아니다, 그러면 그럴수록 너희가 내뱉은 말하고 다른 길로 가겠다.

마지막 시간, 『까마귀 소년』(야시마 타로 글 그림, 윤구병 옮김, 비룡소)을 읽어 주었다. 읽어 주고 자리를 바꿀 셈이다. 오늘 공부하면서 나는 마음을 바꾸었다.

"어, 봤어요. 3학년 때!"

"나도!"

한터가 그러니까 다른 아이 몇도 손을 들면서 자기도 이 이야기를 안단다. 내 바로 코앞에 앉은 지현이는 표지 그림을 보고 무섭다고 한다. 날카롭게 빛나는 눈꼬리, 얄팍한 입술, 하얀 보자기로 둘러쓴 머리.

이 책 처음 봤을 때 나도 그랬다. 그리고 읽고 나면 가슴 한쪽이 저릿했다. 우리 아이들이 그런 마음을 느끼면 좋겠다. 그러나 억지 부릴 일은 아니다. 동무 없는 아이한테 내가 나서서 동무를 만들어 주려고 나서다 보면 오히려 역효과를 낼 때가 더 많았다.

그림책을 읽어 주려는데 하늘이 흐릿하다. 환한 날보다는 궂은 날에 이 그림책을 읽으면 더 좋다. 그래야 눈알이 그림에 모이고 감동이 살아난다.

그림책을 읽어 나간다.

땅꼬마는 늘 혼자다. 공부 시간에도 동떨어져 앉고 마루 아래에 숨기도 한다. 사팔뜨기 흉내를 내면서 시간을 보낸다. 낯선 애, 아이는 선생님이 무서워 아무것도 배우지 못한다. 아이들도 이 아이를 무서워해서 아무도 어울리지 않는다. 읽을 때마다 목소리가 떨리는 걸 꾹, 참아가면서 읽는다. 예전에 아이들한테 읽어 주다가 목이 메어 읽다가 만 일이 떠오른다.

아이는 바보 멍청이라고 하건 말건 날마다 학교에 온다. 그렇게 하루가 지나고 또 하루가 지나 땅꼬마는 6학년이 되었다. 이소베 선생님을 만났다. 이소베 선생님은 앞 선생님들하고 다르게 아이들을 데리고 뒷산으로 다니며 머루, 돼지감자 자라는 곳을 찾고, 들꽃 꽃밭을 만든다. 땅꼬마가 그 모든 것을 알 뿐만 아니라 꽃이란 꽃을 죄다 알고 있는 것에 모두 놀란다. 이소베 선생님은 땅꼬마하고 이야기를 나누고 땅꼬마가 그린 그림과 붓으로 쓴 글씨를 좋아한다.

"저기 선생님이 꼭 선생님 같아요."

내가? 고맙고 감동스러운 말이지만 아직 나는 멀었다. 그렇지만 내 마음은 언제나 여기 이소베 선생님처럼 되고 싶다. 이소베 선생님처럼 누군가에게 빛을 주는 사람이 되고 싶다. 그러나 거기까지. 유빈이가 이런다.

"선생님, 땅꼬마하고 이야기할 때 보니까, 저 선생님 너무 건방져 보여요. 선생님도 그럴 때 있어요."

다시 보니 앉아 이야기 나눌 때는 모르겠는데, 호주머니에 한 손을 찔러 넣고 다른 손을 들어 인사하는 모습은 어쩐지 나랑 닮았다. 호주머니에 손 넣고 말하는 버릇을 고쳐야지.

시간이 흘러 학예회 날. 까마귀 소년이 무대에 서 있다. 처음으로 모두의 눈길을 한 몸에 받는다. 아이 마음은 어떨까. 아마도 가슴이 터질 듯 뛰겠지. 아이 뒤편으로는 커다란 글씨로 '学藝会'라고 써 놓았다. '학예회'란 말이다. 그렇게 여러 차례 읽고 아이한테 읽어 주었지만 처음 본 듯하다. 이 말이 일본말에서 온 건가.

나는 까마귀 소리를 실감 나게 읽어 주려고 아주 애를 썼다. 내가 들었던 까마귀 소리를 떠올려 보면서. 그러나 내 목을 넘어오는 소리는 울대에 부딪히며 기침 소리를 먼저 낸다. 사람들은 까마귀 소리를 들으며 먼먼 산속 땅꼬마가 사는 곳을 머릿속으로 그린다. 다른 새 울음소리를 다 두고 왜 까마귀 울음소리일까. 우리는 까마귀를 기분 나쁜 새로 여기지만 일본 사람들은 '길조'로 여긴다고 한다. 우리는 까마귀 소리를 들으면 에이, 재수 없다고 침을 퉤퉤 내뱉지만 일본 사람들은 울음소리마저 성스럽게 여긴다고 한다.

이 글을 쓴 야시마 타로는 1939년 반군국주의 활동으로 일본에서 쫓겨나 낯선 곳을 떠돌던 사람이다. 어쩌면 일본에서 살지 못하고 바깥으로만 돌던 작가 자신을 그린 그림책인지도 모르겠다. 이 글을 옮긴이는 윤구병 선생님이다. 내가 글쓰기회 편집 일을 맡아 할 때 가끔 1층 '문턱 없는 밥집'에서 막걸리를 마시곤 하셨다. 요즘은 어찌 지내실까? '까마귀 소년'을 생각하면 언제나 윤구병 선생님이 생각난다.

다 읽었다. 우리 교실에, 우리 학교에 까마귀 소년 같은 아이는 없을까. 나는 그 이야기를 하고 싶었다. 그리고 마음을 바꾸어 자리를 바꾸자.

오후, 혼자 교실 바닥을 쓸면서 오늘 내가 한 일을 되짚어 본다. 사회 시간에는 축척을 배웠고, 수학 시간에는 큰 수를 배웠다. 둘 다 4학년 아이들이 공부하기엔 조금 어렵다. 더욱이 축척은 더 어렵다. 뭐, 1:50000 지도로 치면, 지도에서 1센티미터는 실제로는 5만 센티미터라는 말인데, 아이들은 모르겠다고 고개를 잘래잘래 흔든다. 생각해 봐. 5만 센티미터는 몇 미터나 될까? 킬로미터로 바꾸면 또 얼마나 될까? 이러니 아이들이 지긋지긋해하는 수학 공부다. 1m는 100cm, 50000cm는 500m, 이것을 km로 고치면 0.5km. 다시 처음으로 되돌아가서 지도에서 1cm는 실제 거리로는 0.5km. 그러면 지도에서 2cm는 실제 거리로는 얼마나 될까? 아이들은 눈만 꿈벅꿈벅, 멀뚱멀뚱한 얼굴을 하고 나는 더욱 열이 오르고. 한승이가 "에이, 이건 사회가 아니라 아주 수학 시간이네요." 했었지. 맞는 말이다. 이건 비례식을 써서 풀면 금방인데, 이걸 4학년에서 가르치고 배우란다. 그냥 지도는 실제 땅 모양을 줄여 그려 놓은 거란다, 하고 말면 안 될까. 2학년 때 마을 지도 그렸던 것처럼 축척 생각하지 않고 그저 이만 한 땅을 이렇게 종이에 그릴 때는 작게 그리는데 그 줄인 정도를 축척이라고만 배우고 넘어가면 좋겠다.

_2012. 3. 22.

교육과정: '일'과 '놀이'와 '공부'가 하나가 된 삶

모든 교육은 미래 세대를 위한 실천이다. 그런 까닭에 아이를 위해서라는 말을 입버릇처럼 달고 산다. "다 너를 위해서다"라는 말. 하지만이 말에는 '오늘'은 없고 '먼 뒷날'만 있을 뿐이라고 말한다. 허튼 데 눈길 돌리지 말고 놀 생각도 말고 일할 생각도 말고 친구도 사귀지 말고어른이 기획해 준 대로 가라고 한다. 공부하면 할수록 삶은 더욱 풍요롭고 친구와 식구와 이웃과 어울려 더 즐겁고 더 행복하게 살아야 하는데 실상은 다르다. 하면 할수록 삶은 더욱 피폐해지고 둘레 사람에게서 자꾸만 멀어진다. 교과서 속 지식과 세상은 배우면 배울수록 삶과 어긋난다.

　이오덕은 아이들에게서 지금 여기의 삶이 사람답고 민주스러운 삶이 되어야 하는데 그렇지 못했기 때문이라고 한다. 삶을 빼앗고 지금여기를 지운 교육을 '틀에 박힌 꼭두각시놀음을 되풀이할 뿐'이라고했다. 곧잘 아이들에게 왜 삶이 없냐고 말하는 이들이 있다. 이오덕은아래와 같이 답한다.

　　아이들에게 어째서 삶이 없나, 밥도 먹고 학교에도 가고 책도 읽고 하지 않나 할는지 모릅니다. 그러나 삶이란 것은 자기가 주체가 되어 하는 행동입니다. 지금 우리 아이들은 하루 종일 끌려 다니기만 합니다. (……) 도무지 자기 자신이 계획을 세워서 몸으로 무엇을 해 보는 행동이 없으니 삶이 있다고 할 수 없습니다. 삶을 잃고 삶을 빼앗긴 아이들은 날마다 틀에 박힌 꼭두각시놀음을 되풀이할 뿐입니다. _『글쓰기 어떻게 가르칠까』, 보리, 2011, 345쪽

우리 아이들은 자기 생각이 없다. 아이들이 가지고 있는 생각은 모두 어른들의 교과서와 참고서와 공문서와 신문 잡지와 텔레비전과 훈화들로 집어넣은 온갖 지식과 관념으로 암기해 가지고 있는 것이다. 상상조차도 책에 나오는 것에 지나지 않는다. 곧, 아이들은 생활이 없고 지식만 있는 것이다. 자기 자신의 생각을 가지려면 삶이 있어야 하는데, 오늘날의 교육은 학교에서고 가정에서고 삶을 주지 않고, 다만 책을 읽고 쓰고 외우게 할 뿐이다. 아이들이 제 생각을 쓴다고 해서 써 놓은 것도 알고 보면 제 생각이 아니고 남의 생각이요, 책에서 배운 것, 선생님한테서 들은 것에 지나지 않는다. 삶이 없는 교육의 비극이 바로 이것이다. _『글쓰기 어떻게 가르칠까』, 보리, 1993, 98쪽

불확실한 뒷날을 들먹이며 천성을 억누르고 주체로서 누려야 할 삶을 잃어버린 아이들에게 삶을 되찾아 주는 일보다 더 급한 일은 없다. 더 나아가 삶 자체를 가꾸는 배움이라야 사물을 올바르게 붙잡을 수 있고 세상을 보는 눈과 마음이 깊어지고 넓어진다. 그래야 '삶이 없는 교육의 비극'을 비로소 끝낼 수 있다.

모든 과학은 개념의 체계라고 한다. 개념의 습득은 필요하다. 그러나 이 개념의 습득은 어디까지나 직접적인 경험을 통해 이루어져야 옳은 지식이 되는 것이지, 직접 경험과 유리된 기계적인 암기로 이루어진 지식은 아무 소용이 없는 것이다. 글쓰기도 어디까지나 직접 경험, 즉 어린이들이 현실생활을 체험한 그대로의 사실과 생각을 나타내어야 한다. 그래야만 사물을 올바르게 붙잡을 수 있고 생활을 보는 눈과 마음이 깊어지고 넓어지는 것이다. _『글쓰기 교육 이론과 방법』, 23~24쪽

이는 초등학교, 그것도 낮은 학년일수록 더욱 절실하고 적절한 지적이다. 교육은 아이 발달을 이끌어 줄 수 있어야 한다. 아이마다 특성이 다르고 몸이나 마음의 발달 속도 또한 다를 수밖에 없다. 초등학교 시기는 머리보다는 눈, 코, 입, 귀, 손, 발 따위로 만나는 경험이 그 어느 때보다 귀한 때다. 오죽하면 발도로프 교육에서 "아이들은 자신에게 손이 있다는 사실을 반드시 알아야 한다"라며 일하기를 강조하였겠는가. 아이들은 온몸으로 찧고 까불고 뒹굴고 뛰어오르고 춤추고 노래하고 손발을 놀려 두들기고 깎고 빚어내고 만들고 주무르면서 세계와 만나고 관계를 맺는다. 몸으로 겪는다는 건 이미 무언가를 하는 것이요 동시에 마음으로 인식하고 있다는 것이다.

아이들에게 '삶'을 돌려주어야 한다. 일과 놀이와 공부가 하나로 된 삶을 즐기도록 해야 한다. 삶을 돌려주지 않는 교육은 거짓 교육이요 반생명 교육이요 노예 교육이다. 실제로 교실에서 보면 자연스럽게 손발이 발달하여 종이를 접고 가위로 오리고 풀로 붙이고 글자를 쓰고 색칠할 수 있어야 하는데, 이를 제대로 못하는 아이들이 해가 갈수록

늘고 있다. 높은 학년이 되어서도 신발 끈을 제 손으로 묶지 못하고 단추를 제대로 채우지 못하는 아이가 있다. 몸집은 커졌지만 손발의 놀림이 어딘가 모르게 엉성하고 거칠기 그지없다. 이런 현상은 어디에서 원인을 찾아야 할까. 두말할 것도 없이 자기 삶을 누려 본 일이 없기 때문이다.

이오덕은 '살아간다는 것은 일한다는 것'이라고 했다. 교육이 사람다운 사람을 키우자면 아이들에게 몸으로 하는 일을 시켜야 한다고 말한다. 손발과 몸을 놀려 일해야 사물의 모습을 알고 이치를 깨달으며 사람다운 생각을 해서 비로소 사람이 된다고 했다.

> 학교 교육의 가장 중요한 목표의 하나로 설정되어야 할 것이, 일하기를 즐기면서 살아가는 사람이 되도록 하는 것이다. 그리고 모든 교육의 과정은 될 수 있는 대로 일을 하게 함으로써 그 학습의 목표를 달성할 수 있도록 함이 바람직하다. 일하기는 교육의 목표요 수단이요, 교육과정의 핵심이 되어야 한다고 믿는다. _『민주교육으로 가는 길』, 230쪽

> 사람이 살아가는 데 꼭 필요한 물건을 만들어 내거나 사람이 올바르게 살아가는 데 반드시 해야 할 일을 하는 데서는, 누구든지 모두 저마다 하고 싶은 일을 맡아서 그것을 직업으로 삼아 즐겁게 일하면서, 한편으로 운동이나 노래나 춤 같은 것, 글쓰기 같은 것은 그런 일 속에서 함께하면서 누구든지 즐길 수 있어야 한다. 곧 일과 놀이와 공부가 하나로 된 삶을 즐기도록 해야 한다는 것이다. 학교의 교육부터 그렇게 해야 한다. 그렇게 하지 않

고 일과 놀이와 공부가 따로 되고, 그것을 하는 사람조차 따로 있게 되면, 어떤 사람도 다 불행에서 벗어날 수 없다. _『아이들에게 배워야 한다』, 19~20쪽

일과 놀이와 공부가 어우러져 삶이 된다. 아이들에게는 일이 놀이요 놀이가 곧 공부이다. 놀면서 온전한 사람으로 자라난다. 놀이본능이란 말이 있듯 아이들은 놀이를 하면서 현실을 새롭게 발견하고 이루어 낸다. 놀이를 하면서 자연환경에 적응하고 둘레 사람들과 관계를 맺어 간다. 교실이고 집에서고 아이들을 보라. 잠시도 가만히 앉아 있지 못한다. 늘 움직인다. 아이들은 움직이는 것이 다 '일'이다. '놀이'이면서 '일'이고 '공부'다. '일'을 괴로운 것으로 떠올리는 건 사실 아이가 아니라 어른이다. 그건 교사라고 해도 다르지 않는다. 이에 교사는 자신이 노동자임을 분명하게 알고 영광스럽게 여길 줄 알아야 한다.

'교원=노동자'라는 말을 받아들이지 않는 사람은 노동이라는 말의 참뜻을 알지 못하기 때문이다. 노동이란 공부를 못해 무식한 사람, 머리가 똑똑하지 못한 사람이나 어쩔 수 없이 하는 것이란 생각이 마음 깊이 박혀 있기 때문이다. 만일 노동이 인간과 역사를 만들어 내고 문화를 창조하는 위대한 행위라는 것, 그래서 그것은 자본주의 국가든지 공산주의 국가든지 모든 나라 사람들이 누구나 해야 하는 인간의 권리요, 의무라는 것을 깨닫는다면 노동자라고 할 때 오히려 영광스럽게 여길 수 있을 것이다. _『삶과 믿음의 교실』, 19쪽

말이 났으니 하는 말이지만, 지금 학교에서 하는 일하기 교육은 아주 엉터리로 되어 있다. 실과 같은 교과 시간이나 창의적 체험활동, 봉사활동 같은 경우에 계획을 세워 일을 해 보기도 한다. 하지만 사람다운 사람으로 키운다는 본래 목적은 아주 까먹고, 아이들을 부려 운동장 돌멩이를 골라내고 잔디밭, 꽃밭에 난 풀을 뽑고 쓰레기를 줍고 떨어진 나뭇잎을 쓰는 일 따위를 '봉사활동'으로 분칠하거나 검사를 받아야 비로소 풀려나는 귀찮은 '의무'로 여기게 만들고 있다. 중·고등학생들한테도 일하기는 상급 학교 가는 데 꼭 챙겨야 할 봉사활동 점수쯤으로 여기게 할 뿐이다. 물론 이런 모습은 가정이라고 해서 다르지 않다.

제기차기

긴소매 옷을 입고 왔더니 덥다. 거기에 잠바까지 덧입고 와서는 공부 시간에는 내내 와이셔츠 차림으로 돌아다녔다. 아이들은 벌써 반소매 옷을 입고 돌아다닌다. 아이들이 속으로, 거참 미련한 사람이라고 했을 거다. 바람이라도 시원하게 통하라고 교실 창문을 열어 놓았는데 선향이가 춥다고 해서 다시 문을 닫고 공부했다. 날이 갑작스레 더워지면서 밥맛이 없는가. 점심때 밥을 반쯤만 먹고 남긴 아이가 네댓이나 되었다.

쉬는 시간마다 우리 교실 아이들은 제기를 차고 논다. 교실 앞도 좋고 교실 뒤도 좋다. 복도에서도 제기를 찬다. 그런데 눈을 씻고 봐도 두 번을 달아 차는 아이는 아직 많지 않다. 정신이 없다. 교실 바구니에 오래전부터 제기가 있었건만 아무도 거들떠보지도 않더니 지난주부터 제기를 차고 논다. 지난 목요일인가 운동회 달리기할 때 제기 세 번 차고 뛰어가는 게 있으니 미리 연습들 해 두라고 일러 주었다. 그 뒤로 아무 곳에서나 제기를 찬다. 제기차기에 아주 푹 빠져서 "에이, 씨" 하고 안타까워하면서도 금방 다시 차는 아이가 있는가 하면 세 개를 찼다고 펄쩍펄쩍 뛰며 좋아하는 아이도 있다. 더러 동전(?)이 빠져 달아

난, 술만 남은 제기를 싱겁게 차는 녀석도 있다. 제기 술도 심심찮게 빠져서 교실 바닥 여기저기 날려 다닌다. 쓸어도 그때뿐.

다훤이하고 예은이는 쉬는 시간마다 와서 한숨을 푹푹 내쉰다. 내 책상으로 고개를 디밀고 힝, 두 번만 차면 안 되겠느냐고 통사정이다. 하이고 막막하지, 어찌 안 그렇겠나. 그러나 더 노력도 않고 먼저 깎고 볼 속셈이다. 나야 한 번만 차고 가라고 할 수도 있고 그냥 차지 말고 뛰어가라 할 수도 있다. 그러나 한 번 차고 갈 거면 차라리 제기차기라고 해서는 안 될 말. 더욱이 장애물 달리기는 몸이 펄펄 나는 아이만 일등을 하는, 결과가 빤히 보이는 달리기가 아니다. 남보다 뒤처지고 굼뜬 아이도 더러 일등을 해 봐야지 그게 좋은 나라다. 4학년이니 네 번은 차야 하는데 그나마 한 번 깎아 세 번으로 해 준 거라고 헛소리를 했다.

잘 차는 아이는 서너 번을 연달아 찬다. 우와, 놀랍다. 그새 나름 요령이 생긴 때문이다. 넌 이제 좀 쉬엄쉬엄 해라, 했다. 따지고 보면 뭐든 스스로 하려고 마음을 먹어야 하나라도 더 배운다. 나는 제기를 못 찬다고 넋 놓고 주저앉으면 제기차기고 뭐고 평생 기웃거리기만 하다 결국 아무것도 못 배울 거다. 고개 돌리지 말고 눈 부릅뜨고 있어야 뭐라도 배운다. 뭐 교육이란 게 별건가. 혼자 배우려는 마음을 차츰차츰 길러 주는 게 '교육'이다. 그런데 우리 교육은 거꾸로 간다. 어른들이 나서서 배우려는 마음을 자꾸만 꺾는다. 제기를 요령 있게 차는 아이를 보면 그 아이가 새롭게 보인다. 손뼉을 짝짝짝 쳐 주었다.

_2012. 4. 30.

그래, 니들 마음대로 해 봐라

교실 문을 닫아 놓으면 덥고 열어 놓으면 차다. 문을 열었다 닫았다 그랬다.

수학 시간. 뭘 물으면 한승이 혼자 손을 든다. 혼자 대답한다. 나하고 한승이하고 둘이 하는 공부다. 한승이는 좀 쉬고 다른 아이도 말 좀 하면 어떨까? 알고 모르고가 뭔 상관이냐. 내게로 마음이 모여 와야 하는데 마음이 흩어졌다. 눈빛으로도 금방 안다. 말똥말똥 날 봐 줘야 한다. 흑, 그런데 녀석들 눈은 죄다 다른 데 가 있다. 서운한 건 멀쩡한 얼굴로 그런다는 거다. 내 마음은 바람 빠진 풍선처럼 쭈글쭈글해졌다. 와락 심술이 난다. 목구멍에 피 냄새 나도록 떠들면 듣는 척이라도 해 주어야 하는 게 아닌가. 눈에 힘을 딱 주고 본다.

그래, 어디 니들 마음대로 풀어 봐라. 나도 막 나가자. 어디 선생한테 배워서 아는 것만 공부가 아니다. 혼자 끙끙대며 알아낸 게 더 큰 공부다. 그게 더 오래 기억에 남는다. 에잇, 내 마음대로다. 난 의자에 털퍼덕 앉으면서 수학책이고 익힘책이고 지금 배운 데까지 죄다 풀어 와라 그랬다. 나는 맞나 틀렸나만 보겠다. 나는 나무늘보처럼 허리를 길게 펴고 앉아 아이들 쪽을 본다. 내 말에 아이들이 머리를 팍 떨구고 궁시렁궁시렁 문제를 푼다. 남자아이 하나가 자랑처럼 다 풀었다고 들고 온 책을 들여다보면서 나는 사인펜을 꺼내 틀린 문제마다 좍좍 표시를 했다.

"이게 뭐야. 이게 7분의 4를 그린 그림이야? 엉터리. 다시 그려 와."

"6분의 6이 진분수야, 대분수야, 가분수야?"

침 한 번 꿀떡 삼키고는 숨 고르는 아이한테 다시 해 와, 하고 책을 턱 안겨 주었다. 나는 나쁜 선생이니 막 나가겠다. 내 책상 옆으로 아이들이 줄을 길게 섰지만 단번에 '검' 도장을 쿵 찍고 가는 아이는 아직 없다. 죄다 울상이다. 모르고 어려워 쩔쩔매 봐야 뭘 배워도 배운다. 털썩 주저앉지만 않는다면. 사람의 뇌는 뭔가를 해 보려고 끙끙거릴 때 활발하게 일을 하는 법이다. 그러거나 말거나 이게 너희 스스로 부른 화 아닌가.

다음엔 여자아이. "아, 이거 어떻게 하는지 몰라요!" 하고 말했다. 흐흐흐, 이게 다 누구 탓인가. 그러게 아까 내가 칠판 앞에서 침 튀기며 말할 때 고개 숙이고 누가 딴짓하랬냐고?

"내가 설명할 때 대체 뭘 들은 거야. 어떻게든 풀어 오세요! 연구하세요!" 하고 책을 돌려줬다. 막 우겼다. 이걸 어떻게든 풀어야 할 문제라고 생각하는 사람이라야 비로소 뭐라도 궁리할 테니까. 이제 넌 뭘 해도 하나는 배울 수 있겠다.

마음대로 한번 풀어 보라고 하길 잘한 것 같다. 눈빛이 달라졌다. 다음 국어 시간에 앞부분을 뚝 잘라 다시 설명해 주었다.

_2012. 6. 20.

종이 높이 쌓기 놀이

내일모레 시험 볼 거다 해도 우리 아이들은 평소하고 다르지 않다. 책 좀 들여다봐라 해도 그때뿐이다. 더욱이 날이 더워서 교실 앞뒤 문을 죄 열어 놓아서 그런지 더 와자지껄하다. 그러다가도 공부만 시작하면 축 처져 있다. 놀이라도 좀 해 볼까.

좋다. 색종이 두 묶음, 딱풀 한 개씩 나누어 주고 색종이 높이 쌓기 놀이를 하자! 색종이를 가지고 오리든 붙이든 뭉치든 높이높이 쌓아 올리는 놀이다. 뭐, 딱히 규칙이랄 것도 없다. 짝하고 마음을 모아 더 높이 튼튼하게만 쌓으면 된다. 오늘은 높이로만 따지겠다. 말이 높이지 높게 쌓아 올리려면 밑동이 튼튼해야 한다. 욘석들아, 제발 궁리 좀 해라, 쯧쯧.

종이를 돌돌 마는 아이들도 있고 접어서 상자처럼 만들어 접는 아이들도 있었다. 한승이와 두현이네가 빠르다. 종이를 대롱처럼 동그랗게 말아서 쏙쏙 끼워 올린다. 이제 걸상에 올라서서 한다. 하나하나 올릴 때마다 손이 바들바들 떨린다. 히야, 거 좋다고 다른 아이들이 입을 쩍 벌리고 본다. 그만그만한데 민규와 재영이만 영 신통찮다. 교실 바닥에 털썩 주저앉아 종이를 반씩 쭉쭉 잘라 연 꼬리처럼 길게 만들더니 그다음은 어쩌지 못하고 손을 탁 놓고 있다. 히히히, 그러면 안 된다고 옆 아이들이 말해 주어도 들은 척 만 척하더니 큰일 났다. 세운다는 생각보다는 길게 만드는 걸로 잘못 알아들은 모양이다. 누가 뭐라 하면 자기를 살피고 둘레를 살펴야 하는데 저희 고집대로만 간다. 끝내는 세우지 못하고 개 줄처럼 만들어 서로 목에 걸고 놀다가 박박 구겨서 공 뭉치처럼 만들었다가 끝내는 교실 천장에 늘여 붙이기도 한다. 뭐 세우지 못하면 어떠랴. 어쨌든 선풍기도 끄고 한 시간을 그러고 놀았다.

우와, 유빈이와 동현(B)과 유빈이네가 145센티미터 높이로 가장 높이 쌓았다. 유빈이보다 동현이보다 더 높다. 책상 위에 쌓았으니 히야, 정말로 높다.

_2012. 7. 3.

5장

교육 방법:
삶을 가꾸는 교육

01

'삶을 가꾼다'는 말

삶을 가꾸는 글쓰기뿐만 아니라 '삶을 가꾸는 문학', '삶을 가꾸는 국어교육'처럼 '삶을 가꾸는'이라는 말은 이제 일과 놀이와 공부를 아우르는 교육적 실천 앞에 흔하게 쓰는 말이 되었다. 삶을 가꾼다는 건 도대체 어떻게 한다는 말인가?

삶이라는 주제는 이오덕이 말하는 '민주교육', '민족교육', '생명교육'에 녹아 있는 기본 주제이다. 이는 교육의 모든 장면에서 다뤄진다. 아이는 단순히 교사의 말을 받아들이는 대상이 아니다. 앎은 자기 삶에서 시작한다. 우리는 다양한 삶의 장면과 마주하면서 노력하고 시행착오를 겪으면서 비로소 '앎'에 이르고 자기다운 '삶'을 꾸려 간다.

삶을 풀어 말하자면 세상을 알아 가는 것이요 살아가는 것이다. 살아가는 것이란 곧 일하는 것이다. 사람이 살아가자면 몸을 써서든 정신을 써서든 필요한 그 무엇을 만들어 내야만 한다. 일하면서 자연과 사회의 참모습과 이치를 깨닫고 살아가는 지혜를 얻는다. 아이들은 어떤가? 몸을 움직여 일하면서 몸이 자라고 지혜가 늘고 세상을 알게 된다. 아이들은 미래를 사는 사람이 아니라 오늘을 사는 사람이며, 착하고 건강하고 즐겁게 자라는 것 자체가 삶의 목표이다. 초등학교 교육과정이 노리는 바도 "어린이의 몸과 마음을 균형 있게 발달시켜야 한다"고 말한다. 이오덕은 손발을 놀려 일하지 않고 가만히 앉아서 얻는 것은 죄다 "비뚤어진 것이요 속임수요 병든 것"(『삶·문학·교육』, 268쪽)이라고 했다.

그러니까 교육에서 가장 중요한 목표의 하나가 일하기를 즐기면서 살아가는 사람이 되도록 하는 것이요, 일하면서 사람다운 마음을 가진 사람으로 키우는 일이다. 그게 '삶을 가꾸는 교육'이다. 더러 '삶을 통한 배움'으로 좁게 해석하는 이들도 있지만, 삶 자체를 가꾸는 교육이며, 배움과 삶이 하나인 교육을 말한다.

교육은 '과정' 속에서 일어난다. 마땅히 모든 교육과정은 일을 하게 하여 그 학습의 목표를 이루게 해야 한다. 놀고 일하고 공부하면서 실패하고 부딪히고 고민하고 막막해하는 것은 어떻게든 피해 가야 할 것이 아니라 교육이 반드시 거쳐야 할 본질이다. 그 과정의 의미를 개별 교사들의 실험과 실패, 고민, 막막함 따위는 어떻게든 피해 가야 할 해악이나 낭비가 아니라, 좋은 교육을 위해 반드시 거쳐야 하는 본질적인 요건이다. 아이들은 깨어 있는 시간 대부분을 학교에서 보낸다. 학교는 공부뿐만 아니라 놀이와 일을 배우는 곳이다. 그런데 학교 교육이 조금도 돌보지 않는 것이 일이요 놀이다. 아이들을 교실에 가두어 놓고 오로지 죽자 살자 머리만 키우는 교육으로 생명을 시들게 하고 관계를 깨뜨리고 사회를 엉망진창으로 만들고 있다. 이에 이오덕은 "일하기는 교육의 목표요 수단이요, 교육과정의 핵심이 되어야 한다"(『삶·문학·교육』, 271쪽)고 말한다. 더 들어 보자.

일은 놀이와 함께 학습하는 중요한 내용이고 수단이 되어야 합니다. 놀이와 일을 견줄 때 농촌·산촌·어촌·도시 같은 곳에 따라, 또 나이에 따라 놀이와 일 그 어느 한쪽을 더 중요하게 볼 수도 있지만, 아이들에게는 이 두 가지가 다 있어야 합니다. 가장 바람직하기로는 놀이와 일과 학습이 따로 되지 않고 하나로 된 상태라 하겠습니다. (……) 그러니 학교에서 될 수 있는 대로 일과 이어서 한다면 그 효과가 클 것은 말할 것도 없겠습니다.

_『내가 무슨 선생 노릇을 했다고』, 61쪽

삶으로 하는 교육은 당연히 손과 발을 움직여 무엇을 만들고 가꾸고 기르는, 곧 일을 하는 교육이 됩니다. 조사하고 관찰하고 실험하고 실습하는 것도 물론 일하는 삶이지요. 사람은 일을 하는 가운데서 세상의 모든 이치를, 사람다운 감정을 몸으로 배웁니다. 몸으로 익히게 하는 것, 이것이 진짜 교육이지요.

_『내가 무슨 선생 노릇을 했다고』, 279쪽

이러한 생각이 구체로 교육적 실천으로 드러난 것이 바로 '삶을 가꾸는 글쓰기 교육'이다. 이는 민주로 살아가는 사람을 기르는 민주 교육사상, 자기다움과 겨레의 혼을 이어 가는 민족 교육사상, 목숨을 살리는 생명·생태 교육사상과도 이어진다. 나는 이 가운데 '민주 교육사상'이 가장 중요하다고 생각하고, 우리 교육의 이념으로 다시 세워야 한다고 본다.

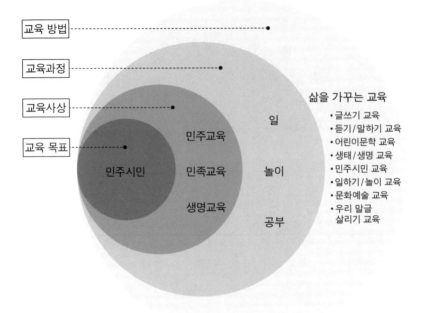

교육 방법 ----------------------------●

교육과정 ----------------------------●

교육사상 ----------------------------●

교육 목표 ------●

민주시민

민주교육

민족교육

생명교육

일

놀이

공부

삶을 가꾸는 교육

• 글쓰기 교육
• 듣기 / 말하기 교육
• 어린이문학 교육
• 생태 / 생명 교육
• 민주시민 교육
• 일하기 / 놀이 교육
• 문화예술 교육
• 우리 말글
  살리기 교육

솔깃한 시를 만나고 싶다

화요일은 시 쓰기 하는 날이다. 칠판에 '내가 하고 싶은 일', '내 고민', '우리 집'을 적었다. 침을 꿀꺽 삼킨 뒤 말을 꺼냈다.

"뭐든 좋아. 시가 아니라도 좋아. 뭐가 되었든 내 이야기를 써 보자!"

아이들이 꾸는 꿈이 궁금하고 깊은 마음속을 파 보고 싶은 욕심이든다. 꿈을 이룬 이야기가 귀하긴 해도 우리가 지금 여기서 꾸는 꿈이오히려 더 귀한 거다. 아이들은 별말 없이 하나둘 고개를 숙이고 글을쓴다. 우리 교실에 평화가 온 것 같다. 아이들이 똑똑똑똑 빗소리처럼글씨 쓰는 소리. 이게 선생으로 사는 보람이고 행복일까.

그 행복을 깨는 소리. 재영이하고 동현이는 내내 헤헤거린다. 못마땅하다. 눈에 힘을 주고 봐도 이쪽은 본 척도 않는다. 내가 부르면 뭐 이따위 글은 왜 자꾸 쓰느냐고 하든지, 하고 싶지 않은 일을 왜 시키느냐고 궁시렁궁시렁할 거다. 제 의지로 시작한 일이 아닌 게 입만 열면투덜투덜. 뭐라도 말을 걸면 왜 자꾸 잔소리하느냐고 고개부터 치든다. 머릿속에 뭐가 들었을까. 도대체 하고 싶은 마음은 언제쯤 일어날까. 밥 먹을 때, 공놀이할 때, 손전화 꺼내 놀 때 빼놓고 제 뜻대로 제 몸을 놀리고 싶은 날이 오기나 하는 걸까. 시 쓰면 뭐가 좋은데요, 하고 묻고 싶은 얼굴로 날 빤히 본다. 아무것도 달라지는 게 없는 것 같아도 글을 쓰면서 새 길을 찾고 사람이 달라진다고 입을 떼어 보려다 또 나만 찌질해지는 느낌이 들어 그만뒀다. 재영이, 동현이는 끝내 글을 내지 않았다.

아이들이 낸 글을 잡히는 대로 후루룩 넘기며 읽는다. 솔깃한 시가 없다. 무디고 뻔한 소리들. 수진이가 쓴 걸 한참 봤다. 수진이는 세계 평화주의자다. 수진이 생각을 보면 언제나 남다르다. 텔레비전 뉴스만 켜면 무서운 이야기들만 쏟아 내서 채널을 얼른 딴 데로 돌리고 싶단다.

나의 가장 큰 걱정

나의 가장 큰 걱정
모든 어른들의 걱정
세상 모든 아이들의 걱정…….
내 걱정은 범죄자다.
그런 사람은 귀신보다 무섭다.
학교 갈 때면
집에 갈 때면 나는
범죄자 만날까 무섭다.
텔레비전 볼 때
엄마가 뉴스를 틀면 범죄자 이야기가 나온다.
돈만 중요할까 나는 얼른 딴 데로 틀었으면
하는 생각을 하는데 엄마는 끝까지 본다.

나는 무섭고 두렵다

어른이 되어도 부끄럽지 않은 사람이 되어야 한다.

_이수진, 4학년(2012. 12. 12.)

02
글쓰기 교육

삶을 떠난 배움이 있을 수 없고 삶을 떠난 글을 쓸 수 없다. 무릇 글이란 자기 삶과 생각이 함께 어우러졌을 때 더욱 빛난다. 그렇지만 아이들에게 그런 수준까지 바랄 수는 없는 것이고 다만 제 눈으로 제 귀로 제 몸으로 겪은 바를 거짓 없이 쓸 수만 있다 해도 교육을 제대로 한 것이다. 아이들은 머리로 손끝으로 글을 '짓는' 것이 아니라 손과 발과 가슴으로 '쓴다'. 머리로 쓰는 글은 금방 한계가 드러날 수밖에 없다. 꾸밈없이 있는 그대로 토해 내는 것이 아이들의 본성이라고 보면 있는 그대로 입으로 지껄이고 싶은 대로 쓰는 게 훨씬 쉽다. 그대로 쓴다는 건 '무엇을 써야 하나' 하고 머리를 쥐어뜯을 일도 없으며 글을 쓸 수 있다고 용기와 자신감을 갖게 한다. 사소하고 조그마한 것도 귀하게 여길 수 있는 진실한 마음을 일깨운다. 그러하기에 삶에서 겪은 대로 본 대로 느낀 대로 쓰는 글이 '진짜 글'이고 교과서나 책, 어른의 흉내를 내거나 지어낸 글은 '거짓 글'이다.

그래서 글쓰기 교육의 궁극 목표는 좋은 글을 쓰게 하는 데 있지 않고 참삶을 가꾸는 데에 있다. 글쓰기 교육은 서로 도우면서 함께 살아가는 사람, 즐겨 일하면서 살아가는 사람, 곧 슬기로운 민주시민을 기르는 교육이다. 삶을 가꾸는 교육이다. 이오덕의 말을 빌리면 이렇다.

> 우리가 하고 있는 글쓰기 교육이란, 아이들에게 자기 삶을 바로 보고 정직하게 쓰는 가운데서 사람다운 마음을 가지게 하고, 생각을 갖게 하고, 바르게 살아가도록 하는 교육이다. 이것을 우리는 '삶을 가꾸는 교육'이라고 말한다. 우리가 하는 교육의 목표는 아이들을 바르게 건강하게 키워가는 데 있다. 아이들을 참된 인간으로 길러 가는 데에 글쓰기가 가장 훌륭한 방법이 된다고 믿는다. _『우리글 바로쓰기 1』, 349쪽

글쓰기 교육은 어린이 편에 서 있는 교사만이 할 수 있다. 글이고 삶이고 교육이고 사회고 역사고 문학이고 예술이고 철학이고 어린이를 믿는 자리에서 출발해야 하고 어린이를 중심으로 해서 보고 생각해야 한다. 교사는 어린이한테 지시하고 명령해서 끌고 가는 사람이 아니라 아이 곁에 쭈그리고 앉아 함께 공부하고 괴로워하면서 살아가는 사람이다. 그래서 좋은 글이 되도록 글을 애써 다듬고 공들여 다시 쓰고 하는 것은 바람직하지만 삶을 떠나서 글을 온전한 것으로 만드는 것이 마지막 목표는 아니다. 그만큼 글쓰기를 수단 삼아 아이들을 참된 사람으로 기를 수 있다는 생각 밑바닥에는 무엇보다 아이에 대한 믿음이 크다. 글쓰기 교육의 목표는 어디까지나 '사람'이지 훌륭하게 쓴 '글'이 아니라는 데 있기 때문이다. 바꿔 말하면 머리로 이야기를 만들어 말법에 맞게 쓰는 것이 아니라 자신의 삶을 바로 보고 자기가 나날이 지껄이는 말로 쓰도록 하여 건강하게 기르는 데 초점이 있다. 그래서 아이들을 사람답게 기르고 목숨을 지키며, 우리 겨레의 목숨이라고 할

우리 말을 지키고 이어받으려는 것이다. 자연스러운 귀결로 이때 말은 삶에서 나온 말이다. 나날이 쓰는 정겨운 우리 말이요 내가 쓰는 말이다. 남의 나라에서 빌려 온 말, 지식을 뽐내는 말, 남들 말을 흉내 낸 말이 아니다. 쉬운 말, 강아지도 알아들을 말이다. 사실을 있는 그대로 보여 주고 진실을 느끼게 하는 말이다.

이오덕은 글쓰기 교육을 힘주어 말하는데, 글쓰기가 삶을 가꾸는 수단이 되어야 참된 글쓰기가 되고 살아 있는 글을 쓸 수 있다고 한다. 거꾸로 삶을 떠난 글쓰기, 글을 위한 글쓰기 지도에서는 결코 살아 있는 글이 나올 수 없으며, 거짓 글, 병든 글, 죽은 글이 나온다고 했다. 그러면서 글쓰기 교육의 목표를 아홉 가지로 간추려 이것이 곧 삶의 방향이라고 했다(『글쓰기 어떻게 가르칠까』, 70~75쪽).

(1) 어린이 마음을 지켜 주고 키워 간다.

(2) 일하기를 즐기는 사람이 되게 한다.

(3) 흙의 사상을 가꾼다.

(4) 살아가는 사람으로서 마땅히 가져야 할 생각을 키운다.

(5) 민주주의로 살아가게 한다.

(6) 진실을 찾게 한다.

(7) 생명의 존엄함을 깨닫게 한다.

(8) 하고 싶은 말을 마음껏 쓰게 한다.

(9) 깨끗한 우리 말을 쓰게 한다.

여기서 '글쓰기'는 '글짓기'란 말과 맞선다. '글짓기'라는 말은 오래도록 써 왔고 지금도 '겪은 일을 글로 써 보자'고 해야 할 말을 입에 붙은 '글짓기해 보자' 하고 말하는 사람이 여전히 있다.

이에 이오덕은 '작문'은 일제강점기에 썼지만 이제는 별로 쓰지 않고, '문예'란 말도 맞지 않는 한자말이고, '글짓기'라면 삶을 떠나 거짓스러운 글을 머리로 지어 만든다는 느낌이 드는 까닭에 쓰지 말아야 한다고 주장한다. 초등학교 교육과정과 관련해서 제5차 교육과정 때부터 『쓰기』 교과서가 나오고, 제6차 교육과정부터는 '동시'만 짓기라고 하고 다른 갈래 글은 모두 '쓰기'라고 했다. 제7차 교육과정에 와서는 '동시'도 '시'로 쓰면서 모든 갈래 글을 '짓기'가 아니라 '쓰기'로 쓴다. 그런데 교사들조차 '글쓰기'라는 말을 두고 '글짓기'라는 말을 쓰는 건 큰 문제가 아닐 수 없다.

온갖 기관과 단체들이 자신들을 선전하는 수단으로 삼는 글짓기대회 포스터

왜 '글짓기'를 '글쓰기'로 바꾸지 못하는가. 이는 오래도록 '글짓기 교육'이 아이들의 삶을 가꾸는 데 방점이 찍히지 못하고 꼬마 문인, 바꿔 말하면 글짓기 선수를 키워 학교 밖 대회와 행사에 참여하여 실적을 올리는 데 더 큰 관심이 있었기 때문이다. 그래서 어른들 입맛에 맞는 글을 억지로 지어내고 다른 사람 글을 흉내 내거나 베끼고 심지어 어른이 대신 써 주어 상 받는 일까지 있다.

이런저런 어린이를 독자로 한 신문들을 보면 아이들이 투고한 글을 싣고 있는데, 비슷한 글들이 차고 넘친다. 대다수 글이 교과서와 동시집, 어른이 쓴 글이나 신문에 나온 글을 베끼고 흉내 낸 것이다. 이런 교육은 제 삶을 배반하여 끊임없이 흉내와 거짓말을 쓰도록 이끌어 솔직하게 자신을 표현하는 것을 두렵게 만들고 글은 특별한 재주가 있는 사람만 쓸 수 있다는 생각을 머릿속에 심어 준다. 이처럼 남의 글, 어른의 글, 책에서 배운 글을 짓도록 가르쳐 온 글짓기 교육의 역사로 볼 때 '글쓰기'와 '글짓기' 가운데 어느 쪽을 써야 하는지는 또렷하다고 명토 박아 말한다.

> 글쓰기란, 사람이 세상을 살아가면서 그때그때 자연과 사회에
> 부딪혀 일어나는 일을 자기의 느낌이나 생각과 함께 생생하게
> "정확하고 자세하게" 글로 쓰는 것을 말한다.
> _『글쓰기교육의 이론과 실제 I』, 13쪽

글쓰기 교육은 글쓰기회 회원이라고 해도 저마다 그 풀어내는 꼴이 다른데, 다만 기본 원칙이라고 할 방법은 이오덕 글쓰기 교육론에 따른다. 이를 소개하자면 이렇다.

첫째, 쓰고 싶은 것을 입말로 자유롭게 쓰게 하자. 글쓰기를 싫어하고 두려워하는 아이들이 많다. 어른들까지 그 범위를 넓혀 보면 그 수는 훨씬 늘어난다. 이는 비뚤어진 정치와 교육, 사회 탓이 크다. 사람들은 너나없이 자기를 표현하려는 마음이 크다. 표현의 자유, 쓸 자유를 주면 누구라도 즐겁게 글을 쓴다. 곧 글쓰기 교육은 자유로운 자기 표현을 인정하고 북돋는 일이라고 해도 지나치지 않다. 어쩌면 '입으로 지껄이는 말 그대로 쓴다'는 선언은 누구든지 다 글쓰기 주체로 세우는 선언이다. 이오덕은 "일하는 사람들이 글쓰기를 해야 일하는 사람이 주인으로 설 수 있다"라고 말한다. 아이뿐만 아니라 노동자와 농민, 시골 할머니까지 글쓰기 주체로 세운다.

둘째, 자기가 본 대로 들은 대로 한 대로 생각한 대로 쓴 글을 귀하게 여기고 이를 쓰도록 하자. 곧 자기 둘레에서 일어나는 일들을 그대로 쓰게 한다는 건 자기가 보고 듣고 느끼고 생각한 것을 귀하게 여길 때 쓸 수 있다. 그래야 남의 것을 무작정 우러러보고 좇아가지 않는다. 자연히 자신을 소중하게 여기고 동시에 다른 사람도 존중하는 삶을 살아갈 수 있다.

셋째, 아이가 쓴 말을 귀하게 여겨야 한다. 아이들의 말과 글은 단순한 게 아니다. 그 속에는 어른들과 우리 사회에 대한 비판과 원망, 의문이 든 경우도 꽤 있다. 아이들 입으로 터져 나오는 비판과 불만은 대개 아이보다 어른한테 더 큰 원인이 있다. 이를 귀하고 고맙게 받아들여야 한다. 아이들이 자유롭게 비판하고 불만을 글로써 터트리자면 학급과 학교, 나아가 우리 사회가 민주주의로 되어 있어야 한다. 한국글쓰기교육연구회 회원들이 일궈 낸 학급혁명 사례들은 생생한 증거가 되어 학교 혁신을 이끌고 있다.

넷째, 될 수 있는 대로 우리 말과 글을 살려서 쉽고 깨끗하게 써야 한다. 말은 곧 글이다. 글에는 그 사람의 정신이 담긴다.

그래서 글쓰기 교육은 단순히 글쓰기에 머물지 않는다. 아이들은 자신의 생활과 마음을 있는 그대로 정직하게 쓰면서 스스로 주인으로서 삶을 살게 된다. 어른 말, 교과서 말에 길들지 않고 주눅 들지 않고 자기 목소리로 자기 삶의 이야기를 만들고 자기 삶을 살아가는 것이 중요하다. 자기가 온몸으로 실아면서 살아가는 삶은 다시 모든 사람의 삶으로 이어진다.

이러한 생각을 바탕으로 이오덕은 글쓰기 교육과 관련하여 한국글쓰기교육연구회에 온 힘을 기울여 왔다. 이 모임은 1983년에 만들어 1995년 '우리 말 살리는 겨레 모임'과 합해 '한국글쓰기연구회'가 되었다가 2004년에 다시 '한국글쓰기교육연구회'로 바뀌었다. 한편, 글쓰기교육연구회 회원 가운데서 어린이문학을 하는 회원들은 1989년에 한국어린이문학협의회를 만든다.

1980년대 글쓰기모임은 삶을 가꾸는 글쓰기 교육을 주장하면서 참교육 실천에 앞장서 우리 교육 현장뿐만 아니라 우리 사회에 크나큰 변화를 일으키는 데 중심 노릇을 했다. 1989년 전국교직원노동조합을 결성할 때 전국 15개 시·도 지부 가운데 아홉 개 지부장이 글쓰기교육연구회 회원(경기, 대구, 충남, 충북, 경북, 부산, 강원, 제주, 인천)이었고, 지부와 지회 집행부 활동가 가운데 상당수가 글쓰기교육연구회 회원이었다. 경기 지부는 전체 조합원 대다수가 회원이었고, 제주 지부는 회원들이 모두 지부 활동을 하면서 해체된다. 그때 글쓰기교육연구회는 연구회 전체가 전교조 결성에 함께해야 한다는 안과 연구회는 지켜야 하니 나눠서 동참하자는 안건이 맞서다가 나눠서 동참하자는 안으로 결정한다. 시·도 지부별로 회원들 희망에 따라 전교조와 연구회로 나눠서 참가했는데, 제주 지부는 워낙 조합원이 적고 글쓰기연구회 회원들이 모두 전교조에서 일하면서 연구회가 해체되었다. 30여 개 시·군·구 지회 단위 글쓰기교육연구회 모임은 대부분 회원들이 전교조 활동가로 옮겨 가면서 사라지고 서울, 부산, 인천, 삼척 정도만 남았다. 11개 교대 가운데 여덟 곳에 만들어져 있던 동아리 회원들도 졸업하면서 대부분 전교조 활동가로 나갔다. 그만큼 전교조와 글쓰기교육연구회의 경계가 없었으며, 한국글쓰기교육연구회 회원들은 전교조 결성 과정에 적극 참여하였고, 참교육의 깃발을 휘날리는 선봉에 섰다는 말이기도 하다.

재영이하고 일기 쓰기

아이들은 공부 마치고 집으로 갔다. 재영이 혼자 책상에 엎드려 발끝을 물끄러미 내려다보고 있다. 재영이는 맞춤법이고 띄어쓰기고 엉망이다. 무슨 일을 이야기해도 찬찬히 말하는 법이 드물다. 어우, 어우 하고 할 말을 다 못할 때가 많다. 오늘은 남아서 일기 쓰기로 해 보자. 날짜는 6월 25일 월요일, 글씨가 삐뚤빼뚤한다. 에구구, 자기 새끼손가락보다 쬐끄만 연필을 쥐고 겨우 쓴다.

날씨를 '비가 올락말락 그레서 비가 왔다'고 썼다. '그레서'가 눈에 거슬렸지만 그냥 넘어갔다.

"오늘 있은 일 가운데 무슨 일이 기억 나? 서너 가지 써 볼래?"

이런저런 생각을 해 보다가 축구, 벌 받았다, 우유를 쓰고 한참 머뭇대다가 음학 시험지, 라고 느릿느릿 쓴다. '음학'이 아니라 '음악'이라고 말해 주어도 귓등으로도 안 듣는다. 교실을 살펴보다 눈 껌벅이며 멍하니 앉았다. 얼굴이 죽었다.

"뭘 쓰면 좋을까?"

누런 이 드러내고 히히히 잘도 웃던 재영인데 지금은 아무 말도 없다. 텅 빈 교실에 혼자 남은 마음이야 오죽하겠나. 곁눈으로 몇 번이나 창밖을 훔쳐보더니 말문을 연다.

"어어, 축구 한 이야기 쓸게요."

"뭐라고 쓸 거야?"

"……"

"또 누구누구가 축구했고, 누가 골 넣고 누구네가 몇 대 몇으로 이겨서 기쁘다, 슬프다 하고 쓰려고?"

"헉, 어떻게 알았어요?"

"어떻게 알기는 재영이가 늘 그렇게 썼잖아. 차라리 벌 받은 이야기 쓰면 어떨까?"

"아아, 그건 창피해요."

"뭐가 창피해? 일기가 뭐 잘하고 자랑할 일, 뻐길 수 있는 일만 쓰는 게 일기가 아니야. 못한 일, 속상했던 일, 화가 났던 일, 이건 분해서 못 참겠다는 일, 뭐, 그런 일을 쓰는 게 일기지."

"아, 아까 김지현 때문에 졸라, 아, '졸라'는 취소, 정말 열 받았어요."

"지현이가 어쨌는데?"

"아까 전에 김지현이 선생님한테 고자질했잖아요. 그래서요."

"그게 언제 일이야?"

"밥 먹으러 갈라고 줄 슬 때요, 민규가 시계로 여기를 때렸잖아요. 그래서 화가 나서 '시발 개새끼' 했는데 아이들이 선생님한테 욕했다고 막 일렀는데 선생님이 몰랐어요. 그런데 김지현이가 선생님한테 또 일렀잖아요."

"그랬지."

"그래서 선생님이 '점심 먹고 교실에 있어!' 그랬잖아요."

"그래."

"밥 먹고 와서 선생님이 '바르고 고운 말을 씁시다'를 쓰라고 해서 쓰고 저기 앞에 서 있었는데, 김지현이 와서 웃고 메롱메롱 하면서 약 올려서 정말 때려 주고 싶었어요."

"정말 그랬겠네. 그 일을 차례대로 적어 보면 어떨까? 그게 일기지 뭐 별다른 게 일기일까?"

재영이 말을 들으면서 적어 둔 것을 주었다. 재영이가 내 책상 머리 맡에 엎드려 일기를 쓴다. 검사를 받아야 집에 갈 줄 알아 했더니 어우, 어우 하면서도 책상에 엎드려 열심히 열심히 일기를 쓴다. 다 못 썼다. '원고지 한 장에 쓰는 일기'를 석 장 주고 찬찬히 적어 오라고 했다.

〈재영이가 써 온 일기〉

넷째 시간 끝나고 밥 먹으러 가려고 줄 설 때 일이다. 민규가 자로 쓸 수 있는 손목시계로 내 목을 쳤다. 따끔한 게 정말 아팠다. 나도 모르게 "씨발 개새끼야!" 했다. 아이들이 "샘, 재영이 욕했어요." 했다. 다행히 선생님은 못 들은 것 같다. 민규는 아무 말도 하지 않았다. 그런데 지현이가 선생님한테 또 일렀다. "점심 먹고 교실에 있어." 그래서 할 수 없이 남았다. 밥 먹을 때 입맛이 없었다. 밥을 두 번 받아먹었다. 김지현이 미워서 확 한 대 때려 주고 싶었다. 점심 먹고 선생님이 종이를 주면서 여기에다가 "바르고 고운 말을 씁시다"를 쓰라고 했다. 나는 다 쓰고 그걸 들고 복도에서 가슴 앞에 들고 있었다. 민규는 정신 나간 애처럼 소리를 지르고 춤도 추면서 "욕하지 맙시다. 바르고 고운 말을 씁시다." 하고 말했다. 창피해서 나는 얼굴도 못 들겠다. 6학년 선생님이 "이거 참 잘했네." 하시고, 5학년 선생님은 "넌 왜 같이 말 안 해!" 하시며 웃으셨다. 부끄러웠다. 김지현이 실실 웃으면서 약 올리면서 가서 "너 있다가 밖에 나가면 죽었어." 했다. 점심시간 끝날 때까지 그걸 들고 있었다. 참 내가 왜 이 꼴인지 내가 진짜 내가 아닌 것 같았다(6. 25. 월. 비가 올락 말락 그랬는데 비가 왔다).

_2012. 6. 25.

03
듣기 교육과 말하기 교육

글쓰기 교육은 삶을 가꾸는 일을 목표로 하는 교육이면서 또 모든 교과 활동과 교과 바깥에서 이루어지는 일, 삶이 글쓰기로 이어진다. 공부고 놀이고 모든 삶이 글쓰기에 앞서기도 하고 때로 뒤따른다. 모든 교육이 글쓰기와 아울러 이루어진다. 하지만 아직 글을 몰라서 자기 생각이나 삶을 쓸 수 없는 아이들은 자기 생각을 나타내는 수단이 주로 말하기다. 유치원 다니는 아이나 초등학교 1학년 아이에게는 말하기와 듣기 교육이 먼저 이루어져야 한다. 글은 말부터 제대로 할 수 있어야 한다. 우리는 될 수 있는 대로 모든 아이가 말을 잘할 수 있게 하고 그렇게 해서 글쓰기도 말하듯이 해야 한다. 말하기와 글쓰기는 자기표현을 하는 수단이지만 말한 것을 그대로 적으면 글이 된다는 생각, 곧 말이 글이란 생각을 가지도록 하는 게 무엇보다 공들여 해야 할 일이다. 아이들은 자기가 보고 듣고 한 일을 잘 알 수 있게 말하고 자기 마음에 품은 생각을 자유롭게 말하도록 해야 한다.

말하기는 듣기부터 시작해서 듣기와 함께 하여야 한다. 학교 교육에서 듣기는 주로 교사의 말을 듣는 것일 텐데 교사는 아이들에게 말하는 본보기를 보여 주는 일을 하는 셈이다. 교사는 될 수 있는 대로 알아듣기 쉬운 말, 깨끗한 우리 말로 똑똑하고 다정하게 말해 주어야 한다. 이게 모든 교육의 바탕이 된다.

글쓰기 교육은 이렇게 말하기와 듣기 교육이 단단히 다져진 자리 위에서 이루어져야 하는데 지나치게 듣기만 강요하거나 흉내 낸 말하기를 마치 잘된 교육처럼 하는 일도 허다하다. 가령, 요즘 아이들은 제 할 말을 거침없이 쏟아 낸다. 여간 똑똑한 게 아니다. 제 할 말을 어쩌면 저렇게 똑 부러지게 할까 싶다. 때로는 버릇이 없다 싶을 정도다.

하지만 저희끼리 놀 때 보면 그리도 잘 말하던 아이들이 공식의 자리에 서면 말문을 닫아 버리는 까닭은 무엇인가? 학교마다 교실마다 자치활동으로 어린이회라는 게 있어서 회의를 연다. 그때 뒷자리에 앉아 가만 들어 보면 허공에 뜬 말이 대부분이고 정작 제 목소리란 게 없다. 하나같이 틀에 박힌 말, 자기 생각하고는 동떨어진, 죽은 말들을 마치 제 마음에서 우러난 말인 것처럼 내뱉는다. 그 까닭이 무엇이겠는가. 우선은 어린이회의라는 틀을 지나치게 강조하면서 정작 내용을 담는 일에는 소홀했기 때문이다. 거기다 회의 때 쓰는 말이 누구나 늘 입으로 하는 말이 아니고 어렵고 어색한 한자말들이 많기 때문이기도 하다. 개회, 폐회, 재청(再請), 삼청(三請), 제청(提請), 긴급동의, 동의(同意·찬성한다), 동의(動議·의견을 낸다), 개의, 발의, 성원, 정족수 따위 한자로 된 말은 듣기만 해도 괜히 주눅이 들어 입을 다물게 한다. 회의는 말로 하고 회의에 끼어들자면 알 수 없는 말을 꼭 해야 하는데 말이 어려운 까닭에 회의에 끼어들기란 쉽지 않다. 말이 좋아 회의지 실제로는 회의가 아니라 교사나 높은 학년 아이가 이래라 저래라하고 낸 의견을 말하고 생각을 전달하는 자리일 뿐이다. 그러니 말하는 입은 언제나 높은 학년 아이들한테만 있다. 낮은 학년 아이들은 의견을 정할 때 쭈뼛쭈뼛 눈치를 살피며 '거수기' 노릇만 하다가 온다. 하지만 그 속내를 가만 들여다보면 높은 학년 아이들이라고 해서 제 할 말을 하고 싶은 대로 다 하는 게 아니다. 제 할 말이 있어도 솔직하게 말하지 않는다. 그 뒤에 그림자처럼 '지도교사'가 서 있는 까닭이다. 이처럼 기막힌 꼭두각시놀음도 없다. 아닌 게 아니라 둘레에서 살펴보면 '회의'라고 하면 지긋지긋한 일로 여기는 사람들이 생각보다 많다. 어제도 했고 오늘도 하고 내일도 한다. 그런데 회의를 해 봤자 별 뾰족한 게 없는 것도 문제지만 회의 절차가 까다롭고 회의 때 쓰는 말들이 어렵기 때문이기도 하다.

> 아이들은 토론이란 것을 할 줄 모르고, 자기 생각을 말로 똑똑하게 표현하지 못합니다. 이런 데다가 웅변대회니 동화대회니 해, 아주 비뚤어진 말하기 지도를 하고 있습니다. 그런 행사에서 연출하는 아이들의 말은 말이 아니라 연극이요, 이 시대에 교육이 얼마나 장삿속에 빠졌는가, 타락했는가를 보여 주는 것입니다.
>
> 사람교육을 하는 교사는 자기가 맡고 있는 아이들이 언제 어디서고 남 눈치, 어른들 눈치를 보지 않고, 하고 싶은 말을 마음대로 누구에게나 할 수 있게 하는 교사여야 합니다.
>
> _『내가 무슨 선생 노릇을 했다고』, 62~63쪽

거기에 아이들에게 믿음을 심어 주고 마음을 얻지 못한 까닭도 있다. 아이들이 저마다 제 목소리를 내려면 먼저 마음의 문이 열려야 한다. 마음에 꽁꽁 숨겨 놓은 말들은 여간한 믿음이 아니고는 꺼내 놓기 어렵다. 내가 무슨 말을 하더라도 받아들여진다는 마음이 서야 비로소 입이 열린다. 다른 아이들은 어찌 생각할까, 선생님은 뭐라고 말할까 하고 눈치를 살피느라 제 목소리를 내지 못하고 비위를 맞추며 이래저래 꾹 누른다. 그게 되풀이되면 마음의 문을 닫고 제 목소리를 아예 잃어버리기도 한다. 아이들이 제 목소리를 찾게 하자면 아이를 사람으로 존중하는 마음이 무엇보다 중요하다. 아이들하고 얼마만큼 허물없이 가까워졌다 싶다가도 '꼰대' 같은 어른의 그림자가 비치기라도 하면 금세 저만큼 달아나고 만다. 가령, 군대식 억압 교육이 그대로 남은 '차렷, 경례' 같은 인사말을 '바르게 서 주세요, 인사 나눕시다' 따위 부드러운 말로 바꾸어 보는 것도 좋겠다. 교실에서 놀 수밖에 없는 아이들한테 시끄럽게 떠든다고 무턱대고 꾸지람만 할 게 아니라 장기나 바둑, 고누놀이 같은 놀잇감을 교실에 두는 것도 좋다. 옹기종기 둘러앉아서 놀이를 하다 보면 절로 조용해진다.

그리고 마주이야기 교육으로 아이들 말을 들어 주자고 주장했던 박문희(『들어주자 들어주자』의 저자, 마주이야기)의 실천처럼 귀를 열고 들어 주려고 해야 한다. 박문희는 아이들 말에는 쓸데없는 말이 단 한 마디도 없다고 한다. 어른들이 쓸데없는 말이라고 몰아붙이고 어른 귀에 거슬리는 말일수록 아이 자리에서 보면 하지 않으면 안 되는, 꼭 해야 할 절실한 말이라고 했다. 박문희는 아이를 가르치려고 드는 교육일수록 엄한 얼굴로 아이 기를 죽이고 열심히 들으라고만 하는 교육이라고 하면서 아이들을 뒷자리나 가장자리로 내몰았다고 비판한다. 그래서 "지금까지 쓸데없는 말이라고 듣기 싫어하며 몰아붙이던 일르는 말, 자랑하는 말, 억울하고 분하고 답답하고 외롭고 무섭고⋯⋯. 이런 말을 마음껏 할 수 있기에, 들어 주지 않아 답답해서 시들고 죽어가던 아이들이 되살아납니다. 아이들이 하고 싶은 말을 못 하게 하고 어른들이 하고 싶은 말만 아이들이 하는 말처럼 거짓 글을 써서 달달 외우게 해 죽어가던 말을 살려 낼 수 있습니다. 하고 싶은 말을 마음껏 하고 살아야 아이들이 살아나고 말이 살아납니다"(『들어주자 들어주자』, 6쪽)라고 말한다.

덧붙여, 학교 교육이 눈뜨면 주고받던 입말보다 교과서로 가르친 글말을 더 중요하게 여기는 데도 까닭이 있겠다. 아침에 일어나 식구들하고 주고받던 말, 아이들과 학교 오면서 지껄이던 말을 까맣게 잊는 사람일수록 학교 교육을 착실하게 받은 사람으로 보이게 한다. 표준말은 국가주의가 판치던 시절에 국민정신을 하나로 묶을 요량으로 내세운 것이다. 표준말은 이 나라 어디에 사는 사람이든 거침없이 말을 주고받도록 했지만, 거꾸로 어제까지 아무 눈치 보지 않고 주고받던 제 입말을 낮잡고 하찮게 보고 사투리로 내몰아 막지르는 일도 해 왔다. 일부러 가르치지 않아도 아이들은 본능으로 제 입에 붙은 말을 부끄럽게 여긴다. 동시에 교육이란 게 제 삶을 버리고 새로운 삶을 배우는 것으로 알게 한다. 집에서 지껄이던 말과 할아버지 할머니한테 들은 이야기와 동네 아이들하고 놀면서 부르던 노래를 부끄럽고 창피한 것으로 만들어 버린다. 이런 죄를 더는 저지르지 말고 집에서 마을에서 나날이 쓰던 입말을 넉넉하게 쓸 수 있도록 우리 말 교육이 바뀌어야 한다.

초등학교 교육은 지역에서 쓰는 말, 사투리를 내몰기보다는 교재로 끌어들여야 한다. 낮은 학년일수록 입말에 가까운 말로 교육하고, 차츰 글말 비중을 늘려 가는 방식으로 우리 말 교육이 되어야 한다. 아이들 말이 살아날 때 놀이가 살아나고 일이 살아나고 공부가 살아난다. 마을에서 뿌리내려 온 삶에는 말이 있고 노래가 있고 놀이가 있고 이야기가 녹아 있기 마련이다. 그것들이 저마다 제 빛깔을 드러내고 온전하게 꽃피울 수 있도록 하는 교육이어야 한다. 권정생의 『오소리네 집 꽃밭』에 나오는 오소리 아줌마가 일부러 꽃밭 만들지 않아도 봄부터 하얗게 눈 내리는 겨울까지 집 둘레에서 지천으로 피어나는 꽃들을 새로운 눈으로 발견하는 것처럼, 아이들 입말이 제 목소리를 내고 제 빛깔을 드높이는 말하기 교육이 되어야 마땅하다. 교육이란 무릇 사람을 살리자는 노릇이다. 누구든 다시없는 존재로 평등하게 대접받고 내남없이 평화롭게 잘 살게 돕는 일이다. 교육이 자기가 발붙인 터전에서 시작해서 차츰 마을, 나라, 세상을 아는 방향으로 이루어지는 건 결코 별난 게 아니다.

교사는 늘 익숙해지는 것을 경계해야 한다. 해 오던 대로 앞사람 걷는 대로 교과서 주는 대로 따라가면 무뎌지고 굳어질 수밖에 없다. 자신이 발 디디고 선 자리를 모르고 힘 있는 사람, 목소리 큰 사람 편에 서서 없는 사람, 서툰 사람 눈에 눈물을 흘리게 하기도 한다. 나쁜 제도에 익숙해지면 판단력을 잃고 만다. 그런 까닭에 이건 옳지 않다고 손을 드는 사람이 있어야 한다. 그래야 우리는 아무렇지도 않게 여기던 일을 멈추어 서서 다시 들여다보고 생각한다.

무엇보다 제대로 된 말하기 교육, 듣기 교육이 되자면 그 교실이 민주교실이 되어야 한다. 그 중심에 교사가 있다. 교실에서 쓰는 말, 회의에 쓰는 말을 쉽고 자연스러운 말로 바꾸어야 한다. 틀에 박힌 말을 안 쓰도록 노력해야 한다. 들어 봐야 허구한 날 듣던, 뻔한 말을 누가 귀담아 듣겠는가. 그런 말은 모두 들었지만 동시에 아무도 듣지 않은 말이기도 하다.

한마디 더 보태자면 국어 시간에 여러 사람 앞에서 공식으로 하는 말과 사사로이 하는 말은 아주 달라야 한다고 믿고 또 그렇게 가르치는 것부터 바로잡아야 한다. 평소 말할 때하고는 아주 다르게 격식을 차려 말하려고 하니 어찌 입이 찌억 들러붙지 않겠는가. 서툴더라도 진정 하고 싶은 말을 평소 말투 그대로 자연스럽게 해야 한다.

멍석 깔아 주면 안 한다

학교 들어오는 길 밭둑에 보니 개불알 풀꽃이 다닥다닥 피어났다.

사회 시간, 넷씩 모둠으로 공부를 했다.

'정치에 참여하는 게 왜 중요한가?' '정치에 참여하는 올바른 태도
는 무엇인가?'

숙제로 낸 과젠데 해 온 아이가 몇 안 된다. 딱히 답도 없는 과제니
제 생각이든 누구한테 물어야 할 숙제였다. 교과서도 읽고 서로 이야기
를 주고받으면서 답을 찾아가는 공부. 영 자신이 없다며 답 좀 알려 달
라, 힌트 좀 달라고 내 책상으로 고개를 디밀고 자꾸 조른다. 나는 팔
짱을 끼고 고개를 잘래잘래 흔든다. 예은이가 그것도 모르면서 무슨
선생님이냐고 한다. 그 말도 맞다. 너희가 선생을 가르칠 때도 있고 어
른도 너희한테 배울 때가 있다. 답만 찾는 게 중요한 게 아니라 서로
이야기를 주고받는 과정이 더욱 중요하다. 그게 어찌 보면 '정치'다. 정
치가 뭐 별거냐. 마음 다른 사람들이 서로 이야기 나누면서 어떤 결정
을 내리는 일, 그게 정치가 아닌가. 서로 자기 말만 해서는 내내 다툴
일만 생길 것이고, 니들끼리 다 해먹어라 하고 등 돌리면 무엇 하나 정
할 수 없고 해낼 일도 없다.

아이들이 참 이쁘다. 오물오물 작은 입으로 이야기를 나눈다. 창밖으로 볕이 환하다. 평화로운 풍경. 아이들이 이뻐서 사진 몇 장을 찍었다.

있다가 투명인간 놀이를 해 보자 했다. 투명인간은 보이지 않는 사람. 다른 모둠에 가서 어떻게 썼는지 슬그머니 보고 와서 얼른 보태 쓰는 일을 하는 사람이라고 했다. 처음에 스파이라고 이름 붙였다가 말맛이 안 좋아 투명인간으로 했다. 어라, 모둠끼리는 잘 돕더니 시험 볼 때처럼 팔로 몸으로 자꾸 가린다. 와글와글한다. 안 보여 주겠다니 할 수 없다. 투명인간이니 못 보여 주겠다고 가린 팔을 밀치고 볼 수야 없지 않나. 내게 와서 자꾸 숨긴다고 또 지글지글 떠든다. 에고고.

이제 발표할 때. 첫 모둠 발표부터 삐끄덕댄다. 선향이가 뽑혔는데 어찌어찌 칠판 앞까지는 왔는데 고개를 푹 숙이고 얼굴을 안 든다. 앞에 앉은 아이가 "선생님, 선향이 울어요!" 한다. 정말 운다. 눈물을 뚝뚝 흘리고 섰으니 할 수 없다. 다시 제비뽑기, 이번엔 준민이가 걸렸다. 준민이도 몸을 배배 꼰다. 허 참. 다음 모둠부터 하자. 민기가 뽑혔다. 민기도 칠판 앞까지 느릿느릿 걸어와서는 어우, 어우 하면서 바로 서지를 못 한다. 목소리가 안으로 파고든다. 허 참. 두현이는 저 뒤에서 민기 대신 저가 하면 안 되겠느냐고 아우성이다. 민규도 저희 모둠 발표는 자기가 해 보겠단다. 뭘 신나게 해 봐야지, 하던 마음은 다 없어지고 괜한 걸 했나 싶다.

처음부터 모둠에서 할 사람 손들라 해서 할 걸 그랬나 싶은 마음도 든다. 그러면 발표하는 사람 말고는 관심도 없다. 언제나처럼 목소리 큰 아이만 나서겠지. 그러니 누구든 발표할 마음을 먹고 준비하랬더니 이 꼴이 났다. 겨우겨우 돌아가면서 발표가 끝났다. 유빈이, 하은이처럼 단단하고 야무진 아이도 있다. 다르게 봤다.

점심땐데 태연이가 와서 "선생님, 왜 저는 안 뽑았어요!" 한다. 내 딴
엔 말이 서툰 태연이를 배려한다고 시키지 않은 것인데, 그만 마음이
들킨 것 같아 얼굴이 화끈 달아오른다. 태연이 눈을 맞추며 "태연이도
하고 싶었구나!" 하니 앞니 하얗게 드러내며 히히히 웃는다.

_2012. 3. 15.

말하는 입

감나무 사이가 하루가 다르게 훤해진다. 감 익어 가는 게 새삼스럽다.

아이들이 발표할 때 보면 늘 말 많은 아이만 손을 번쩍 들고 말한다. 나는 말 않고 앉은 아이들 소리를 듣고 싶다. 그래서 발표를 시키면 뭐라고 말하는지 못 알아들을 때가 많다. 못 알아듣는 건 말하는 아이 잘못이 아니라 귀를 세우고 듣지 않는 사람 잘못이 크다. 들으려고 하면 들린다. 나랑 잘 친한 아이 말은 들으면서 그렇지 않은 아이들 말은 좀체 들으려고 않는다. 금방 발표를 듣고도 내게 "뭐라고 그랬어요?" 하고 묻기 일쑤다. 언짢다. 저나 나나 똑같이 듣고도 그런다. 마음 여린 아이가 말할 때마다 버릇처럼 "야, 크게 말해!" 하고 더 시끄럽게 군다. 말하는 아이로선 대단한 용기로 조심조심 말하는 거다. 그런데 힘들게 말하는 아이한테 대뜸 더 크게 말하라고만 쪼아 댄다. 제 목소리가 작은 목소리를 가리는 줄은 생각하지 못한다. 말하는 입만 있지 듣는 귀는 없다. 마음 여린 아이한테 크게, 더 크게 말하라고 하면 마음이 더욱 굳세져서 큰 소리로 말하게 될까. 그럴 일은 없다. 들으려고 하지 않고 들리지 않는다고 떠벌리는 사람 잘못이 더 크다고 했다. 누가 듣지 않는지 내 눈으로 똑똑히 지켜보겠다고 으름장을 놓았다. 그제야 들으려고 한다. 그런데도 우리 교실 문제는 목소리가 작은 아이가 여럿이라는 데 있다. 그 가운데 다빈이 목소리는 더욱 작다. 바로 코앞에서 귀를 안테나처럼 열고도 못 알아들을 때가 허다하다. 오늘은 맨 뒷자리에서도 다빈이 하는 말을 처음으로 되묻지 않고 고스란히 다 들었다.

거 봐라, 내가 뭐라고 했냐, 들으려고 하면 다 들린다고 했지. 우리가 애써 공부해야 할 것은 교과서에 있는 게 아니다. 이렇게 아무것도 아니라고 여기고 넘어가는 일들부터 바로잡는 게 진짜 공부다.

오후 네 시쯤 준민이 어머니가 오셔서 준민이 이야기를 나누었다. 준민이가 학교에서 책만 보고 몸을 놀리지 않을까 걱정이라고 했다. 컴퓨터나 손전화 게임에 너무 마음을 쏟는 것 같아서 일부러 마실도 가고 나가 놀라고도 한다고 하시며, 더욱 씩씩하게 자라면 좋겠다고 하셨다. 내 생각도 그렇다. 준민이뿐만 아니라 여느 아이라도 손전화 속 화면을 들여다보면서 웅크린 모습을 보면 걱정스럽다.

_2012. 9. 19.

발표

나는 발표할 때 정말 떨린다.

선생님이 발표시킨다 하시면

나는 내 이름 나올까 봐

마음이 두근두근한다.

그리고

다 시킨다고 하시면

얼른 종이 울리면 좋겠다고 기다린다.

내가 나오기 전에 종이 울리면

마음으로

'다행이다' 하고 생각한다.

_권혜빈, 4학년(2011. 7. 12.)

매미

매미는 다 다르게 운다.

챵챠챠치치차치지 챵챠치치치치치

칭지지이지이지이 징지지이지이

츠츠츠 츠츠츠 츠츠츠즈즈

위이잉잉이잉 위이잉잉이

취취췩취 취취취치

쥐쥐쥐 쥐쥐쥐쥐 쥐이이이

박자도 없이 울었다 안 울었다 아주 지 맘대로다.

_김재완, 4학년(2011. 7. 16.)

오토바이 소리

밤 열 시다.

침대에 누워서 잠들려고 할 때다.

오토바이가

부르, 부르, 부르르 웅 하며

시동을 켜고 부아아아 하면서

우리 아파트를 빠져나간다.

오토바이 타고 일 나가나

오토바이 타고 배달 가나

오토바이 소리 들으려고 숨죽이고

조용히 있어 본다.

오토바이 소리 들으면

우리 동네 같아서 좋다.

_이태영, 4학년(2012. 2. 8.)

04
어린이문학 교육

이오덕은 어린이문학 작가요 비평가이면서 동시에 교육자였다. 자연히 교육자의 눈으로 어린이문학을 바라보았다.

> 누구나 아는 바와 같이 아동문학은 '어린이'에게 '주는' 문학이다. 어린이들이 읽을 수 없는 동화, 어른들밖에 이해하지 못하는 동시는 아동문학이 아니다. 그것은 동화와 동시의 형식을 빌린 어른의 문학이다. 아동문학은 어린이가 재미있게 읽고 감동을 받을 수 있도록 씌어져야 하며 이런 아동문학 작품은 어린이뿐 아니라 어른들도 읽는 것이 바람직하다. (……) 아동문학은 그것을 받아들이는 어린이의 마음과 삶의 순수성에 의해 그 내용과 형식에서 어쩔 수 없이 어떤 제약을 받으며, 작가의 용의주도한 교육적(문학적) 배려가 요청된다. _『삶·문학·교육』, 85쪽

어린이문학은 '어린이'에게 '주는' 문학이니만큼 어린이가 어떤 사람인지 올바로 알아야 한다.

어린이야말로 인간의 가장 순수한 원형이요, 희망이다. 그것
은 버리고 지양해야 할 유치하고 미개한 상태가 아니라, 지키고
키워 가야 할 가장 깨끗하고 착하고 참되고 아름다운 세계다.
어린이가 지닌 그 순진하고 사심 없는 마음, 자기와 남을 하나로
보는 마음을 언제까지나 고이 간직해 나가도록 하는 데서만 지
성이 발달하고 창조력이 뻗어 나고 인간성이 제대로 피어난다.
어른들은 아이들의 의견을 존중해야 하며, 아이들에게 어떤 지
식이나 교육이나 생각을 자꾸 쑤셔 넣어 주려고 하지 말고, 그
들과 같이 놀고 일하는 동안에 함께 이치를 깨닫고 지혜를 얻고
삶을 배우도록 해야 한다. 즐거운 삶을 살아가게 하는 것이 아이
들을 키워 가는 참교육이다. _『참교육으로 가는 길』, 198쪽

자연스러운 귀결로, 어린이문학과 문학 교육은 어린이의 마음을 지
키고 삶을 참되게 가꾸는 길이어야 한다. 어린이문학 교육은 창작교육,
이해교육, 감상교육과 같이 세 갈래로 나눌 수 있다. 초등학교 문학 교
육에서는 어린이문학 창작교육보다는 이해와 감상교육 비중이 높다. 그
러나 실제 교실에서 문학 교육은 문학의 구성 요소와 구조, 문학의 갈
래에 따른 형식의 차이 같은 문학 이해교육에 치우쳐 있고, 그나마 감
상교육은 일회성 독후 행사나 감상문 쓰기 과제로 이루어지는 게 현실
이다.

초등학교 국어과 교육과정에서는 '문학 창작'이란 말은 쓰지 않는
다. 일제강점기에는 '작문', 제5차 교육과정 때까지는 '글짓기', 그리고
제6차 교육과정 때부터는 '글쓰기'라는 말을 써 왔다. '글쓰기'라는 말
이 학교 현장에 뿌리내린 데는 무엇보다 이오덕의 공이 컸다. 하지만

초등학교 교육과정에서 글쓰기 교육은 작가의 글쓰기 방식을 흉내 내도록 하고 있다. 그런 까닭에 이오덕은 아이들은 '동시'니 '동화' 같은 문학작품을 창작할 수 없다고 힘주어 말한다. 창작할 수 없는 게 아니라 아예 창작할 까닭조차 없다고 한다.

> 어린이들의 삶의 세계에는 우리 어른들의 머리로 생각할 수 없는 진실이 있고 아름다움이 있다. 그리고 그런 것이 또 무한히 뻗어 나갈 가능성이 있다. 어린이들은 자기의 경험을 정직하게 쓰는 데서 자라나고 또 그것이 그대로 놀라운 글이 되는 것이다. 그것이 우리 어른들이 따르지 못하는 자랑이다.
>
> _『삶을 가꾸는 글쓰기 교육』, 18쪽

있는 그대로 쓰기만 해도 놀라운 글이 되고 감동과 재미를 주는데 무엇 하러 머리를 쥐어짜겠는가. 아이에게는 삶을 떠난 생각이 있을 수 없기 때문에 삶을 떠난 글은 거짓 글이거나 어른을 흉내 낸 글이 되고 만다. 이 말을 바꿔 말하면 아이들에게 동화나 동시를 쓰게 해서도 안 된다는 말이 된다.

> 어린이는 누구나 시인이 될 수 있는 것은, 이와 같이 슬픔도 눈물도 모르고 돌같이 굳어 버린 마음을 가진 어른들과는 달리, 참으로 곱고 부드러운 마음, 사람이 본래 가지고 있던 마음을 가졌기 때문이다. _『어린이는 모두 시인이다』, 4쪽

결국 문학 창작교육은 글쓰기 교육으로 어린이 스스로 글을 쓰면

서 자기 마음을 지키고 삶을 가꾸는 길을 가르치는 교육이라고 하겠다. 반면 아이들에게 주는 문학작품을 창작하는 문학가의 책임이 아주 크다고 말한다. 동시에 어른들은 어린이문학 작품을 읽고 좋은 문학을 권장하고 들려주는 일을 해야 한다. 아이들한테 문학에 대한 지식이나 문학을 통한 지식을 익히는 데 중점을 두지 말아야 한다.

그러면 아이들은 문학을 창작하지 않는가 하는 물음이 생긴다. 아이들도 크게 보면 시를 쓰고 줄글을 쓰기 때문에 문학을 창작한다고 볼 수 있다. 하지만 좁게 보면 그 갈래는 아주 다르다. '시'만 가지고 한번 톺아보자.

이제까지 문학의 한 갈래인 시 창작에서 아이들이 쓴 '어린이시'와 어른이 아이한테 주려고 쓴 '동시'를 구별하지 않고 모두 '동시'라고 한 까닭에 동시 '짓기' 지도가 되었다고 비판한다. 글짓기는 어른인 동시 작가가 '동시'를 쓰던 원리를 아이에게 그대로 따라서 시를 만들어 내는 것이다. 이러한 생각은 동화에도 그대로 적용되어 삶을 떠난 글 만들기 기술을 가르쳐선 안 된다고 말한다.

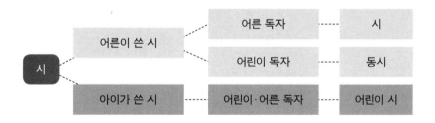

지난 반세기 동안 우리 나라 아이들 거의 모두가 학교 교실에서 교과서에 실린 동요나 동시로, 또는 겨레의 삶을 외면하는 이

야기나 일하면서 살아가는 사람들을 멸시하는 생각을 가지게 되는 글을 본보기가 되는 틀로 삼아서 아이들이 그것을 따라 쓰도록 하는 교육을 받아 왔다. 그 결과 어떻게 되었나? 신문이나 잡지에 실려 나왔던 아이들 글이, 백일장이나 글짓기 대회에서 상을 탄 아이들의 글이 어떤 글이었던가? 그 몇십 년 동안 단 한 편이라도 감동을 받을 만한 글이 나왔던가? 이것은 참으로 끔찍한 일이다. _『문학의 길 교육의 길』, 70쪽

이오덕은 문학가 이전에 교육자였다. 그런 까닭에 어린이문학은 어린이를 위한 문학이어야 하고 어린이를 지키는 문학이어야 하고 어린이를 살리는 문학이어야 한다고 주장한다. 문학성보다 교육성을 먼저 떠올리는 게 당연하다. 달리 말해 문학을 교육의 수단으로 보는 관점이 뚜렷했고 그 관점을 온몸으로 밀고 나갔다. 문학작품이 아이들 삶에 끼치는 영향을 누구보다도 걱정하고 문학이 이 땅의 아이들을 살리고 지키는 데 기여해야 한다고 보았기 때문이다. 이에 이오덕은 1980년 어린이도서연구회를 만들 때부터 강연과 회보에 글을 써 주며 힘을 보탰다. 1978년 서울양서협동조합에 딸린 단체로 시작한 어린이도서연구회는 『시정신과 유희정신』에서 출발했는데, 이오덕은 1997년 어린이도서연구회가 사단법인으로 등록할 때는 창립이사를 맡기도 한다. 한편 어린이도서연구회 회원들은 『시정신과 유희정신』, 『어린이를 지키는 문학』을 기본으로 읽는다.

몽실 언니

바람이 차다. 그 속에서 꽃들은 피어난다. 산괴불주머니 꽃이 노랗게 피어 오고, 하루 사이에 개나리 꽃가지에 노란 꽃잎이 돌아와 붙었다. 버티고 이겨 낸 풀들이 봄을 맞는다. 우리 아이들도 그렇다. 그새 옷이 많이 얇아졌다.

오늘부터 아침마다 『몽실 언니』를 읽어 줄 참이다. 하루 10분이나 20분, 한 장씩 읽으면 스무 날하고 사흘을 더 읽어야 한다. 공부 시작전에 읽어 주면 좋겠다. 아침에 책꽂이에 꽂힌 책을 꺼냈다. 종이가 누렇게 바랬다. 1991년에 산 책이다. 책값이 3000원, 요즘 새로 나온 책은 8000원쯤 하나. 눈물을 훔치며 읽었던 기억이 새롭다. 숨을 깊게 들이마시고 읽는다.

일본군이 물러가고 혼란스러운 세상. 어머니 밀양댁은 가난이 싫어 아버지 정씨를 떠나 댓골 김 주사라는 이한테 새로 시집을 간다. 몰래 도망치듯 마을을 빠져나와 기차로 다섯 정거장인가 여섯 정거장을 지나서 내린다. 그때 몽실이는 소꿉 살림을 챙겨 가야 한다고 할 만큼 어린 일곱 살. 그래서 정몽실은 이제 김몽실이 되었다. 몽실은 아버지 정씨를 잊을 만큼 배곯지 않으면서 행복한 날을 보낸다. 몽실은 완전히

김 주사네 딸이 되었다.

오늘은 거기 읽고 그쳤다. 아이들은 내 책 읽는 소리에 두 귀를 세워 듣는다. 참 이쁘다. 책을 덮는데, 한승이가 우와, 공부 시간이 십 분이나 지났다고 좋아한다. 내일은 몽실이가 절름발이가 되는 이야기. 동생 영득이가 태어나고 몽실이는 구박을 받는다. 거기에 더해 하루는 친아버지인 정씨가 몽실이를 찾아오고 밀양댁은 몽실을 안고 숨는다. 그날 김 주사가 왈칵 열어젖힌 문에 떠밀려 밀양댁과 몽실은 봉당에서 떨어지고 그 바람에 몽실은 왼쪽 다리를 다치고.

아이들 보내 놓고 소리 내어 읽어 본다. 아, 그나저나 읽다가 눈물이 안 나야 할 텐데 그게 걱정이다.

_2012. 4. 5.

아침엔, 『몽실 언니』를 읽었다. 오늘은 몽실이가 인민군 언니(최금순)와 의용군 아이(이순철)를 만나는 이야기다.

국군은 인민군에 밀려간다. 전쟁 통에 난남이는 나날이 말라 가면서도 몽실이 등에서 겨우겨우 목숨을 이어 간다. 몽실은 누가 착한지 혼란스럽다. 그리고 최금순한테 묻는다.

"국군하고 인민군하고 누가 더 나쁜 거여요? 그리고 누가 더 착한 거여요?"

인민군 여자 최금순은 몽실한테 이렇게 말해 준다.

"사람은 누구나 처음 본 사람도 사람으로 만났을 땐 다 착하게 사귈 수 있어. 그러나 너에겐 좀 어려운 말이지만, 신분이나 지위나 이득을 생각해서 만나면 나쁘게 된단다. 국군이나 인민군이 서로 만나면 적이기 때문에 죽이려 하지만 사람으로 만나면 죽일 수 없단다."

나는 '사람은 누구나 처음 본 사람도 사람으로 만났을 땐 다 착하게 사귈 수 있어'라는 말이 마음에 와 닿는다.

소리 내어 읽다 말고 눈으로 다시 한 번 읽었다.

준민이가 『몽실 언니』를 읽고 있다. 출판 서지를 보니 2011년 11월에 나온 책인데 벌써 30쇄를 찍었다. 『몽실 언니』는 1981년 울진 어느 시골 교회 청년회지에 싣기 시작했던 이야기다. 올해 100만 부 돌파를 앞두고 있다고 한다.

_2012. 4. 19.

봄볕이 환하다. 오후에는 바람도 훈훈하다. 기분 좋은 바람.

『몽실 언니』 '13. 난남이와 영순이' 부분을 읽었다. 몽실이는 30리 먼 길을 걸어 고모를 찾아가지만 헛걸음만 했다. 고모는 죽고 고모네 아이들은 고아원으로 보내졌다는 소식만 듣는다. 이제 몽실은 댓골 어머니한테로 난남이를 업고 간다. 아버지를 버리고 간 친어머니다. 어머니와 결혼한 새아버지는 보국대에 가고, 몽실이를 구박하던 할머니는 중풍이 들어 죽었단다. 아, 하고 아이들이 안심을 한다. 나도 속으로 그랬다. 몽실이는 오죽했을까? 다음은 몽실이 생각. '왠지 돌아가셨다는 말이 반갑게 들렸다. 걱정이 조금은 가시는 것 같았다. 몽실은 자기도 모르게 가슴이 찔렸다. 죽은 사람이 가엾다는 마음보다 잘 죽었다는 생각을 하다니, 그건 이상하기도 하지만 나쁜 생각이었다.'

읽었던 이야기인데도 또 그런다. 마음속으로 몽실이 새아버지도 이대로 보국대에서 돌아오지 않으면 하는. 아예 죽었으면 싶은 마음도 없지 않다. 그만큼 밉다. 이야기를 듣는 아이들 마음은 어떨까?

_2012. 4. 24.

비 온 뒤라 그런가 아주 멀리까지 보인다.

『몽실 언니』 17장 '검둥이 아기'까지 읽었다. 몽실은 심부름 가다가 쓰레기더미에서 고양이 울음 비슷한 소리를 듣는다. 그 소리를 따라가 보니 거기 살빛이 검은 아이가 있다. 사람들은 더럽다, 침을 퉤퉤 뱉고 발길질을 해댄다. 아이는 자지러지게 운다. 몽실은 그 아이를 품에 안고 사람들 틈을 비좁고 식모살이하는 집으로 내달린다. 그러나 아이는 이미 숨이 끊어진 뒤다. 몽실도 그만 까무러지고 만다. 어찌 그러지 않겠나.

_2012. 4. 26.

『몽실 언니』는 이제 20장 '자선병원을 찾아서'까지 읽었다. 몽실과 아버지 정씨는 부산에 있는 자선병원에 가지만 병원 앞에 삼백 명이 될지 오백 명이 될지, 아니면 천 명이 넘는지도 모를 기다란 환자 행렬 끝에 서서 보름을 넘게 기다린다. 몽실은 아버지 정씨와 함께 맨바닥에 누더기 담요로 냉기가 뼛속을 파고드는 봄밤을 견디며 기다린다. 가끔씩 택시가 오고 거기서 내린 사람들은 병원으로 바로 들어간다.

> "자선 병원도 차별이 있었다. 어떤 이유로 그렇게 되는지 몰라도, 돈 많은 사람들은 뒷구멍으로 진찰권을 얻어 내어 이렇게 쉽게 들어갈 수 있었던 것이다. 가난한 사람을 위해 세워진 병원이 오히려 가난한 사람들을 이용하는 잘못을 저지르고 있는지도 모른다." _221쪽

그때보다 우리 사는 세상은 가난하고 착한 사람들이 살기 좋은 세

상이 되었을까. 너나없이 자동차가 있고 컴퓨터, 텔레비전, 냉장고가 집 집마다 있지만 이 나라가 정말 살기 좋은 세상이 되었을까.

_2012. 5. 8.

뒷산에서 뻐꾸기가 울었다. 올 들어 처음 듣는 뻐꾸기 소리다.

『몽실 언니』를 다 읽었다. 지난 4월 5일부터 읽기 시작했으니 한 달 더 넘게 읽었다. 처음에는 국어 시간이 있을 때마다 읽어 주겠다 해 놓 고 못 지킨 날도 많다. 소리 내어 읽는데 목이 멘다. 읽다 말고 가끔씩 숨을 깊이 들이마시고 읽었다. 그러지 않으면 눈물이 날 것만 같다. 바 로 앞 22장에서 시간을 훌쩍 뛰어넘어 30년이 흘렀다. 몽실은 꼽추인 사람과 결혼하여 아이 둘을 낳았다. 몽실이 낳은 큰애 이름이 기덕이 라서 기덕이 엄마. 몽실이 친어머니인 밀양댁과 정씨 아버지 사이에서 난 영순이는 강원도에 산다. 아이들이 와아, 한다. 강원도가 아이들 마 음을 흔들었을까? 영득이도 우체부를 한다고 했지. 전쟁 통에 나서 암 죽으로 키운 난남이. 폐병 요양원에 있는 난남이를 보러 몽실은 황톳 길을 절뚝이며 돌아온다. 그 몽실 언니를 보고 난남이는 "언니…… 몽 실 언니……." 하며 운다. 그리고 끝.

"아, 그게 정말 끝이에요?"

"어, 정말 끝!"

책을 탁 덮었다. 책값이 3000원. 요즘 나오는 『몽실 언니』는 8000원 쯤 할 거다. 아이들은 어떻게 들었을까 궁금하다. 아침에 오면서 우리 반 독서퀴즈라도 한번 해 볼까 하는 생각을 잠깐 해 봤다. 상품이라도 걸어야 할까? 에잇, 책 읽는 일로 상품을 거는 건 우스운 노릇이겠다, 뭐 이런저런 생각이 머릿속에서 엉킨다.

종이 한 장씩 나눠 줬다. 아이들은 눈을 동그랗게 뜨고 고개를 잘래잘래 흔든다. 뭐, 어차피 아침 활동으로 시 쓰려고 했던 거 아니었나. 『몽실 언니』 거저 들은 값은 내야지 않겠느냐고 억지를 부렸다. 그 말에 고개를 끄덕끄덕, 언제나 너그러운 건 어른보다 아이들이다. 아이들이 쓴 글.

- 나는 몽실이란 이름을 듣고 '아! 별명이구나'라고 생각했는데 내 생각이 틀렸어. 이름이더라. 몽실, 몽실 소리 내어 보면 따뜻한 마음이 느껴져. _이유빈

- 세상에 언니처럼 착한 사람은 못 봤어. 몽실 언니도 유전적으로 착한 것 같지는 않아. 정씨 아버지도, 친엄마 밀양댁을 보면. 그렇지만 언니는 정말 착한 것 같아. 몽실 언니는 난남이가 좋아, 언니 자신이 좋아? 내가 이렇게 물어보면 언니는 난남이가 더 좋다고 말할 것 같아. 말만 말하지 않고 정말 마음으로 말할 것 같아. 언니는 생각이 깊잖아. 그리고 아직 모르는 사이지만 나는 언니를 사랑하게 되었어. 엄마, 아빠만큼 사랑해. 언니도 난남이만큼 날 사랑해 줄 수 있을까? 언니는 그럴지도 몰라. 그리고 살아 있지 않지만 나에게도 착한 마음을 어떻게 가질 수 있는지 알려 줘! _이수진

- 몽실아, 너는 어린 나이에 무서운 전쟁을 겪었구나. 어려운 형편에도 너의 동생 난남이한테 암죽을 먹이면서 힘들게 키우는 게 가장 힘들어 보였어. 그래도 너는 난남이를 버리지 않

고 어려운 형편에도 살아간 게 너무 대단했어. 너희 아버지도 군대에 끌려가고 너의 어머니 밀양댁은 다른 데로 시집가 버려서 죽고, 북촌댁은 난남이를 낳고 죽고, 그렇게 큰 고통받았어도 너는 어떻게든 살았지. 6·25 전쟁 때문에 떨고 있어도 너는 끝까지 살아남은 게 대단하고 나중에 너희 아버지도 뼈 상자만 남긴 채 너의 어머니들한테 가 버리고 너무 슬펐어도 너는 기죽지 않고 열심히 살아간 건 너무 잘했어. 대단했다.

_오예은

• 나는 선생님이 들려주는 『몽실 언니』를 들으면서 지금이라도 열심히 살아야지 생각했다. 우리 엄마가 아픈데 나는 모른 척 했다. 나는 몽실이처럼 엄마를 돌봐 드리겠다. 몽실 언니는 도덕 시간에 배운 자주적인 사람인 것 같다. 정말 스스로 주인으로 산다. 엄마 없어도 자기 혼자서 난남이를 데리고 스스로 할 일을 하면서 산다. 몽실 언니, 파이팅! _김지현

• 듣기 말하기 쓰기 시간에 몽실 언니를 읽었다. 참 재미있었다. 제목만 들으면 별로 재미없을 것 같았다. 근데 읽어 보니까 참 재미있었다. 우리가 읽은 게 아니라 선생님이 읽어서 더 재미있었다. 선생님이 읽을 때 애들이 떠들어서 좀 서운했다. 또 좋은 건 시간을 끌어서 참 좋았고 몽실 언니를 들어서 좋았다. 선생님이 또 다른 책을 읽어 주면 좋겠다. _김민기

• 듣기 말하기 쓰기를 할 때부터 샘이 몽실 언니를 읽어 주었

다. 재미있을라나? 나는 샘이 읽어 줄 때 불쌍한 장면이 대부분이어서 그런 일들만 생생하게 기억난다. 몽실이는 엄마도 없고 아빠도 없고 아무도 없다. 난남이밖에 없다. 몽실이는 어린데 동생 밥 챙겨 주고 돌보면서 무서운 전쟁을 겪는다. 또 잔인한 장면도 있었다. 감나무집 영감이 돌아왔는데 시체로 돌아온다. 다른 사람들도 죽고 또 죽는다. 몽실이가 아주 힘들게 살아가는 것이 보기 싫었다. 몽실이가 북한 군인이랑 같이 있을 때는 걸릴까 봐 숨 막히고 조마조마했다. _고한승

_2012. 5. 17.

05
생태·생명 교육

이오덕은 사람들이 도시에서 산다는 건 자연을 죽이면서 사는 것이라고 말한다.

> 우선 쓰레기를 조금도 집 밖으로 내보내지 않는 사람이 있겠는가? 그 쓰레기는 옛날과 같이 흙으로 돌아갈 수 있는 것이 아니고, 어디에도 갖다 놓아서는 안 되는, 땅을 더럽히고 목숨을 죽이는 쓰레기로 되어 있다. 도시라는 곳은 사람을 밑뿌리부터 죄인으로 만들지만, 도시라는 틀 속에 갇혀 있으면 그렇게 해서 자연과 목숨을 죽이는 짓을 아주 예사로 여기면서 도리어 그 학대, 학살 행위를 즐기게도 된다. _『우리글 바로쓰기 3』, 249쪽

어느 사회든 아이들은 어른이 만들어 놓은 세상 속에서 자라기 마련이다. 흙과 나무와 풀과 벌레와 바람과 햇빛을 만나지 못하도록 해놓고 요즘 아이들이 놀 줄도 모르고 자연도 모른다고 혀를 끌끌 찬다. 아주 틀린 말은 아니다. 하지만 그게 공부할 시간밖에 없는 아이들 탓일까. 어른들이 공들여 만들어 놓은 환경 때문이 아닐까. 집도 학교도

놀이터도 죄다 자연에서 동떨어져 있다. 멀리 갈 것도 없다. 놀이터만
해도 바닥이 폭신한 탄성매트를 깔아 흙이고 나무꼬챙이고 돌멩이 하
나 없다. 싸늘한 플라스틱과 쇠붙이 천지다. 숨을 곳도 없고 발견할 것
도 없고 도전할 만한 놀 거리가 없다. 거기서 과연 어떤 마음이 자라고
어떤 몸을 키우겠는가.

자연을 통제하는 과학기술의 힘이 지배하는 세상이 되었다. 자연을
개발해야 지역이 발전하고 더 잘살게 된다는 개발 이데올로기가 4대강
을 만들었다. '인간 내면의 사막이 자연을 사막으로 만든다'는 말을 생
각해 보지 않을 수 없다. 빌헬름 라이히는 사막화 과정을 연구하면서
우리 안의 정서적 사막이 다른 생명을 주저 없이 파괴하고, 이것이 자
연에 사막을 만든다고 지적한다. 이때 정서적 사막의 뿌리는 갓난아기
에게 주는 손상, 곧 출산의 산업화에 있다고 힘주어 말한다. 자연을 개
발하면 할수록 우리는 더욱 자연에 목말라한다. 미디어로 편집된 자연
을 보며 대리만족을 느끼면서 삶에 필요한 기술을 배우고 익힐 수 있
는 기회를 아주 잃어버리고 있는지도 모르겠다.

이오덕은 생명을 가르치는 게 어려운 일이 아니라고 말한다. 아이들
은 세상 모든 것이 자기와 같은 인격체로 마주하기 때문이다. 생명의
귀함을 가르치는 것은 풀과 벌레와 동물을 마주하는 일에서 시작해
야 한다. 풀이 자라나는 것, 나무가 새 잎을 내어 가지를 펼치는 것, 올
챙이가 뒷다리를 뻗어 개구리가 되는 것, 매미가 허물을 벗고 하늘을
날아가는 것들……. 어릴 때 이런 것을 보고 동무들하고 어울려 풀밭
으로 숲으로 개울로 나가 보지 않은 아이들이 어찌 이 땅을 사랑하는
마음이 생겨날 수 있겠는가.

내가 교실에서 우리 아이들하고 꾸준히 해 온 공부 가운데 하나가

일기 쓰기이고, 보고 자세히 그리기 공부였다. 일기장을 따로 만들지 않고 「원고지 한 장에 쓰는 일기」[1]라는 제목을 달았는데, 날씨와 글감 고르기, 겪은 일 쓰기를 차례로 할 수 있게 줄을 친 학습지다. 일기라고 했지만 실은 자기가 보고 듣고 겪은 일을 있는 그대로 쓰는 서사문을 쓰는 힘을 길러 주는 한편, 하루가 다르게 성장하는 아이들 생각을 엿보려는 불순한 의도도 솔직히 있다. 서사문은 겪은 일 쓰기다. 겪은 일은 오래전에 겪은 일을 쓸 수도 있지만 아이들은 지금 여기를 살아간다. 어제오늘 사이에 겪은 일을 이틀 또는 사흘에 한 번꼴로 쓰는 시간을 마련했다. 물론 원고지 쓰는 법을 가르치는 데 목적이 있지 않다. 처음엔 하도 띄어쓰기하지 않는 버릇이 있는 아이가 있어서 원고지처럼 틀을 만들어 준 것이고, 200자 원고지 한 장쯤은 누구라도 어렵지 않게 쓸 수 있다고 생각했기 때문이다.

이때, 날짜를 쓴 다음에는 날씨를 될 수 있는 대로 자세하게 문장으로 쓰도록 할 요량으로 날씨 쓸 자리로 두 줄을 주었다. 날씨를 문장으로 자세히 써 버릇하다 보면 저도 모르게 둘레에서 일어나는 온갖 자연현상을 자세히 살피고 생각하는 힘이 길러진다. 맑음, 비, 해, 구름, 눈같이 낱말로 써서는 나날이 다른 날을 의미 있게 기억하기란 어렵다. 이는 윤태규의 『일기쓰기 어떻게 시작할까?』를 보고 따라 했다. 어찌 보면 날씨 공부만 제대로 해도 그날이 그날 같은 하루하루가 다 새롭게 살아난다. 바람이 부는 날이면 바람을 온몸으로 맞아 보고, 꽃다지가 피면 꽃다지 보러 가고 생강나무에 꽃이 피면 생강나무 꽃을 보

---

1. 윤태규 선생님은 '글쓰기나 국어 공부를 시키려고', '길게 쓰라고 하기 때문에', '일기장에 있는 잡다한 틀 때문에', '일기 검사를 하기 때문에' 아이들이 일기 쓰기를 싫어한다고 진단했지만, 이처럼 원고지 틀을 만들어 준 까닭은 형식을 채우는 과정에서 배우는 것도 있다고 보았기 때문이다.

러 갔다. 햇살이 환한 날에는 운동장에 나가 쿵쿵 뛰어놀기도 하고, 나무와 풀과 새와 벌레가 어떻게 하고 있는지 놓치지 않고 눈에 귀에 담도록 했다.

개미

개미가
죽은 벌레를 땅바닥에 질질질 끌고
언덕을 뒷걸음으로 올라간다.
우리한테는 아무것도 아니지만
개미한테 벌레는 자기 몸통보다도 훨씬 크다.
구멍 같은 데 벌레가 걸려서 끙끙거리며 힘을 쓴다.
개미네 집을 알면
내가 얍, 하고 들어다 줄 텐데
사람이 개미 일에 끼어들면 안 된다
_신승훈, 4학년 (2011. 6. 14)

생태교육은 자연을 사람에 이롭게 하는 도구나 자원으로만 보는 관점에서 벗어나 생명의 질서인 관계를 중요하게 생각하는 교육이다. 더욱이 우리 사회가 산업사회가 되면서 아이들은 학교라는 공간에 모아 두고 관리하는 대상이 되었다. 누구라도 자신이 다녔던 학교 교실을 한번 떠올려 보라. 이 땅의 학교란 그 모습이 틀에 찍은 국화빵처럼 하나같이 '감옥' 같은 구조다. 놀 만한 공간도 놀 시간도 없다. 공간이 잠시도 쉴 새 없이 움직이는 아이들을 눈곱만큼도 배려하지 않았을 뿐 아니라 상상력을 자극하지 못해 온 게 사실이다. 이에 학교 환경을 생태와 감성이 어우러진 공간으로 재구성하는 한편 아이들이 삶 속에서 배우고 배움 속에서 삶을 살아가도록 학교 숲, 텃밭 가꾸기, 햇빛발전소, 장독대가 있는 학교 만들기로 거듭나고 있다. 그런 경험을 하면서 아이들은 교과 내용이 바로 삶에서 나왔음을 깨달을 것이다.

교실에서도 할 일은 넉넉하다. 가령, 한 교실 아이들이 이 세상에 처음 온 날을 기억해 두었다가 함께 축하하는 시간을 갖는 것도 한 방법이겠다. 이 세상에 태어났다는 것은 얼마나 기쁘고 함께 축하해야 할 일인가. 생일을 축하한다고 돈 많은 사람들이 벌이는 돈 자랑, 먹고 노는 자랑 같은 그런 생일 축하 흉내 내지 말고 적당한 시간을 골라 다 같이 축하 노래를 불러 주고 축하하는 편지나 쪽지 글, 그림 따위를 주는 것도 좋겠다. 『살아 있는 교실』을 쓴 이호철은 생일을 맞는 아이가 있으면 아이를 업고 교실을 한 바퀴 돈다고 한다. 이호철은 "다른 아이들과 똑같이 진정으로 인정받고, 나아가 자신이 이 땅 위에서 얼마나 귀한 존재이며 가치 있는 존재인지 느끼게 해 주는 귀한 기회"(『살아 있는 교실』, 67쪽)가 바로 '생일 축하해 주기'라고도 했다.

눈 감아도 볼 수 있게

학교 오면서 보니 벚꽃은 지고 라일락꽃은 피어난다. 조용한 마을 가운데서 감나무도 보드랍고 순한 반짝이는 이파리를 낸다. 마음 같아 선 봄볕을 온종일 받고 싶다.

> 산벚나무
> 해마다/해마다/봄이 오면/여린 빛 꽃 한번 피우려고/산벚나
> 무는/산골짜기에 산다네./여려서 더 눈부신 꽃//해마다 봄이
> 오면/환하게 꽃 한번 피우려고/산모롱이 돌아/돌아 나오는/산
> 골짜기 저 먼 곳에/산다네. _임길택, 『나 혼자 자라겠어요』, 창비

어제 교실을 나서면서 칠판에 적어 둔 시다. 선향이가 저 건너 산에 희끗희끗 꽃피우는 나무를 두고 저게 무슨 나무냐고 묻던 게 생각나서 적어 놓았다. 아이들이 좋아할 만한 시인가 잠깐 생각하다가 에라, 모르겠다며 뚝뚝뚝 적었다. 뭔 소린지 모르면 또 어떤가. 모르면 모르는 대로 가 보는 거다. '여린 빛 꽃 한번 피우려고', '환하게 꽃 한번 피우려고'라는 말에 나는 마음이 흔들렸다.

아침에 교실에 오니 아이들이 시를 또박또박 공책에 옮겨 적고 있다. 뭐, 언제나처럼 "우와, 정말 재미있는 시. 감동했다." 하고 아주 엉뚱한 소리를 써 놓고 운동장으로 내달린 녀석도 있지만. 아이들 감상을 들어 본다.

- 우리 학교 앞 벚꽃은 지고 있다. 산벚나무는 언제 꽃이 피나 궁금하다. _오예은

- 이 시를 읽고 나니까 산에 가고 싶다. 나는 저번에 생강나무 꽃 보러 우리 반이 같이 삿갓봉에 간 게 생각났다. _이혜정

- 산벚나무하고 그냥 벚나무하고 같은 나무 아닌가. 산에 사니까 산벚나무 같다. 그런데 집에 살면 집벚나무 해야 하는데 그냥 벚나무 할 것 같다. _최두현

- 아무도 안 봐 주는 산골짜기에서 핀다니까 안됐다. 산벚나무도 꽃나무인데 꽃 한번 피우려고 피는데 안 봐 줘서 속상하겠다. 우리가 한번 봐 주러 가자다. _고한승

먼빛으로만 보아서 그랬을까. 앞산이고 뒷산이고 하얗게 꽃이 피어나도 그게 아카시나무인지 산벚나무인지 모른다. 뭐, 아이들 탓만은 아니다. 어른들 탓이다. 공부, 공부만 하니까 책만 들입다 팠지 세상에 꽃이 피거나 말거나 바람이 불거나 말거나 도통 관심이 없다. 그러니 먼 산 아니라 제 발밑 어디서고 흔하게 피어나는 들꽃조차도 얼굴을

모른다. 모르니까 죄다 풀이다. 뽑아 없애야 할, 성가신 잡초다.

창을 열었다. 바람이 시원하게 불어온다.

"저기 봐라. 저기 앞산에 하얗게 하얗게 피어난 나무들. 저게 산벚나무야!"

"우와, 샘, 우리도 저기 산벚나무 한번 보러 가요!"

"저기까지? 에이, 넘 멀어서 못 가! 오십천 건너서 건지주공아파트 지나고 3학년 상민이네 집 앞 지나서 골짜기로 한참 더 들어가야 할 텐데. 난 다리 아파서 못 가겠네! 대신 학교 둘레에서 환하게 꽃 한번 피우려고 피어난 것들을 찾으러 가자!"

이래서 아이들은 신이 났다. 고삐 풀린 똥강아지처럼 우르르 교실 밖으로 나왔다. 봄빛에 눈이 부시다. 바람에 라일락 꽃냄새가 난다. 유치원 가는 계단 옆으로 가니 꽃들이 지천으로 피었다. 말냉이, 황새냉이, 꽃마리. 별꽃, 얼치기완두꽃, 살갈퀴, 광대나물, 민들레, 씀바귀, 고들빼기, 질경이, 유채꽃, 개나리, 죽단화까지 줄줄이 피었다. 아이들은 민들레, 개나리, 유채꽃 정도만 안다. 이건 무슨 꽃, 저건 무슨 꽃 하고 입속에 숨어 있는 꽃 이름을 버릇처럼 알려 주려다가 그만두었다. 알고 싶지 않은데 애써 알려 줘 봐야 다시 '흥, 그깟 꽃'이 되는 건 아닐까 문득 걱정스럽다. 하지만 샘, 이 꽃 이름은 뭐예요, 하고 묻는 아이는 다르다. 곁에 쪼그리고 앉아 귀에 대고 살짝 말해 주었다. 아, 하고 꽃처럼 웃는다. 이제 학교 오가면서 그 꽃 앞은 절대 그냥 못 지나갈 거다. 걸음을 멈추고 아는 체하고 꽃처럼 벙긋벙긋 웃을 거다.

라일락나무 아래에 갔다. 흐음, 하아, 흐음, 하아, 냄새 좋다. 라일락 여린 잎사귀 하나 뚝 떼어 오물오물 씹다가 꿀떡 삼키는 척하면서 손바닥에 이파리를 감췄다. 혜정이가 눈이 동그래져서 날 올려다본다. 맛

있어요?, 하는 얼굴. "이게 얼마나 향긋한데. 한번 먹어 볼래?" 하고 이 파리를 쑥 내밀었더니 에이, 난 싫어요, 하고 고개를 잘랑잘랑 흔든다. 호기심 많은 한승이가 그거 먹는 거예요, 한다. 히힛, 걸렸다.

"그럼, 이게 얼마나 맛있는데, 이 나무 이름이 혹시 뭔 줄 알아? 모르지. 수수꽃다리! 이름만 들어도 향긋한 맛이 느껴지지."

그 말에 마음이 놓였을까. 한승이는 아주 여린 잎 하나를 조심스레 똑 떼어 잘근잘근 이 끝으로 씹는다. 흐아, 쓰겠다. 한승이 얼굴이 일그러진다. 에, 퉤퉤퉤, 샘, 이게 뭐예요?, 하면서 수돗가로 냅다 뛴다. 젖먹이 아기 젖 떼려고 할 때 라일락 이파리 즙을 짜서 젖꼭지에 발라서 젖을 뗐다고 하니 아이들이 웃고 떠들고 난리다. 으아, 변태라나. 무슨 말을 못 하게 한다. 어쨌거나 다른 아이는 몰라도 한승이는 라일락을 평생 잊지 못할 거다. 라일락꽃이 피고 잎사귀 반짝일 때 절로 꽃향기가 떠오르고 나는 저 꽃 안다고 으쓱할 거다.

저기 지현이하고 민기는 세상 한 귀퉁이 환하게 꽃피우려고 온 꽃들 따위엔 처음부터 관심이 없다. 뭐라고 했는지 민기 뒤를 지현이가 죽어라 쫓아간다. 악악대며 쫓아간다. 거참, 둘이 사귀나, 하고 혼잣말처럼 말했다. 그 말에 선향이가 "맞아요. 지현이가 민기 정말 좋아해요. 어떻게 알았어요?" 하고 배시시 웃는다. 내 보기엔 민기가 지현이를 만날 울릴 궁리만 하는, 아주 못된 아이인 줄만 알았는데 내 눈이 삐었다. 선향이가 귓속말로 "지현이가 민기 진짜 좋아해요" 한다. 오, 이래서 나는 민기와 지현이 사이를 알았다. 이제까지 오해했다. 지현이가 민기 좀 혼내 달라 쪼르르 달려와도 본체만체할 거다.

공부 시작 종 울릴 때까지 학교 구석구석 찾아다녔다. 산벚나무 때문에 나와서 산벚나무는 코빼기도 못 보았지만 나는 민기와 지현이가 서로 좋아하는 걸 알았다. 한승이는 쓴맛을 알았다. 몇몇은 새로 세상에 온 꽃들을 만났다. 준민이는 쉬었다 날고 쉬었다 나는 나비 꽁무니를 웃으며 쫓았다. 나머지는 모르겠다. 보아라, 들어라, 몸 움직여라 입 아프게 끌면서 말해 주어도 언제든 거기에 먼저 아이 마음이 가 있어야 한다. 그래서 남들 손전화에 눈이고 마음이고 죄다 팔 때 발밑을 살피는 사람이 아름답다.

"모두 모여 봐." 해서 사진 이야기를 했다. "사진기를 들고 오늘 아침에 본 '무엇'을 찍는다고 치자. 어떤 것에 초점을 맞추고 어떻게 찍을까. 자기 마음이 가 있는 것에 가까이 다가가 정확하게 자세하게 나오도록 찍지 않을까. 찬찬히 들여다보고 그 자리에 있는 내 마음이 어땠는지, 속으로 무슨 말을 했는지 덧붙이면 더욱 좋겠지."

그래서 아이들이 저들 눈으로 찍은 사진 이야기를 하고 나서 공책에 옮긴 글이다. 아니, 시다.

콩

콩이 콩콩콩 났다.
끙끙 흙을 뚫고 나왔다.
머리로 딴딴한 땅을 우우둑 밀고 나왔다.
흙 묻은 파란 머리로 하늘을 바라봤다.

_이수진, 4학년

민들레

후우 불어 주니까 민들레 씨가
와, 하늘로 하늘로 날아간다
금방 겁도 없이 지붕보다 더 높이 간다
저렇게나 높이 가면 땅에는 언제 내려올까?
_조범희, 4학년

직박구리

직박구리 둘이 산수유나무에서
끼아 끼아 끼끼끼 시끄럽게 울다가
한 마리가 고개를 싹 돌리고 딴 나무로 날아갔다.
다른 새가 삐삐요 삐요 따라갔다.
저 새는 무슨 말을 했을까.
민기 때려 주러 막 쫓아가는 지현이 같다.
_김민선, 4학년

_2012. 4. 17.

달팽이·2

아침에 잠깐 하늘이 파랗더니 성깃성깃 빗방울 날린다. 그믐달처럼 교실은 어두워져 불을 켜고 공부했다. 노랑 코스모스가 따뜻하게 무장무장 피어나는 유월인데 선풍기 한 번 켜지 않았다.

달팽이를 들고 다니는 아이가 어제보다 많아졌다. 여자애들만 달팽이를 키운다고 호들갑을 떨더니 오늘은 보니 남자아이들까지 필통에 넣어 다닌다. 관심을 받으면서 달팽이는 더욱 불행해졌다. 잘 사는 걸 덜렁 잡아다가 통 속에 가두고 더욱 사랑을 주겠다는 건 달팽이로선 꿈에도 바라는 일이 아니지 않겠냐고 했다. 먹고 자는 일까지 간섭하는 건 친절이 지나쳐 폭력이라고도 했다. 햇볕 속에서 바람을 맞으며 스스로 살도록 내버려 두는 게 달팽이를 위한 길이라고 입 아프게 말했지만 먹히지 않았다. 아이들이 잡아온 달팽이는 흔하디흔한 명주달팽이다. 바깥에서 3~5년쯤 사는 놈들이다.

이왕 벌어진 일. 잘되었다 생각하자. 좋은 공부거리가 되겠다. 달팽이를 좀 공부해 보면 어떨까? 달팽이도 그려 보고 달팽이에 대해 알아보자. 돋보기도 챙겨 주고 무얼 잘 먹는지도 알아보자. 오늘은 그 이야기를 좀 해 보자.

아이들 앞에 섰다. 국어 읽기 시간인데 책은 집어넣고 달팽이 이야기를 해 보자 했다. 아이들은 공부 않고 달팽이 이야기를 한다니 얼굴이 환해졌다. 뜸 들이다 세상에 귀한 목숨이 따로 있을까, 하고 말을 꺼냈다. 아이들은 눈을 크게 뜨고 본다. 무슨 말인지 모르겠다는 얼굴들. 어제오늘 내 눈으로 보지 못했으나 ○○이가 달팽이집을 깨고 달팽이를 가위로 자르는 장면이 자꾸 떠올랐다. 딱딱한 교실 바닥으로 떨어져 껍데기가 깨지고 그만 '민'달팽이가 되고 만 달팽이도 생각났다. 그것 때문에 그 달팽이는 버림을 받고 죽었다. 이슬 찬 풀숲을 뒤적이며 달팽이를 잡으려는 서늘한 눈빛을 기억한다. 그 장면들을 혼자 떠올리며 치를 떨었다. 누구라고는 말하지 않겠다. 그러나 그러고도 동무들하고 랄랄라 즐거운 얼굴이 미웠다. 칠판에 '우리가 달팽이를 키워도 좋은가?' 하고 크게 적었다.

"쌤, 나는 이 주제부터 맘에 안 들어요. 우리는 달팽이를 키우는 일이 달팽이한테 좋은 일이라고 생각하는데 쌤은 달팽이를 키우지 말자고 말하고 싶은 거 아니에요?"

들켰다. 이건 내 속을 빤히 들여다보고 하는 말. 뜨끔했다. 무엇이든 삐딱하게 보는 선생하고는 말하고 싶지 않다는 선언이다. 유빈이 쪽을 보면서 오늘 이야기를 들어 보고 나도 마음을 바꾸려고 한다고 입에 발린 소리를 했다.

"자연 속에 있어도 어차피 천적들한테 잡아먹히고 사람들 발에 밟혀 죽을 수도 있어요. 그래서 난 우리가 키우는 게 오히려 달팽이한테는 잘된 일이라고 생각해요."

이건 한터가 한 말이고 이어 민규도 억지소리를 막 갖다 붙인다.

"좋아하는 채소 잎도 주고 밤에는 따뜻하게 보호해 주는 거니까 달팽이한테는 더 좋은 일 아니에요?"

이때까지는 달팽이 키우자는 쪽 목소리만 있다. 아, 이렇게 끝나는가, 내가 끼어들어 한마디 더 보탤까 망설이는데 준민이가 한터한테 묻는다.

"한터, 달팽이 천적이 뭔지 알아?"

이건 한터도 생각지 못한 물음. 새 같은 게 아닐까, 하다가 우물쭈물한다.

"야, 그것도 모르면서. 딱정벌레가 달팽이를 잡아먹어. 그런데 딱정벌레가 우리보다 더 많이 달팽이를 잡겠냐? 아니지? 그러니까 사람이 달팽이 천적이지. 그리고 달팽이 일에 우리가 간섭하는 일은 옳지 않아. 니는 놀고 싶은데 누가 잡아와서 먹기 싫은 밥 먹으라고 하고 잠자라고 하면 좋겠냐?"

속으로 짝짝짝 손뼉을 쳤다. 범희가 그 말을 받아 우리가 키우다가 죽이는 게 달팽이를 위한 일이냐고 했고, 한승이는 목숨은 달팽이도 사람도 하난데 장난감처럼 가지고 놀면 안 된다고 했다. 두현이는 "달팽이가 좋으면 민달팽이도 같이 키워야 하는데 왜 민달팽이는 안 키워? 민달팽이는 징그럽다고 안 키우는 건 외모지상주의 아니냐?"라고도 했다. 우와, 어떻게 그런 생각을 다 했을까? 누구는 달팽이 몸통을 가위로 자르고 달팽이집을 깨는 건 동물 학대라고도 하고 사람이 할 짓이 아니라고 했다. 그 말에 ○○이는 얼굴을 감싸며 자기만 한 짓이 아니라고 얼굴을 감싸고 울음을 터뜨렸다. 어쨌거나 이런 소리를 들었다고 얼른 마음을 바꾸지는 않겠지. 그래도 달팽이를 키우자는 아이들은 달팽이를 주워 오는 게 달팽이를 위한 일이 아닐 수도 있다는 걸 알았을 거다.

마음을 바꿨다. 달팽이를 키우는 사람이라면 달팽이를 제대로 알고 나 키워야 하지 않겠냐. 달팽이를 알아야 뭐도 해 주고 뭐도 해 줄 게 아니냐고 했다. 그래서 다 같이 도서관으로 우르르 몰려갔다.

"달팽이는 얼마나 살까? 어떤 곳에서 사는 걸 좋아할까? 달팽이 이빨은 몇 개나 되는지, 다리는 몇인지, 뭘 먹고 어떤 곳에 사는 걸 좋아하는지는 알아야 하지 않을까. 도대체 우리가 달팽이에 대해 아는 게 뭐가 있을까?"

아이들이 달팽이에 대해 아는 게 없으면서 잘 안다고 특별한 친절을 베푸는 것처럼 말하는 건 거짓이라고 말하고 싶었다. 묵묵부답. 목소리 큰 여자아이가 저쪽에서 아, 찾았다 하면서 달팽이는 야행성이라고 했다. 야행성이면 밤에 움직이는 걸 좋아한다는 말. 그러면 너나없이 환하게 들여다보이는 플라스틱 컵 속에 놓고 키우는 게 달팽이한테 좋은 일일까 하고 물었다. 거꾸로 밤에 잠자는 우리들을 덜컥덜컥 깨워서 움직이라고, 살아 있는지 보이라고 하면 어떨까.

또 침묵. 좋다. 이번엔 달팽이가 얼마나 살까? 한 해만 살까? 아니면 한 십 년쯤 살까? 모두 고개를 갸웃댄다. 인터넷으로 찾아봐요, 하고 안경 쓴 아이가 말했다. 컴퓨터를 켜고 찾아본다. 어디를 눌렀더니 달팽이는 2~3년쯤 산다고 나온다. 아, 하고 고개를 끄덕인다. 누가 우리가 보는 달팽이는 명주달팽이라고 했고 '명주달팽이'를 찾는다. 명주달팽이는 3~5년쯤 산다.

말 나온 김에 달팽이 사는 곳은 어딜까, 묻는다. 유빈이가 "따뜻하고 건조한 곳!" 한다. 어라, 달팽이가 정말 그런 곳을 좋아할까, 하고 눈을 동그랗게 떴다. 누가 축축한 곳이라고 말한다. 축축한 곳이 건조한 곳 아니냐고 유빈이가 말했다. 아이 몇이 허얼, 그러면서 입을 쩍 벌린다.

달팽이는 서늘하고 축축한 곳에 사는데, 건조한 곳은 마른 곳이 아니냐고 했다. 유빈이가 히힛 웃으며 날 본다.

거기까지 말했는데 종을 쳤다. 점심 먹으라는 종이다. 이제 달팽이보다 내 입으로 들어가는 밥이 중요한 시간이 되었다. 어수선하다. 어어, 이게 아닌데 싶으면서도 더 말하고 싶지 않다. 달팽이를 키우고 싶은 사람이라면 달팽이에 대해 공부를 더 하자고 서둘러 끝냈다.

밥 먹으러 갈 땐데 다훤이가 곁에 와서 달팽이가 곤충이냐고 물었다. 이건 또 무슨 생뚱맞은 소리냐 싶었다. 정말 궁금해하는 얼굴이다. 허허, 웃으면서 곤충이 아니라고 했더니 그러면 뭐냐고 했다.

_2012. 6. 27.

고라니 똥

비가 올 듯하면서 비는 오지 않았다. 다행이다. 어린이잡지 《개똥이네 놀이터》에서 우리 반 취재를 왔다. 학교 뒤 삿갓봉에 다녀오기로 했는데 비가 올까 마음을 졸였다. 올 들어 처음 매미 소리를 들었다. 까치수염(개꼬리풀), 개망초, 연자주빛 박주가리, 참나리꽃이 피었다.

점심 먹고 삿갓봉에 다녀왔다. 가다 보니 우와, 길 가운데 똥이 한 줌 놓여 있다. 똥 보기 어려운 세상. 산토끼 똥일까, 고라니 똥일까. 토끼 똥처럼 고르고 까만빛이 난다. 하지만 토끼 똥처럼 동글동글하지는 않다. 길쭘한 콩자반을 살짝 물었다 뱉어 놓은 모양이라고 해야 할까. 비탈에 놓으면 떼글릉 떼글릉 굴러가겠다.

콩알 같은 똥 하나를 손가락으로 집어 만져 보니 아직도 물기가 느껴진다. 말랑말랑하다. 똥 누고 간 지 얼마 안 되었다. 더럽다고 얼굴을 찌푸린다. 이제 나하곤 손도 안 잡겠다고 호들갑이다. 흐흐흐, 안 그래도 나한테 자꾸 매달려 귀찮던 참이다. 잘되었다.

내친 김에 코끝에 대고 냄새도 맡아 본다. 으아, 아이들이 기겁을 한다. 풀만 먹고 살아서 그럴까. 시큼한 풀냄새. 흠, 냄새도 말끔하다. 그나저나 똥이 마냥 더럽기만 할까? 요즘 세상에 산짐승 똥 구경한 아이가 몇이나 될까. 시쳇말로 똥 구경을 영광으로 알아야 한다. 저 앞에 산꼭대기만 보고 냅다 뛰어간 아이들은 쯧쯧쯧, 오늘 좋은 구경거리를 놓쳤다. 누가 멧돼지 똥 아니냐고 했다. 멧돼지는 덩어리로 푸드득 눈다. 그나저나 고라니 똥일까? 고라니는 겁 많은 짐승. 작은 소리에도 깜짝 놀라 냅다 뛴다. 그리고 저만치 가서 물끄러미 되돌아본다고 했지. 교실에 가서 똥 도감, 아니 『흔적도감』을 한번 찾아보아야겠다.

아, 그리고 어제 나눈 이야기로 오늘 아침 민규가 낸 일기.

민규가 낸 일기를 읽으면서 내 마음은 다시 환해졌다. 머잖아 우리 교실 달팽이들은 하나둘 다시 풀숲으로 돌아갈 거 같다.

내 생각에 우리 샘은 얍삽하다. 우리가 달팽이 키우는 게 마음에 안 드니까 〈새끼개〉를 읽어 주고 이야기하자고 한다. 우리도 눈치는 있다. 나는 암말도 안 할라고 했다. 그런데 키우지 말자고 할까 봐 참지 못하고 말했다. 준민이 같은 애들이 샘 편을 들었다. 달팽이를 키우는 게 달팽이한테 더 나쁜 일이라고 말했다. 나는 달팽이한테 좋은 일이라고 말했는데 도서관 가서 찾아보니까 내 생각하고 싹 반대다.

집에 갈 때 나는 달팽이를 밭에 놓아주었다. 달팽이는 가만있다가 까만 더듬이를 쑥 내밀고 어리둥절했다. 마음이 조금 슬펐다가 달팽이한테 잘된 일이라고 생각했다. 그런데 달팽이는 지금쯤 웃고 있을까? 어디 깜깜한 데 찾아가서 잠잘 것 같다.

_문민규, 4학년

_2012. 6. 28.

거저 주운 시

하얗게 밤꽃이 피었다. 이 밭 저 밭 보리를 베던데 하늘이 안 도와 준다. 구름이 뭉텅뭉텅 간다.

교실 화분을 보니 흙이 바짝 말랐다. 물을 담아 와 화분마다 물을 주는데 선향이가 내 곁에 섰다가 한마디 툭 내뱉는다.

"으아, 따갑겠다."

"뭐, 누가?"

"물이요!"

"뭐어?"

듣고 보니 정말 그렇다. 물이 말을 못해서 그렇지 선인장에 쫄쫄쫄 떨어질 때마다 얼마나 따갑겠나. 선향이 손을 끌고 와서 연필을 내밀었다. "선향아, 지금 니가 하는 말이 바로 시다. 그것 좀 적어 줘라!" 그랬다. 선향이가 실실 웃으면서 자기가 그림 그리던 종이 한 귀퉁이에 쓱쓱 적어 준다. 얼른 받아 읽었다.

따갑겠다

선생님이
교실 선인장에 졸졸졸 물을 주신다.
으아, 따갑겠다.
따가운 선인장 가시에 물은 따갑겠다.
보는 나도 손바닥이 따끔따끔거린다.

_박선향, 4학년

히야, 그렇게 써 놓은 글을 보니 괜히 물이 소중해진다. 나는 그런
생각 한 번도 해 보지 않았다.

_2012. 6. 12.

| 아이들과 함께

감나무 구경

아침에 바깥으로 나가 감나무 구경을 했다. 이오덕 선생님은 누가 있어 어느 나무 한 가지만 꼭 골라 말해 보라면 서슴지 않고 감나무를 들겠다고 했었지. 감들이 발갛게 익어 간다. 슬몃슬몃 옷깃 사이로 스미는 바람이 싸느랗다. 동현이하고 민기는 급식소 뒤편 언덕 위로 줄곧 돌멩이를 집어던진다. 감 하나 따 보겠다는 마음이겠지만 어림도 없다. 에이, 하며 땅바닥을 발로 찬다. 그냥 꽃으로 두고 보면 얼마나 이쁠까. 돌멩이 던지지 마라, 해도 내 눈을 피해 휙, 휙, 던진다. 기어이 감 하나가 통, 떨어졌다. 와아, 하는 소리. 내 주먹만 한 감 하나. 귀퉁이가 터졌다. 마음이 편하지 않다. 몇몇은 떨어진 감을 주워 들고 쿵쿵 냄새를 맡는다.

나는 학교 앞 울타리 너머 콩밭 위 저어, 저 감나무를 본다. 앞질러 잎사귀 떨구고 감들만 남았다. 까치가 오고 직박구리가 오고 참새가 와서 요란하다. 직박구리가 찌익, 찌이찌이 하고 날카로운 소리로 운다. 저 녀석은 늘 시끄럽다. 그나저나 저기 우거진 풀덤불 자리 거기도 사람 살던 자리겠지.

교실에 와서 아이들도 나도 시를 썼다. 글감은 감나무, 모과나무, 코스모스. 몇몇이 불만스러운 소리를 토해 냈지만 못 들은 척하고 종이를 나눠 줬다. 안 하는 것보다는 틈나는 대로 자꾸 해 보는 게 낫겠다는 마음. 덕분에 이제 행과 연으로 나누고 없는 말을 일부러 만들어 쓰는 아이가 많이 줄었다면 그게 성과라고 하겠지. 나도 책상에 웅크려 시를 써 본다. 아이들이 쓱쓱 시를 적어 간다. 나는 연필을 입에 물고 하, 어렵다, 하는데 준민이는 척, 시를 적어 냈다.

감나무

동현이하고 나하고 감을 따려고 돌을 던졌는데
아무리 던져도 맞지 않았다.
동현이가 다시 던졌는데 픽, 맞고 떨어졌다.
퉁, 퉁, 퉁 언덕을 굴러 떨어지다가 툭 터졌다.
노란 감물이 새 나왔다.
_김민기, 4학년

내가 감나무 같다

오늘 미술 준비물을 놓고 왔다.
학교에 오다가 땅바닥에 떨어져 터진 감을 봤다.
내가 감나무 같다.
떨어져 터진 감은 내 심장 같다.
_이준민, 4학년

감나무

우리 학교 뒤 언덕에 감나무가 있다. 감나무 잎이 다 떨어졌다. 감은 많이 주렁주렁 달렸다. 감나무가 외로워 보인다. 옆에 친구 하나 만들어 주면 좋겠다.

_유다흰, 4학년

감나무

학교 뒤편에 감나무가 있다.
주홍감이 이제 얼마 안 남았다. 감이 질 때가 왔다.
지금 감은 떨어질랑 말랑 한다.
예전에는 떨감이 가지를 꼭 잡고 매달려 있었는데
인제는 떨감은 없다.
감 가지가 무거워 땅을 보고 있다.
감은 바람이 불면 마음이 덜렁덜렁하겠다.

_한재영, 4학년

그쯤에 나도 시(?) 한 편 다 썼다. 다음은 내가 쓴 시

콩밭 너머 감나무

교실 앞 콩 밭머리에 쫄로리 서서
함지박만큼 입을 벌리고 감나무 구경한다.

감나무는 학교에는 없고

울 너머 콩밭 건너

우불렁 구불렁 길 끝에 가서 비스듬히 섰는데

감나무 곁에는 가도 못하고

잎사귀 지운 감나무 속

두근두근 붉게 익은 감들을

꽃 보듯 구경하다 말고 누가 그랬지.

햐, 우리 학교 마당에도

저런 감나무 하나 자라면 얼마나 좋을까

어쩌자고 학교에는 감나무 하나 없을까

콧물 훌쩍이며

이딴 학교는 고물학교라고 욕할 때

민규가 그랬지.

감나무 가지는 잘 부러져서

함부로 감나무 오르면 큰일 난다던 큰아버지 말씀을

우렁한 큰아버지 목소리로 꾸짖듯 말했지.

그 말을 들었을까.

곁눈으로 이쪽 몇 번이나 훔쳐보던

검은 새 한 마리

부드러이 이음줄을 그리며

저쪽 산봉우리로 소리 없이 날아갔다.

_2012. 10. 9.

피

논에 벼 사이에 불청객이 나왔다.
농부가 뿌리지 않았는데
남몰래 숨어 크다가
우히히히
이제는 내가 더 키가 크다
벼 사이에 불쑥불쑥 나왔다.
벼들은 고개를 숙였다.

_이은새, 3학년(2012. 10. 2.)

호박꽃

노란 호박꽃
꽃잎이 푹신푹신한 호박꽃
벌이 꿀 따러 왔다갔다
나비들이 꿀 따라 왔다갔다
벌들은 꽃이 핀 걸 어떻게 알까?
어쨌든 호박꽃은 정말 인기가 많다

_이수진, 4학년(2012. 9. 19.)

나뭇잎

나뭇잎에 빗방울이 맺힌다.
똑, 건들면
내 손가락에 빗방울이 맺힌다.
손가락에 투명한 돌멩이가 있는 것 같다.

_최승민, 4학년(2011. 7. 13.)

매미

매미가 운다.
이이이이이이 하면서 운다.
내가 알기로는 맴맴인데
진짜로 들어 보니 이이이이이이 하면서 운다.
흙을 파고 올라와서 운다.
막 태어났는데
벌써 일곱 살이다.

_고은혁, 4학년(2011. 7. 16.)

06
민주시민 교육

「교육기본법」 제2조는 우리 교육의 지향하는 가치를 담고 있다. 교육한 보람으로 '인격'과 '자주적 생활능력'과 '민주시민의 자질'이 있는 사람을 기대한다. 한 사람 한 사람이 '인간다운 삶'을 살면서 동시에 '민주국가의 발전'에 기여할 수 있기를 바란다는 말이다.

그러면 민주국가는 무엇인가? 민주국가는 민주주의 이념인 주권이 국민에게 있고 국민의 뜻에 따라 직접 또는 간접으로 정치가 이루어지는 나라쯤을 생각해 볼 수 있다. 초등학교 6학년 사회 시간에 정치와 민주정치를 배운다. 정치는 갈등이나 대립을 조정하고 많은 사람에게 영향을 끼치는 공동의 문제를 해결해 가는 활동으로, 민주정치는 국민이 국가의 주인이고 국가의 정치가 다수의 국민에 의하여 결정되는 것이라고 배운다. 이는 국민의 동의와 기회 균등을 바탕으로 한 정치를 하는 것을 말한다. 아이러니한 것은 교육에서 '정치'란 금기어에 가깝다. 교육은 교육 본래의 목적이 있으며 그 기능을 해야지 감히 정치를 넘봐선 안 된다. 「교육기본법」 제6조는 '교육의 중립성'을 아래와 같이 명토 박는다.

제6조(교육의 중립성)

① 교육은 교육 본래의 목적에 따라 그 기능을 다하도록 운영되
어야 하며, 정치적·파당적 또는 개인적 편견을 전파하기 위한
방편으로 이용되어서는 아니 된다.

② 국가와 지방자치단체가 설립한 학교에서는 특정한 종교를 위
한 종교교육을 하여서는 아니 된다.

이 말은 정치권력에 따라서 교육이 나팔수가 되거나 앞잡이가 되어
선 안 된다고 한 말이지 교사의 입을 틀어막으라는 소리는 아니다.

2014년 세월호 참사가 일어난 뒤 박근혜 정권 퇴진을 요구한 '시국
선언 교사'들에게 교육의 정치적 중립을 들이대며 겁박한다. 실제로 시
국선언에 참여한 280여 명의 교사 가운데 서른셋이 유죄 판결을 받았
다. 학교 안팎에서 학생들의 정당한 요구는 언제나 미성숙한 존재가 떠
들어 대는 철모르는 소리가 되고 만다. 학교는 오로지 경쟁과 능력과
성과가 모든 것을 말한다고 교묘하게 부추긴다. '모든 학생에게 기회는
열려 있다', '노력만 하면 누구라도 성공할 수 있으며 경쟁은 공정하다',
'경쟁의 결과로 주어진 혜택은 존중되어야 한다'는 신화를 끊임없이 퍼
뜨려 성적과 학력과 학벌을 당연한 것으로 만들어 사회 분배의 불평
등을 정당한 것으로 바꿔치기한다.

자연스러운 귀결로 교사는 스스로 판단하고 결정하는 교육의 전문
가가 아니라는 말을 정치권력 스스로 인정한 셈이다. 교사는 더도 말
고 덜도 말고 지시와 매뉴얼에 순종하는 지식중개상 정도로만 일하라
는 말이다. 이는 5·13 교육개혁안에 고스란히 나타난다. 김영삼 정부
때 교육개혁위원회가 앞장서서 만든 것인데, 교육을 국민에게 제공해

야 할 '서비스'로 바꾼다. 하지만 정작 교육 '공급자'인 국가는 뒤로 숨고 교육 '대리자'라고 할 학교와 교사를 앞에 내세워 교육 '소비자'인 학생과 학부모와 대립하게 만든다. 그 결과로 학교는 민주주의는커녕 오히려 자본주의를 편들고 불평등을 만들어 내는 곳이 되었다.

흔히 민주주의는 정치의 방식으로만 이해하기 쉽다. 하지만 민주주의는 우리가 살아가야 할 삶의 방식 또는 시민으로서 의무를 아우른다. 자연히 민주시민이 있을 때라야 가능하다.

민주시민은 어디서 길러지는가. 학교에서 길러진다. 하지만 교과서로 길러지는 게 아니라 삶 속에서 삶으로 하는 교육에서 길러진다. 학교는 정치 방식이 아니라 삶으로서 민주주의를 가르쳐야 할 의무가 있다. 아이들이 교육과정으로 민주주의를 배우는 것에 그치지 않고 학교는 민주주의가 문화로 작동하는 공간이 되어야만 한다. 그런 까닭에 학교는 학급 또는 학교 수준에서 교사와 학생이 공감하는 문제들과 가치적 지향들을 놓고 언제든 다양한 생각들이 오가고 함께하는 장이 되어야 한다. 성적, 학년, 교사와 학생, 성 차이, 경제·사회·문화 배경들에 따라서 일어날 수 있는 온갖 차별이나 굴레를 없애려는 노력들을 포함한다. 이러한 실천은 학교 안에서 일어나는 비민주적 질서와 학교 밖에서 일어나는 일들과 언제나 연결 지어서 이해할 수 있어야 한다.

가령, 초등학교 교실에서는 모둠을 어떻게 짤 것인가 하는 문제가 일상으로 관심거리가 되고 동시에 논란도 잦다. 누구와 모둠이 되느냐에 따라 아이뿐만 아니라 부모들까지 희비가 엇갈리고 교실 분위기가 달라지는 일도 허다하다. 한 교실에서 공부하지만 얼굴이 다른 만큼 성격도 성적도 다 다르다. 실제로 모둠평가나 수행평가에도 영향을 받는 게 사실이다. 그럴 때 학업 성취 수준에 따른 모둠 구성을 이야깃거리로 삼아 토론해 보는 것도 귀한 공부거리가 된다. 이는 학교 밖에서 일어나는 자사고와 외고, 국제고 폐지 문제와도 얼마든지 관련지어 이야기해 볼 만하다. 또, 교내 대회에서 고무동력기나 에어로켓 같은 준비물을 참가자가 준비하도록 하는 것이 기회 균등이라는 민주주의 가치를 지키는 것인지, 점심 먹고 이를 닦지 않는 게 과연 학교 규칙에 나온 '타인에게 불쾌감을 주지 않도록 신체를 청결하게 유지한다'는 조항에 어긋나는 것인지 함께 의논해 볼 만한 이야깃거리가 된다. 이런 논쟁이 일어나는 것이야말로 정말로 중요한 순간들이다. 교과서 진도 나가는 것을 멈추고 이런 문제들을 진지하게 다루어야 한다. 실제로 이런 상황들에 마주쳤을 때 교실은 생생하게 살아나고 배움은 이런 순간에 더 극적으로 잘 일어난다.

이런 논의는 해답을 찾는 게 목적이 아니라 제대로 된 물음을 하도록 배려되어야 한다. 아이들이 거리낌 없이 자기 목소리를 내도록 해 주어야 하고 교사는 기꺼이 들어 주어야 한다. 우리 교육은 오래도록 침묵을 강요해 왔다. 공부 시간에 질문은 환영받지 못했다. 쓸데없는 데 관심 두지 말라는 핀잔을 들어야 할 때도 많았다. 그 밑바탕에는 교과서는 그 누구도 함부로 넘볼 수 없는 경전으로 예외 없는 진리만을 담고 있다고 가르쳐 온 역사가 있다. 우리 아이들에게 다양한 답을 요구하기보다는 교육의 중립성을 핑계 삼아 오직 한 가지 정답만을 말하라고 윽박지르고 지식 소비자 구실을 강요해 왔다. 그건 교사들에게도 마찬가지다. 도대체 누가 한 말인지, 왜 그렇게 말했는지, 그 말을 진리로 믿을 때 과연 누구에게 이익이 되는지 말해 주지 않는다. 국가가 주는 교육과정과 교과서, 교사용 지도서[2]에는 시시콜콜한 것까지 규정해 놓고 주는 대로 가르치라고만 했다. 가령, 일제강점기 때 식민

교육은 「황국신민서사」로 대일본제국의 충성스러운 신민으로, 애국하는 국민을 강요한다. 이후 우리 교육은 반공주의와 국가주의 교육으로 국가와 권력에 굴종하는 충성스러운 국민을 기르는 수단이 되었다. 가령, 박정희 독재정권은 「국기에 대한 맹세」와 「국민교육헌장」으로 국가와 민족을 앞세우고 충성스럽고 성실한 국민으로 길들이는 데 교육을 동원했다는 점을 잊지 말아야 한다.

교사는 전문가가 아닌, 학교 밖 전문가들이 만들어 내고 저 위에서 결정한 지식을 중개하는 기술자로 학생을 만날 수밖에 없다. 거기에 교사의 목소리가 스며들 수 없다.

여기서 우리가 놓치지 말아야 할 것이 바로 '우리'다. 우리는 학생, 교직원, 학부모 같은 학교를 구성하는 사람만이 아니라 학교가 있는 지역사회 사람들까지 아우른다. 학교 민주주의는 위로부터 일어나지 않는다. 작은학교 살리기 운동이나 혁신학교, 삶을 가꾸는 글쓰기 교육은 아래서부터 일어나서 호응을 얻었기 때문이다. 그중에서도 학교 민주주의를 만들어 내고 이끌어 갈 사람이 바로 교사다. 이오덕은 "선생님들은 '민주주의'라는 농사를 짓는 농부이지요. 민주주의 농사는 민주사회를 창조하는 사람을 기르는 일입니다. 다른 어떤 크고 작

---

2. 교사용 지도서를 비판의 눈으로 본 조나선 코졸의 견해는 참고할 만하다. "교사용 지도서는 교사가 학생들을 불가피해 보이는 결론으로 유도하면서도 학생들이 스스로 그 결론에 도달했다고 생각하게끔 하는 방법이 조목조목 설명된 책이다. (……) 교사용 지도서는 교사의 업무를 줄여 주는 한편, 매일매일 독립적이고 창조적으로 수업을 준비하면서 느끼는 만족감을 몰수해 간다. 지도서는 언뜻 보기엔 교사의 친구인 것 같지만, 우리의 직업이 우리에게 여전히 허용하는 유일한 지적 자존감, 즉 독자적이고 열정적이고 기발한 창조의 활기를 서서히 박탈한다. (……) 아이들에게 스스로 생각하고 성찰하며 세상을 바라보는 나름의 시각을 갖도록 해 줘야 할 학교나 책이, 이미 정해진 결론 쪽으로 교묘하게 아이들을 유도했다는 것은 불편한 사실이다. (……) 이 모든 일에는 두 가지 비극적 요소가 있다. 이런 과정에 의해 교사는 직업적 가치는 기술적 중개자로 축소된다. 정치적인 면에서는, 현 정권의 정치적 의도에 맞춰 자신의 하찮것없는 재능을 발휘한 교과서 저자들의 앞잡이로 전락한다"(『교사로 산다는 것』, 양철북, 83~89쪽).

은 교육 목표, 지도 목표도 이 커다란 목표를 등지거나 어긋날 수 없다"(『내가 무슨 선생 노릇을 했다고』, 278쪽)고 하면서 교사의 책임을 말하고 있다.

민주시민을 기르는 교육은 그 방법도 과정도 민주다워야 한다. 민주주의를 가르치면서 아이들을 올러대거나 틀에 맞추고 점수로 아이들을 줄 세워서는 안 된다. 좋은 뜻을 이루자면 그 방법 또한 정당하고 올바른 것이어야 한다. 무엇보다 먼저 교실 안 갑을 관계부터 없애야 한다. 오래도록 우리 교실은 '담임교사의 왕국'이라느니 '교실주의' 같은 비난을 들어 왔다. 교사의 판단과 말이 곧 법이었다. 그런 교실 왕국, 교실주의부터 허물어야 한다. 교실 안 문제를 교사와 아이들이 함께 고민해야 한다. 참교육이 되자면 아래서부터 일어나는 것일 수밖에 없다. 아이들을 지시와 명령, 상벌에서 풀어놓아서 스스로 주인이 되어 자기 삶을 만들어 가도록 해야만 한다. 쉽지 않은 일이다. 언제까지나 교육부에서 교육청에서 행정 지시와 명령만 받고 따르던 교사와 학생이 어느 날 갑자기 스스로 길을 찾고 삶을 바로 세워 가기란 쉬운 일이 아니다.

가끔 우리네 학교 교육은 '눈치 잘 보는 구경꾼'의 자질을 키우는 데 기여하는 게 아닌지 의심스럽다. 학생 자치회뿐만 아니라 학부모회도 그렇다. 교육부와 도교육청에서는 학부모회를 강화하고 위원회 활동 참여와 비율을 법으로 정해 놓고 있고, 학교운영비에서 학부모회 지원금을 주면서 의무로 해 놓았지만 사정이 크게 나아진 것 같지 않다. 교사고 학생이고 학부모고 자기 목소리와 빛깔을 드러내는 사람을 공동체의 협력을 헤치는 사람으로 몰아가고 당연한 의견 차이를 갈등으로 매도하고 부담스러운 결과를 피하려고 좋은 게 좋다는 식으로 어물

쩍 넘어가려고 든다. 적당한 거리를 두는 것을 '교육의 중립'이라고 하면서 그게 민주주의를 깨뜨리고 심지어 비민주를 지지하는 편에 서기도 한다. 학부모회는 이런저런 행사 때마다 자리를 채워 주는 동원 대상이요 노동력 착취 대상일 뿐이다. 잘못된 교육을 견제해야 하지만 오히려 잘못된 교육을 편들고 거드는 거수기 노릇을 할 때가 더 많다. 비리 교원을 편들고 탄원서를 써 주는 일도 허다하다. 왜 그런가? 학부모 스스로 구성해야 하는데 학교가 나서서 구성해 주기 때문이다. 법적 기구인 학교운영위원회라고 크게 다르지 않다. 교장과 친한 인사들로 구성한 탓에 학교 교육과정이나 운영을 비판의 눈으로 심의하지 못하고 좋은 게 좋다고 손뼉 쳐 주는 기구가 되어 버린 곳이 많다.

그러니 학교가 민주주의를 가르치고 배우는 곳이 되자면 무엇보다 먼저 교사가 민주시민이 되어야 하고 자기 삶의 주인이 되는 모습을 보여야 한다. 행정의 손발이 되어 위만 쳐다보는 굴종을 버려야 한다. 교장이나 교육부장관, 대통령을 볼 것이 아니라 내 앞에 아침마다 와서 앉아 있는 아이 눈을 보아야 한다. 그래야 비로소 우리가 바라는 민주 사회로 한 발짝이라도 더 나아갈 수 있다. 이게 상식인데 이런 상식이 듣지 않는다.

작은 학교나 혁신학교에서 '다모임'이라고 하여 높은 학년, 낮은 학년 학생, 교사 가리지 않고 누구든 1/n의 자격으로 한 자리에 모여 수업과 학교 생활을 두고 토의, 토론하는 모습을 심심찮게 볼 수 있다. 한 사람 한 사람이 지껄이는 말을 모아 길을 열어 가겠다는 뜻이다. 민주주의 사회에서 살아가자면 남의 말을 귀 기울여 들을 줄 알아야 하고 자기 생각을 똑똑하게 말할 수도 있어야 한다. 비판을 받을 줄도 알고 비판을 할 줄도 알아야 한다. 그뿐만 아니라 학교 안 이런저런 위원회에 학생 대표를 위원으로 참가하도록 한 학교도 조금씩 늘고 있다. 이는 교실이나 학교 안에서 일어나는 문제들이 관계 속에서 일어난다는 사실에 주목하고 아이 눈으로 문제의 본질을 살펴 더 나은 뒷날을 만들어 가려는 노력이다. 일테면 강원도교육청은 해마다 학년 초에 학교 교육계획 함께 만들기 주간을 운영해 간다. '캐비닛 교육과정'이라고 손가락질 받던 학교 교육과정의 민주성과 지역성을 높이려는 데 방점이 찍혀 있다. 이제까지 학교 교육계획을 짜는 일은 소수 교사의 일거리였다. 학생과 학부모는 말할 것도 없고 교사들조차 교육과정에서 소외됐다. 교사는 교과서가 아닌 교육과정을 실현하는 주체이지만 학교 교육계획, 학년 교육과정, 심지어 학급 교육과정을 'Ctrl+C, Ctrl+V 교육과정'으로 계획과 실천이 겉도는 학교, 학급이 허다하다. 하지만 강원도교육청은 학교 교육계획 함께 만들기로 모여서 토론하고 고민을 나누고 심혈을 기울여 다듬는 과정을 거친다. 교육과정은 자신이 함께할 학교문화에 대한 문제의식과 학교와 지역사회, 교육에 대한 성찰과 고민에서 생겨난다. 학교 평가도 마찬가지다.

더불어 학교 공간도 새로운 눈으로 바라보고 바꾸어 가려는 노력을 기울여야 한다. 근대 교육 이래 학교의 모습은 우리 교육이 과연 무엇을 지향해 왔는가를 역설 같지만 가장 잘 보여 준다. 이 나라 어디를 가든 학교는 정문이 있고, 교훈을 새겨 놓은 돌덩어리가 자랑처럼 서 있으며, 구령대가 건물 앞쪽에 있다. 구령대 앞에 전교생을 앞으로 나란히 열중쉬어 해서 줄 세우고 똑바로 서서 충성을 다하겠다고 맹세하고 교장선생님이 구령대에 올라와 착한 학생이 되라 질서를 지켜라 웃어른께 인사를 잘하는 예절 바른 어린이가 되라 하고 훈시를 하고 내려가면 교감선생님, 생활부장 선생님, 어린이회장이 차례로 나와 한 번씩 지시하고 명령한다. 일자형 학교 안으로 들어가면 중앙 현관을 기준으로 교무실과 행정실, 교장실이 있고 좌우로 긴 복도와 교실들이 차례로 늘어서 있다. 중앙 현관에는 교가와 학교 전경 사진과 학교 표창과 상패, 우승컵을 넣은 유리장이 놓여 있다. 때론 콧수염 기른 일제 강점기 때 일본인 교장부터 지금까지 그 학교에서 일한 교장들 사진이 자랑처럼 걸린 곳도 있다.

왜 이런 공간 구조가 생겨났는가. 교장-교감-부장교사-담임교사-학생으로 이어지는, 관리하고 통제하는 편리성을 앞세운 때문이 아니겠는가. 학생이고 교사고 끝없이 지켜보는 눈이 있음을 잊어선 안 된다는 걸 알려 준다. 다른 곳에서도 쓰는 말인지 몰라도 학교에서 쓰는 말 가운데 '임장지도'란 말이 있다. 어떤 일이나 문제가 일어난 현장에 몸소 나아가 살피고 지도하라는 말이다. 이는 교장, 교감은 교사를, 교사는 학생들을 감시하고 통제하라는 말과 크게 다르지 않다. 그래서일까. 요즘에는 교장, 교감 같은 이를 '학교 관리자'라고 한다. 「교육기본법」 제14조 제①항에는 "학교 교육에서 교원(敎員)의 전문성은 존중되며, 교원의 경제적·사회적 지위는 우대되고 그 신분은 보장된다"고 했지만, 전문성을 언제나 의심받는다. 전문성은 높은 수준의 자율성으로 만들어지는데, 교사는 학교 관리자가 감시하고 통제해야 할 대상이 될 때가 더 많다. 학교 공간은 이러한 의도가 반영된 것이고, 이 같은 공간 배치는 아이들이 학교에서 무엇을 배우는가는 중요하지 않다. 아직도 교문 앞에서 머리 모양과 옷차림을 점검받고 통제하는 풍경은 그리 낯설지 않다.

왜 선생님 마음대로 해요?

큰길 건너 논에 왜가리들이 사악 내려앉는다. 징검징검 뒷짐 지고 논 주인처럼 걸어간다. 참 고요하다. 어린모들이 파르르 떨린다. 오후에 다른 학교 두 곳이랑 모여 교직원 배구를 한다. 그 일로 세 시에는 학교에서 나서야 한다. 오늘만 다섯째 시간하고 여섯째 시간 사이 쉬는 시간 없이 수업을 하기로 정했다. 아침에 그 말을 꺼낼까 생각했다가 그만두었다. 분위기 흐트러질까 싶어 미뤘다. 오후 공부할 시간이 되어서 우물쭈물 그 말을 꺼냈다. 다흰이가 바로 한마디 했다.

"아아, 왜요? 왜 선생님 마음대로 해요?"

참 야무진 말이다. 이런 아이가 있어 기쁘다. 옳지 않은 일이라면 밀리지 않고 얼마든지 대꾸할 수 있는 아이는 귀하다. 하긴 앞뒤 뚝 잘라 먹고 쉬는 시간 없이 공부한다고 하면 나 같아도 그렇게 말하겠다. 헤헤거리던 아이들도 얼굴빛을 싹, 바꾸고 내가 자기밖에 모르는 선생이라고 했다. 아이들 노는 꼴을 못 보는 사람이라고 왁자지껄 말을 보탰다. 뭐 아주 틀린 말은 아니다. 교실에서는 늘 내 편한 대로 해 왔다. 시간 바꾸는 일쯤은 아무것도 아니다. 자리 옮기는 일도 내 뜻대로 해 왔다. 숙제도 마음 내키는 대로 내주고 검사도 하고 싶으면 하고 하기 싫으면 뒤로 미뤘다.

그래도 얼굴 찌푸리는 아이들한테 조금 서운하다고 샐쭉 삐친 얼굴을 보였더니 이번만 들어 주겠다고 한다. 히이, 그럼 그렇지. 오늘은 그럴 수밖에 없지 않겠냐고, 일찍 시작하면 그만큼 일찍 끝나지 않겠냐고 이야기했다. 그 말에 얼굴이 다시 환해져 방글방글 웃는다. 말처럼 2시 40분에 수업을 마쳤다. 아이들이 경중경중 뛰어나간다.

_2012. 5. 24.

학급회의

운동장 가에 서 있는 은행나무 끝이 다문다문 노랗다. 언제나 가을은 하늘 가까운 데서 시작한다. 밭머리 감나무 감들이 익어 간다. 그 뒤편 하늘로 스무 마리쯤 되는 오리가 같이 날아간다. 먼 데까지 갔다가 오는 새들이다. 가을이 왔다.

국어 시간에 학급회의를 배운다. 회의하는 절차를 배운다. 개회, 국민의례, 제안 설명, 의제 토의, 표결, 결정 내용 발표, 폐회…… 회의할 때 쓰는 말이 좀 어렵다. 이깟 회의 절차야 뭐가 중요하겠나. 아이들은 학교에 와서 자기 말을 토해 내면서 자라야 한다. 그렇지만 내 말이 다른 사람 귀에 가서 걸리자면 나도 귀를 열어 남의 말을 들을 줄 알아야 한다. 언제나 제 말만 늘어놓는 사람은 억지스러운 주장만 일삼을 뿐이다.

이야깃거리로 '경고를 없애자', '귓속말을 하지 말자', '경고를 약하게 하자', '받아쓰기를 하지 말자' 이렇게 나왔다. 네 가지 가운데 한 가지를 정하기로 했다. 손을 들어 이야깃거리를 정했는데 남자아이들이 수군수군한다. 그러고는 '경고를 없애자'에 죄다 손을 들었다. 뻔하지. 아무래도 남자아이들이 경고 받는 일이 더 잦은 까닭이다. 동현이가 두

팔을 번쩍 들면서 "와, 이겼다!" 하고 좋아한다. 고작 이야깃거리(의제)로 정해졌을 뿐인데 좋아하다니. 쯧쯧.

진짜는 이제부터다. 유빈이를 칠판 앞으로 불렀다. 유빈이는 우리 반 부회장. 지현이가 회장인데 오늘 학교에 나오지 않았다. 유빈이한테 사회를 보라고 했다. 몸을 뒤로 빼고 쭈뼛대더니 야무지게 잘한다. 남자 아이들이 아무 때나 입을 놀리니까 기다렸다 말하라고 따끔하게 일러 주고 차례를 바로잡아 주기도 한다. 햐, 요 녀석은 뭘 해도 잘하겠다는 마음이 든다. 요 녀석이 뒷날 어찌 자랐을지 보고 싶다. 뒷날을 생각해서 지금부터라도 유빈이한테 잘 보여서 친해 놔야겠다.

민규는 내내 어이없는 헛소리다. 머릿속 어딘가가 고장 났든가 아니면 부러 아이들 웃음을 사려고 무진장 애쓰는 건지도 모르겠다. 암튼 경고가 없으면 교과서 안 가져와도 마음 편안하게 공부할 수 있고 밥도 제때 먹을 수 있어서 좋단다. 수진이가, 경고 없으면 책 안 가져와도 되고 다른 사람 때려도 되겠네 하고 묻는다. 이번엔 경고를 없애는 대신 잘못한 사람은 팔 굽혀 펴기를 백 번 시키든지 교실마다 돌면서 "선생님, 사랑합니다." 하는 소리를 지르고 오자든지, 그도 아니면 손바닥을 아프게 때려 주자는 소리를 해 댄다. 아니나 다를까, 난리가 났다. 아이들이 벌떼처럼 달려들어 비판을 해 댄다. 그때마다 그런가, 하고 제 의견을 거둔다. 나도 싫다. 내가 뭐 학교에 애들 벌주러 오는 사람인가 되물었다. 히, 그건 아니지요 한다.

두현이는 벌점제로 하잔다. 두현이, 민규, 다훤이, 준민이, 수진이, 한승이 차례로 종알종알 말이 어지럽게 오간다. 경고제를 없애자고 했지만 결국은 벌점제로 말만 바꾼 것뿐. 벌점제는 벌점을 몇 개씩 주었다가 그 횟수를 따져 벌칙을 주자는 말이다.

흘러가는 대로 가만히 지켜본다. 이미 정해진 틀 속에 고분고분 고개 숙이는 건 고맙지도 않고 옳지 않다. 사소한 일이라도 고민하고 토론하면서 새 길을 만들어 가는 게 진짜 공부다. 어쨌든 지금 정해지는 대로 나도 진정으로 우리 교실에서 한 표를 가진 사람으로 따라가겠다.

_2012. 9. 27.

| 아이들과 함께

반장

"반장 같은 거 정말 없애면 안 돼요?"

점심시간이 끝나갈 땐데, 남자아이 둘이 내 책상으로 얼굴을 척 디밀고 말한다. 아이쿠, 애 떨어질 뻔했다 하고 놀라 주어야 재미있을 텐데 안 놀란 척했다. 더구나 아닌 밤에 홍두깨라고 뜬금없이 반장을 왜 없애자는 소리냐 싶다. 시큰둥한 말투로, 요 녀석들아, 비싼 밥 잘 먹고 헛소리 그만하고 다음 시간 공부할 준비나 하라며 한마디 했다. 그 말에 지지 않고 덩치 큰 애가 못마땅한 투로 돌아서면서 한마디 했다. 지난번 반장 선거에서 안타깝게 떨어진 아이다. 여자아이들 지지를 받지 못한 탓이 크다. 여자애들은 죄다 지현이를 찍었지만 남자 애들은 후보로 나선 사람이 넷이나 되었다. 표가 갈라질 수밖에. 뭔 말을 하려고 이러나 침을 꼴깍, 삼키고 기다렸다.

"어우, 지현이 땜에 미치겠어요!"

그 말에 안경 쓴 애가 뒷말을 이었다.

"맞아요. 반장이면서 자기 할 일을 하나도 안 해요. 그러니까 주민소환투표처럼 반장을 끌어내리고 다시 반장 뽑아요."

입을 꾸욱 다물고 절레절레 고개를 저었다. 둘러치나 메치나 이게 모두 반장을 여자로 뽑아서 일어난 일이라고 말하고 싶은 거다. 단순하다. 남자 반장을 뽑지 못한 건 우리 교실 남자아이들 수보다 여자아이들 수가 많았기 때문이고 그래서 자기들이 6학년이 될 때까지 남자애가 반장 할 일은 절대로 없을 거라고 앞날을 두고 장담했다.

둘이 내게 와서 반장인 지현이를 헐뜯는 데는 나름 까닭이 있다. 전교어린이회의가 점심시간에 열렸는데 반장과 부반장이 바쁜 일정 때문에 또 가지 않은 모양이다. 회의보다 더 중요한 일이 있지 않았겠나. 국회 본회의가 열리는데 먼 나라로 연수를 가거나 지역 행사에 얼굴을 보여 주러 가는 국회의원들을 낯설지 않게 보아 왔다. 어마어마하게 중요한 나랏일 하는 분들도 그런데 그깟 시골 학교 반장이 전교어린이회 빠지는 일쯤은 애교에 가깝다. 더구나 회의에서 결정한 일은 어른들 입에서 들을 법한 뻔한 잔소리를 아이들 입으로 거듭 만들어 낼 뿐이다. 고운 말 쓰자, 걸어 다니자, 손 씻고 밥 먹자, 책을 읽자 같은 말이 누구 귀에 걸리길 바라나. 아이들이 결정할 수 있는 게 없고 애써서 노력할 만한 일이 아니다. 야심차게 들고 간 급식 순서 바꾸자, 학교에 연못을 만들자, 강당에서 자유롭게 놀게 하자, 돌밭 같은 운동장을 잔디 운동장으로 만들자, 은행나무에 그네를 달자, 유치원 옆으로 내려가는 계단에 미끄럼틀을 만들자 같은, 귀에 반가운 제안들은 높은 학년 언니들에 막혀 푸시시 꺼지고 말았다. 연못 만들고, 그네 매달고, 미끄럼틀 만드는 데 얼마나 많은 돈이 드는지 어떻게 알 것이며 해 보지도 않고 다칠 일부터 왜 앞질러 걱정하나. 거기다 생각이 다르다고 하면 될 일을 큰 소리로 깔아뭉개기 일쑤다. 애어른들하고 말해 봐야 제 이빨만 아프다고 생각했을까. 화딱지만 나고 하나도 안 즐겁다. 아예 회의에 참석하지 않는 것으로 둘은 단단히 마음을 정한 모양이다.

교실 오는 길에 6학년 회장이 덩치 큰 애한테 너희 반 반장은 왜 맨날 회의에 오지 않느냐고 뭐라고 한 모양이다. 그 말을 듣고 쪼르르 내게 와서 고자질한 셈이다.

반장하고 부반장이 들어왔다. 어디서 놀다 왔는지 얼굴이 벌겋게 달았다.

"반장, 부반장! 오늘 회의 있는 날인데 회의 갔다 왔어?"

"히이, 안 갔는데요."

"지난주도 안 갔다면서 또 안 갔어?"

"가 봐야 우리 말은 들어 주지도 않아요. 그게 무슨 회의예요? 손만 들다 오는데."

히야, 이렇게 이쁜 아이들이 어디에 있을까. 생각이 단단하고 야무지다. 하고 싶은 말을 하는 게 회의지 이미 짜 놓은 말만 지껄이다 오고, 손만 들다 오는 건 회의도 아니라니 존중해야 마땅하다.

두 아이가 그렇게 말하니까 나는 일부러 다른 길로 간다.

"그래도 너희가 우리 교실 반장이고 부반장인데 자꾸 회의 빠지면 우리 교실 아이들 말은 누가 해 주냐?"

"샘, 그건 그런데요. 우리 말은 들어 주지도 않는다니까요. 맨날 똑같은 말만 하고 하자고 해 놓은 건 지키지 않을 건데요, 뭘."

회의 갈 까닭이 없다. 뭐, 어차피 높은 학년 언니들은 듣고 싶은 말만 골라서 듣고 또 선생님 마음에 드는 소리만 할 텐데 그깟 꼭두각시 놀음에 끼지 않겠다는, 정말 당당하고 귀한 선언 아닌가. 거기에 맞춰 몸을 움직이는데 뭐가 문제냐는 투다. 아이들 일에 내가 낄 일은 아니지만, 다음 주에는 일부러라도 어린이회의 하는 자리에 가서 뭐다 논 보릿자루처럼 앉아 봐야겠다.

"잘됐네, 안 그래도 반장 같은 건 없애자는 소리가 있던데."

그 말에, 부반장이 발끈한다. 도대체 그딴 말을 누가 했냐, ○○이 한 말 아니냐, 반장이라고 우리끼리 정해서 할 수 있는 게 뭐가 있냐, 이름만 반장이지 자기들 하기 싫은 일 할 때만 찾는 사람이냐, 반장, 부반장은 왜 범생이처럼 굴라고 하느냐고 제 할 말을 쏟아 낸다. 뭐 틀린 말은 한마디도 없다. 어쩜 이렇게 똑똑하기까지 할까. 와아, 정말 그렇네 하고 손뼉을 짝짝짝 쳐 주었다.

"그럼 이참에 우리 교실에선 반장 없애자. 그래, 없애는 게 더 낫겠다."

내가 반장 편을 들어 주길 바랐는데, 그깟 반장 같은 건 없애자고 하자 덜컥 놀랐나 보다. 얼른 답하지 못하고 우물거린다. 반장 뒤에 섰던 다휘이가 얼른 내 말을 받았다.

"쌤, 왜 쌤 마음대로 정해요? 반장을 뽑을 때 아이들한테 물어서 뽑았으니까 없앨 때도 아이들한테 물어야 하는 거 아니에요?"

다섯째 시간은 사회 시간. 뭐, 이보다 중요한 일이 뭐가 있겠나. 칠판 앞에 서서 '반장이 꼭 있어야 하나' 하고 쓰려다가 멈추었다. '꼭'이란 말이 거슬린다. '반장, 부반장은 없는 게 낫다' '반장, 부반장은 있어야 한다' 같이 쓰려다가 말았다.

에잇, 말로 하는 게 낫겠다. 사정을 말했다. 덩치 큰 애가 와서 반장, 부반장이 전교어린이회에 가고 싶어 하지 않고 우리 반 대표로 일하지 않으니까 반장을 갈아 치워야 한다고 말했고, 반장, 부반장한테 말하니까 아이들이 봉사활동을 너무 시키고, 모범생처럼 굴라고 간섭하고, 뭐 아이들끼리 정할 수 있는 게 아무것도 없어서 안 간 것뿐이라고 말해서 어찌할 바를 모르겠으니까 반장 뽑은 사람들로서 저마다 의견을 말해 보라고 했다.

덩치 옆에 앉은 여자애가 고개를 빳빳이 들고 반장을 정말 없애도 되느냐고 물었다. 교장선생님한테 내가 불려가서 혼날지도 모른다고 해서 왁자하게 웃고 떠들었다. 말이 느릿한 애가 샘이 혼나면 정말 불쌍할 거 같다고 흑흑 헛울음을 울었다. 그럴지도 모르겠지만 암튼 나는 남 탓 안 하고 우리 교실에서 정하는 대로 따라가겠다고 말하고 입을 꾹 다물었다. 반장은 귀를 막고 책상에 엎드렸다.

이런 말 저런 말이 오갔다. 말마다 한두 마디씩 말들이 보태졌지만 이러자 하고 결정한 건 없다. 책상에 나무늘보처럼 엎드린 아이가 많아졌다. 지루해져 나도 무거운 눈꺼풀만 열었다 닫았다 했다.

창가에 앉은 안경 쓴 여자애가 지금 생각났다면서 반장 선거할 때 시장이나 대통령처럼 임기를 정해 놓은 게 있는데 그걸 어기면 안 된다고 했다. 반장, 부반장이 없어도 되지만 이미 뽑아 놓았고 당선증도 췄으니까 지금 무효라고 말하는 건 민주주의가 아니라고 했다. 반장 없애야 한다고 목소리 키우던 덩치 큰 아이도 다시 생각해 보니까 반장, 부반장이 있어서 딴 애들이 점심시간에 전교어린이회에 안 불려가도 되니까 우리에겐 좋은 제도라고 했다. 그 말에 눈이 부리부리한 애가 반장이 우리 교실을 위해 봉사하겠다고 했으니까 힘들더라도 공약을 지켜야 한다고 해서 끝이 났다. 반장 공약이 정말 그거였는지는 아무리 기억을 더듬어도 모르겠다.

교과서에서 배운 민주주의는 남의 것이다. 선생이 끌고 가자는 대로 무턱대고 끌려가지 않아야 한다. 민주주의가 내 것이 되자면 거기에 내 목소리가 보태지고 내 삶이 더해져야 한다. 내가 보고 듣고 말을 해서 우리 교실이 움직이고 세상이 바뀔 수 있다는 것을 알아야 한다.

이 세상의 주인은 대통령도 아니고 장관도 아니고 교장도 아니고 우리들 자신이다. 아이들이 그걸 배웠으면 좋았겠는데, 사회 시간 한 시간 빼먹은 것만 좋아하는 아이가 여럿이 있었다. 물론 덩치 큰 애는 이게 다 자기 덕분인 줄 알라면서 희희덕댔다.

_2012. 10. 12.

상담

학교 둘레 밭에선 가을걷이가 한창이다. 멀고 가까운 곳 사방으로 밭인데 콩이며 들깨며 서둘러 거둘 게 많다. 가을 해는 생각보다 짧다. 말린 깨를 털고 학교 뒤편 감나무에도 올라 감을 딴다. 꽃처럼 두고 보면 좋으련만 아쉽다. 모두들 밥이 달고 잠이 깊을 것이다.

아이들이 수군수군거렸다. 들리는 말로는 엊그제 오후 우리 교실 아이 셋이 3학년 교실에 가서 3학년 아이를 부르다가 3학년 선생님한테 꾸중을 크게 들었단다. 아까 5학년 아이가 와서 내게 전해 준 말이다. 엊그제라면 연구학교 공개보고회 일로 내가 정신없이 돌아칠 때다. 햐, 어째 이럴 수 있나. 차가운 눈빛으로 아래 학년 아이를 노려봤겠지. 학년이 높으니 머리를 숙이고 고분고분 복종하고 지내라 그랬겠지. 그러고도 시침 뚝 떼고 아무 일 없는 것처럼 엉덩이 털썩 붙이고 멀쩡한 얼굴로 낄낄거리며 지내는 모습을 보니 자꾸 심술이 난다. 아, 나는 왜 이리 아이들 일에 캄캄한가. 어쨌든 이제라도 알았으니 한마디 안 할 수 없다. 마음이 부끄러워 망설이다 3학년 선생님한테 물으니 아이 셋하고는 비밀로 하기로 해서 말해 줄 수 없다 하신다. 하는 수 없다. 내가 아이들 불러서 직접 물어보는 수밖에.

결국 수업 끝나는 시간에 셋을 불렀다. 말로는 '상담' 좀 하자고 했다. 말이 좋아 상담이지 아이들은 상담 좀 하자 하면 질색한다. 저희 말보다 선생 말만 지겹도록 들어야 하는 까닭이다. 병아리 눈곱만큼도 틀린 생각이 아니다. 나도 그 생각에 공감한다.

불러 물으니 3학년 아이가 2학년 아이한테 뭐라고 했는데 우리 교실 ○○이가 나서서 뭐라고 충고해 줄 요량으로 3학년 교실로 찾아갔단다. 2학년 아이하고 우리 교실 ○○이는 잘 아는 언니 동생이라서 그랬단다. ○○이를 따라 3학년 교실로 쭐래쭐래 간 두 아이는 뭔 일인지도 모르고 갔단다. 4학년 아이 셋이 와서 찾는다고 하니 3학년 아이는 겁내고 나오지 않았고 마침 그 교실 선생님이 보고는 셋을 불러 크게 꾸지람을 했단다.

몸집은 작아도 꽤나 드센 아이들이다. 저희 말로는 뭐 좋게 말로 할 생각이었는데 말도 못 붙여 보고 선생님한테 걸려 혼만 났노라 한다. 할 말이 있으면 혼자 가서 말하지 않고 왜 셋이나 갔냐, 그러면 3학년 아이가 겁먹지 않겠느냐고 물으니 친한 동무라서 따라갔다고 한다. 누굴 불러 때려 주고 욕하고 할퀴고 끼리끼리 편먹고 따돌리는 일만 학교 폭력이 아니다, 높은 학년 아이가 아래 학년 교실을 찾아가서 아이를 불러내고 겁주는 것, 그것도 학교 폭력이다, 그리고 그런 일이 있으면 먼저 어른들한테 이야기했어야지 하니까 "우리끼리 할 수 있는 일이잖아요. 왜 안 돼요?" 하고 되묻는다. 꼭 이럴 때만 저희끼리 하겠다는 마음들이 넘쳐난다. 마음도 잘 맞고 뜻도 굳세다. 그렇지만 말과 행동이 저 편한 대로다. 공부 시간에는 신물이 나도록 혼자 힘으로 해 보라고 해도 내 입만 기다리던 녀석들이다. 그 말을 들으니 정신이 번쩍 난다. 고맙다.

거꾸로 생각해 보자. 5학년이나 6학년, 아니면 중학교 다니는 언니들이 와서 너희를 불러낸다고 하면 마음이 어떨까, 덜덜 다리가 떨리지 않을까 하고 물었다. 그 말에 한목소리로 저희는 처음부터 그럴 일을 만들지 않을 거란다. 설령 그런 일 있다 치면 얼른 나나 엄마한테 이를 거란다. 그래, 그 말이 맞다. 너희 같으면 그런 언니들이 있으면 두고 보자 하며 이를 바득바득 갈지 않겠느냐고 했더니 그럴 거라고 한다.

말귀를 제법 알아듣는 듯했다. 그런데 아니다. 그러면 너희는 어쩌자고 아래 학년 교실에 가서 그랬느냐고 물었다. 할 말만 하고 오려고 했단다. 그러면서 3학년 교실은 못 갈 데가 아니라고 떠들어 댄다. 학교 어디고 못 갈 데가 어디 있겠나. 그러나 무슨 마음으로 갔나, 아이를 불러내어 셋이서 몰아붙이고 굴종을 강요하려고 한 게 아니냐, 그 마음이 잘못이라고 했다. 3학년 아이가 2학년 아이한테 한 일은 학교 폭력이 아니지 않으냐고 되묻는다. 그 일은 두 아이 말을 다 들어 봐야 알 수 있는 일이지 않냐, 그리고 너희가 나서서 해결할 일은 아니라고 했더니 왜 안 되느냐고 고개를 바짝 들고 되묻는다. 높은 학년 언니들 셋이 우르르 몰려와서 너희를 불러내서 뭐라고 뭐라고 겁주는 일하고 뭐가 다른가. 그런 충고(?) 들으면 너네 같으면 얼른 마음 바꾸고 공손하게 행동을 바꾸겠나. '와아, 언니들 말 들으니 내가 정말 잘못했다는 마음이 들어. 이제 동생들한테 웃는 얼굴로 친절하게 잘해 주고 동생들도 잘 돌봐 주어야지.' 하고 다짐하게 될까. 아닐 거다. 오히려 '치이, 지들이 뭔데 남의 일에 간섭이야. 오냐, 어디 한번 두고 보자.' 하고 어금니를 꽉 물지 않을까.

자꾸 요리조리 핑계를 대고 저희 좋은 쪽으로 말하려는 게 못마땅하다. 끝내는 한 번만 더 이런 일이 있으면 그날은 네 시고 다섯 시고 나도 내 할 말만 잔뜩 늘어놓겠다. 너희만 입이 있는 게 아니다. 나이로 학년으로 아랫사람을 굴종시키려고 한다면 같은 방법으로 나도 너희에게 똑같이 해 주겠다고 으름장을 놓고 보냈다. 학원 시간이 늦었다고 입이 한 다발씩 나왔다.

_2012. 10. 27.

| 아이들과 함께

임명장과 당선증

　일어나니 또 비가 온다. 오늘도 춥겠다. 오후에 날이 갠다. 하늘이 환하다. 마늘밭에 가 보니 잎 끄트머리가 말려 누렇게 탔다. 비가 더 와야 할까.

　마지막 시간에 1학기 반장 선거를 했다. 첫 시간에 오후에 반장 선거를 할 테니 반장으로 나설 사람은 미리 생각해 두라고 했다. 내 마음에는 한 주 정도는 지내보고 반장을 뽑으면 좋으련만 다른 학년도 오늘 다 같이 한다니 할 수 없다. 이런 일조차 한날한시에 해야 하는가 싶다. 금요일 첫 시간에 하려던 시간과 맞바꾸어 마지막 시간에 반장, 부반장을 뽑았다.

　선거에 앞서 반장이 할 일이 무엇인지 이야기했다. 못난 어른들 본받아 이름만 걸어 놓고 반장입네, 부반장입네 팔짱 끼고 아이들 앞에서 거들먹거리는 사람은 아예 나서지 말라고 했다. 아이들이 바라는 일들을 전교어린이회의에 가서 의견으로 내고, 거기서 정한 일들을 모두가 같이할 수 있도록 관심을 갖고 실천을 돕는 게 반장이 할 일이라고 했다. 말해 놓고 나니 조금 우습다.

　반장 후보에는 남자아이 넷이 나왔다. 여자아이들 넷이 서로서로 추천해 주어 이름을 적었지만 좀 이따 여자아이 넷은 차례로 후보에서 빠지겠다고 해서 칠판에 적었던 이름을 지웠다. 한 사람씩 앞에 나와 한마디씩 해 보라고 할까 하다가 그만두었다. 민기가 "선생님을 추천합니다." 해서 웃었다. 정중하게 "나는 어른이라서 자격이 없습니다." 하고 거절했다.

내 어릴 적에는 있는 집 아이들이 주로 반장을 했다. 나처럼 꺼주한 아이는 반장에 나설 마음도 내지 못했다. 아이가 반장을 하면 그 어머니도 같이 반장 노릇을 해야 했다. 그런 몹쓸 풍습은 아직도 남아 있다. 학교에서 꼭 뿌리 뽑아야 할 일이다. 아이는 아이고 부모는 부모다. 아이들끼리 마음 모아 잘 살아 보겠다는 뜻으로 어린이회를 만들어 놓고는 정작 그 일을 어른들이 대신하는 건 옳지 못하다. 못마땅하다. 아이들을 믿고 저희끼리 움직여 갈 수 있도록 마음 써 주는 게 어른이 할 일이다. 늘 그랬던 것처럼 나는 그렇게 되도록 애쓰겠다. 아이들이 좋은 쪽으로, 옳은 쪽으로 움직여 가자고 하면 나는 기꺼이 그 뒤에 쫄랑쫄랑 따라가겠다. 이 교실은 소걸음으로 가더라도 어제보다는 오늘이, 오늘보다는 내일이 나아지는 교실이 되어야 한다. 아이들이 좋아야 하고 나도 좋아야 한다. 아이들한테도 나한테도 더 도움이 되는 길로 가겠다.

투표소를 만들었다. 투표소라야 별것 아니다. 빈 책상을 칠판 앞에 끌어다 놓고 바구니 두 개로 가렸다. 연필 한 자루를 놓아두고 투표용지를 나누어 주었다. 아이들은 그 속에 들어가 몸을 잔뜩 웅크리는 것도 모자라 손으로 가리고 자신이 뽑을 사람을 적는다. 아이들 투표하는 모습을 보면서 아쉽다. 나도 이 교실에서 반장을 뽑는 데 한 표 써 낼 자격이 있는 건 아닐까 하고. 나도 우리 반 반장을 뽑는 데 끼어들고 싶었다.

반장을 뽑고 부반장 후보로는 히야, 열이나 나섰다. 요만한 아이들 마음 어디에 저런 용기들이 감추어져 있었을까. 마음속으로 손뼉을 짝짝 쳤다. 나는 지금도 남들 앞에 나서는 게 떨린다. 표는 고르게 나왔다. 민기가 여섯 표, 그다음 사람이 다섯 표, 그 뒤로 세 표, 세 표, 두 표 그런 식이다. 그런데 한 표도 나오지 않은 아이가 있다. 자기가 부반장 후보로 나서고도 제 이름을 쓰지 않은 아이들이다.

투표가 끝났다. 반장에는 이준민, 부반장에는 김민기가 뽑혔다. 그제야 앞에 나와 한마디씩 해 보라 하니 민기는 준민이 뒤에 숨고 준민이는 민기 뒤로 숨는다. 수줍게 한마디씩 했다.

교무실에서 누가 반장, 부반장으로 뽑혔느냐고 물어서 알려 주었다. 준민이와 민기가 '당선'했다고 알려 줬다. '당선'이라는 말에 교무부장이 허허, 웃었다. 그 말이 우스운 말인가.

그리고 오늘은 또 뭐 했나. 국어 시간 끝에 잠깐 일기에 날씨 쓰는 방법을 공부했다. 붙임쪽지 한 장씩 나눠 주고 일기에 쓸 날씨를 써 보자고 했다. 다섯째 시간에는 학교 폭력이 무엇인지에 대해 이야기했다. 당하는 사람 처지에서 생각해야 한다. 우리 교실 한 아이가 옆 교실 아이를 때렸다 한다. 무슨 마음으로 그랬을까. 내일은 그 애를 불러 이야기 들어 봐야겠다.

_2012. 3. 6.

눈이 온다. 길 건너 산이 안 보인다. 비하고 눈이 섞여 온다.

점심 먹고 교실 앞 복도로 왔는데 선거 운동이 한창이다. 팻말을 만들어 펄럭펄럭 들고 복도 이쪽 끝에서 저쪽 끝으로 우르르 우르르 몰려다닌다. 소리라도 지르지 않으면 좋으련만 못난 정치판 어른들 본받아 하나같이 그런다. 다른 후보 선거 운동원을 서로 밀치고 다니는 건 예사다. 와글와글 심지어 내 앞을 가로막고 저를 뽑아 달란다. 나는 투표권도 없는데 그런다. 투표권이 있으면 너희 같은 후보는 뽑지 않겠다는 말이 목구멍을 넘어오는 걸 참았다. 딱히 공약도 다짐도 없다. 막무가내로 저를 뽑아 주세요, 그 소리만 해 댄다. "기호 ×번 ○○○!" 하면 딴 애들이 "기호 ×번 ○○○!" 하고 소리를 친다. 나는 후보가 몇이나 나왔는지도 모른다. 아이들은 알기나 할까. 누구라도 초라한 공약이라도 내걸고 차분히 선거 운동 하는 아이가 있으면 얼마나 이쁠까? 그런 아이가 있으면 덥석 안아 주겠다. 그러나 그럴 일은 없지 싶다. 6학년이 그러고 다니니 이제 3학년에서 막 올라온 우리 교실 아이들까지 덩달아 하늘로 팔뚝질을 해 가며 소리소리 지르고 다닌다. 아무리 넓게 이해하려고 해도 마음으로는 내내 언짢다.

그래도 투표하는 날까지 고작 사흘이다. 그걸 못 참겠나. 교실로 다 들어가라고 버럭 소리를 지르려다가 그만두었다. 아이들이니 실수하는 건 당연하다. 몰라서 그러는 건 어쩔 수 없다. 그래서 어른이 있고 선생이 있다. 그렇지만 우리 교실 아이들한테 나는 한마디 꼭 하고 넘어가야겠다. 마침 다음 시간이 사회 시간이라 '시·도 대표는 우리 손으로'라는 단원이 있어서 거기부터 펴라 했다. 왜 교과서 앞에서부터 차례대로 배우지 않고 뭉턱 잘라 중간부터 배우느냐고 툴툴댄다. 그러거나 말거나 나는 선거의 과정을 이야기했다. 우리 교실에서 했던 회장 선거를 보기를 들어 이야기한다. 우리끼리야 공약도 없고 선거 운동도 없었지만, 전교어린이회장 선거는 선거인 명부 작성, 입후보자 등록, 선거 운동, 투표와 개표, 당선자 공고까지 차례대로 다 한다고 했다. 선거 운동은 등록한 운동원만 할 수 있는데 내가 좋아하는 후보라고 아무나 나서서 소리를 지르고 다니는 건 불법이라고 했다. 아이들은 술렁술렁한다. 몰라서 그런 거니 앞으로 그러지 않으면 된다. 끝으로 우리 학교를 위해서 어떤 후보자가 알맞은지 공약 같은 기준을 따져야 한다고 했다. 그러면서 전교어린이회장, 부회장 후보 가운데 내세운 공약이 뭔지 아는 사람 있으면 손들어 보라 했더니 아무도 없다. 그러면 그렇지. 이래서야 무슨 희망이 있겠나. 그냥 아는 언니고 오빠라서, 친한 형이고 남자라서, 한 동네 사람이고 같은 학원 다니는 사람이라서 뽑는다면 그게 인기투표하고 뭐가 다르겠나. 고작 인기투표하려고 아까운 밥 먹고 시간 죽여 가면서 이 난리를 쳐서야 되겠는가.

공부 끝나고 교실 바닥을 닦고 있을 때 혜정이가 내 곁에 와서 묻는다. 지현이도 같이 와서 묻는다.

"선생님, 화이트데이 날에 사탕 가져와도 돼요?"

"안 돼! 이빨 썩어!"

"한 개씩만 먹을게요."

"사탕 반 개도 안 돼!"

"치이, 옆 반 선생님은 된다고 그랬는데 우리 반은 왜 안 돼요!"

"그러면 지현이는 오늘부터 옆 반으로 가서 공부해!"

그 말에 쿵쿵 소리를 내며 교실을 나간다. 좀 서운해도 내 고집으로 밀고 나가야 할 때가 있다. 사탕 가져와도 된다 하고 난 뒤는 보지 않아도 환하다. 서로서로 돌린 사탕으로 하나씩 입에 물고는 아이들은 모두 행복할 거다. 그깟 사탕봉지야 교실 바닥이고 복도고 계단이고 춤을 추고 다녀도 무슨 큰일이겠나. 슬그머니 달력을 들춰 보니 그날이 다음 수요일이다. 에구구, 또 하루 종일 정신없는 날을 보내겠구나,

했다.

_2012. 3. 9.

지현이가 "선생님, 봄이 아니에요?" 한다. "그러게. 봄은 봄인데 봄 같지 않네!" 했더니 누가 "다시 겨울 방학 해요!" 한다. 날이 춥긴 춥다.

네 시 조금 안 되어 직원회의 하러 갔다. 교무부장 선생님이 '당선증'으로 할지, '임명장'으로 할지 의논 좀 하잔다. 요전 날, 어린이회장 선거에서 당선한 사람한테는 임명장이 아닌 당선증을 줘야 한다고 말했더니, 그때 교장선생님은 그 문제는 좀 생각해 보자며 뒤로 결정을 미루셨다. 그사이 한 주가 정신없이 지났다. 나는 내가 말을 꺼내 놓고 잊고 있었다. 솔직히 그게 뭐 입 놀리는 게 더 얼굴 화끈거리게 한다. 그런데 선거관리위원장 이름으로 된 당선증을 주면 아이 부모(어린이회장으로 뽑힌)가 좋아하겠습니까, 하고 내 생각을 묻는다. 어이가 없다. 민주 절차에 따른 선거이고, 당선증을 주면 학교장 이름이 아니라서 권위가 떨어지는 것처럼 말한다. 부모가 좋아하고 안 좋아하는 게 무슨 상관이란 말인가. 학교에서 직급으로나 나이로나 교장선생님이 가장 어른인 것은 맞지만 그렇다고 민주 선거로 뽑은 어린이회장을 '임명'한다는 건 군사 독재 시대나 왕정 시대에나 있을 일이고 말이 안 된다고 했다. 으레 그렇게 해 왔고 아무 문제가 없었는데 지금 와서 그게 무슨 문제인가 하고 생각하는 것 같다.

회의 끝나고 좀 있다가 교장선생님이 오셔서 내게 "학급 어린이회장 선거할 때 학급마다 선거관리위원회를 구성했냐?"고 뜬금없이 묻는다. 딱히 선거관리위원회를 구성한 일은 없지만 후보자 등록, 유세, 투표와 개표 과정을 거쳤고 직접, 보통, 평등, 비밀선거 원칙을 지켜서 했다고 했다. 임명 하면 나는 높은 자리에 앉아서 부리는 사람과 그 아래 무릎을 꿇고 앉은 사람이 떠오른다. 아랫사람은 마땅히 굽실거리며 지시와 명령, 부림을 받아야 한다. 모르긴 해도 선거로 뽑은 어린이회장이긴 해도 아직 가르침을 받아야 할 '학생'이고, 더욱이 모든 일에 서툴고 모자란 '미성년'이니 교육의 이름으로 임명해야 한다고 할는지 모르겠다.

그렇지만 여간만 상식 있는 사람이라면 이 말이 얼마나 잘못된 말인지 금방 알 수 있다. 우리가 지난해 강원도지사를 뽑고 그러께엔 강원도교육감을 뽑았다. 그러면 그 분들한테 그분보다 높은 사람, 일테면 대통령이나 교육부 장관이 와서 '임명장'을 줬는가? 아니다. 선거관리위원회에서 당선증을 줬다. 당선증을 받은 이들은 취임식을 했고 취임선서를 했다. 그게 뭐 어렵겠나. 우리도 그렇게 하면 된다.

집에 와서 중앙선거관리위원회에 회원 가입을 했다. '임명장인가요? 당선증인가요?' 하고 민원으로 올려놓았다. 내일이든 모레든 뻔한 답이 오겠지. 그 뻔한 답을 가지고 이번에는 기어코 '당선증'으로 바꿀 작정이다. 하, 그때가 벌써 기다려진다.

_2012. 3. 12.

오전에, 중앙선거관리위원회에서 전화가 왔다. 선거법에는 당선증을 주는 것으로 나와 있고, 임명장은 모르겠다고 한다. 뻔한 답을 기대했지만 좀 싱겁다. 전화 말고 메일로 다시 답해 달라고 할 걸 그랬다. 전화를 끊고 나니 그 마음이 든다. 아쉽다.

4학년 『사회』 59쪽에도 이렇게 나온다.

개표 결과 가장 많은 표를 얻은 사람이 당선자가 됩니다. 당선자는 당선증을 받고 임기를 마칠 때까지 지역의 발전을 위해서 일합니다.

오후에 교장선생님한테 이 이야기를 했더니 학급회장, 부회장한테도 당선증을 주는 건 썩 내키는 일이 아니라고 한다. 학급에서는 선거관리위원회를 구성하지 않았다고 한다. 학급선거관리위원회를 따로 구성하지 않았지만, 학급어린이회도 담임교사가 선거관리위원회 일을 한다고 봐야 한다. 더욱이 학급어린이회는 어찌 보면 전교어린이회에 딸린 조직이다.

1학기에는 학급회장, 부회장한테는 임명장을 주고, 2학기 가서는 선거관리위원회를 구성하여 학급회장, 부회장을 뽑은 뒤 당선증을 주자고 한다. 이게 상식 있는 교육자의 모습인지 의심스럽다.

_2012. 3. 13.

아, 아침 일이 문득 떠오른다. 방송조회 할 땐데, 전교어린이회장으로 선출된 아이한테 임명장을 준다. 그렇게 입 아프도록 말해도 고쳐지지 않는다. 고칠 줄 모른다. 중앙선거관리위원회에 물어보고 선거법으로는 '당선증'을 주도록 되어 있다, 아이들 배우는 교과서에도 당선증이라고 나온다고 해도 무슨 고집인지 통 모르겠다. 민주주의를 배우는 게 아니라 계급을 먼저 배우라는 말인가. 민주주의는 어른이 되어서 하라는 뜻인가. 임명장은 높은 자리에 있는 사람이 아랫사람에게 주는 증서다. 전교어린이회장한테 학교장이 '당선증'이 아닌 '임명장'을 준다는 건 아이들의 민주주의를 모독하는 일이다. 전교어린이회장이

'학생'이고 '아이'라서, 그래서 '교육적 배려'로 그런다고 하겠지만, 임명장은 상하 관계를 떠올리게 한다. 말난 김에 우리 말 사전을 찾아보면 '당선'은 '선거나 심사, 선발 따위에서 뽑힘'으로 풀어놓았고, '임명'은 '일정한 지위나 임무를 남에게 맡김'이라고 풀어놓았다. 당선은 많은 사람이 한두 사람을 뽑아 자신들의 대표로 삼는다는 말이고, 임명은 높은 자리에 있는 사람이 자신이 부릴 사람을 어느 자리에 일정한 책임을 맡긴다는 뜻이 강하다.

그러면 전교어린이회장으로 뽑힌 아이한테는 임명장을 주어야 할까, 아니면 당선증을 주어야 할까? 임명장을 주든 당선증을 주든 그 아이가 어린이회장이라는 사실이야 달라지지 않지만 그 말에 담긴 뜻은 하늘과 땅 차이다. 투표로 뽑힌 아이들 대표다. 학생이고 어린아이니까 당선증을 주지 않고 학교장 이름이 박힌 임명장을 주는 게 될 말인가?

_2012. 3. 19.

그러니까 내가 오던 해부터 어린이회에서 선출한 학생한테는 '임명장' 말고 '당선증'을 줘야 한다고 내 생각을 말해 왔다.

아이들이 자신이 정말 선택한 일에 책임감을 갖고 일하면서 뭐라도 보람 얻기를 바란다면 높은 자리에 앉은 사람이 아랫사람한테 어떤 자리를 준다는 느낌이 드는 '임명'으로 해서는 안 된다고 해도 귓등으로도 안 듣는다.

올해 초에도 다시 '당선'이란 말과 '임명'이라는 말이 어떻게 다른가를 생각해 보라고 교무회의 때 말했다. 임명은 어린이회와는 아무 상관없이 담임선생이든 교장이든 말귀를 잘 알아듣거나 부리기 좋을 만한 아이를 골라 '증서' 하나 주는 거라고 했다. 관습처럼 주던 임명장인데 왜 일을 벌이느냐고 말하는 사람도 있었다. 그러니 할 말이 없었다. 교장선생님도 한번 생각해 보자고, 다음에 선생님들과 의논해 보자고 하고는 '임명장'을 줬다. 2학기가 되었다. 이제는 입이 써서 다신 말은 않겠지만, 임명장을 주면 내 손으로라도 당선증을 만들어 줘야겠다고 생각하던 참이다. 그런데 오늘 아침 나온 걸 보니 '당선증'이다. 받는 아이들이야 어떤지 몰라도 이런 작은 일들부터 바로잡다 보면 우리 학교도 좋은 학교가 될 거라고 믿는다. 정말이다.

다만, 말법은 좀 고쳐야겠다. '선거에 있어서'는 '선거에서'로, '결정되었으므로'는 '뽑혔으므로'로 다듬으면 더 좋았겠다.

_2012. 8. 29.

주민소환투표

시장한테 책임을 묻는 투표를 하는데, 나는 투표가 공정하지 않다고 생각한다. 시장은 시청 공무원들을 시켜서 투표를 방해한다는 소문이 났다. 시청공무원이 있는 집은 가족과 친척들까지 찾아다니면서 반대투표를 하라고 시킨다. 잘못해서 시장 마음에 안 들면 목이 잘린다는 소문도 났다. 시장이 마음에 안 들어도 시장이 시키는 대로 해야 한다. 공무원이 참 생각도 없다. 공무원은 선거에서 어느 편도 들면 안 된다고 배웠는데 밥줄이 달려서 어쩔 수 없이 그러는 거 같다. 시장은 시민 편을 들어 달라고 뽑아 놓았는데 제멋대로 하려고 한다. 왜 자기 맘대로 원자력 발전소를 지으려고 하나. 원자력 발전소 지으면 돈을 많이 벌 수 있다고 하는데 다 지으면 돈 번 사람들은 다 삼척을 떠날 거라는 말이 더 진짜 같다. 나는 그런 사람은 시장 자격이 없다고 말하고 싶다.

_이○○, 4학년(2012. 10.0 29.)

주민소환투표

어제 주민소환투표를 했다. 근데 오늘 교실에 왔는데 아이들이 핵발전소 건설을 이제 다시 한다고 했다. 난 온갖 걱정이 다 든다. 이사 가야 되나? 또 그 핵발전소가 터지면 어떡하지? 우리 지역은 전기 발전 많이 안 해도 되는데. 애들 말로는 공무원들이 시장한테서 돈을 받아서 눈치 보느라 투표를 안 해서 투표율이 낮다고 했다. 아, 왜 안 해서 핵발전소 건설을 하게 만들었지? 어른들이 참 책임도 없다. 그리고 대통령 후보 ○○○도 핵발전소 건설에 찬성이라고 한다. 참 김○○ 시장한테 시위하고 싶다. 시민들의 말을 안 들으려면 왜 시장을 하나? 하, 참 걱정된다. 김○○ 시장은 일을 그만두고 시장이라는 말보다 죄인이라는 말이 어울린다. 시민들 말을 듣지 않은 죄, 또 마음대로 핵발전소를 건설하려고 한 죄. 참 어이없다.

_이유빈, 4학년(2012. 11. 1.)

대통령 선거

난 이번 대통령 선거에서 박근혜 후보가 되는 바람이 없었다. 난 문재인 후보가 대통령이 되었으면 좋겠다고 생각했다. 나는 투표권이 없지만 난 박근혜 후보의 공약이 맘에 안 들고 '사람이 먼저다'라는 문재인 후보가 좋다. 박근혜 후보는 핵발전소 건설에 찬성이기도 하고 뭐 공부도 한 시간씩 더 늘린다고 들었다. 그리고 우리 동생들도 박근혜 후보보다 문재인 후보다 더 좋다고 하였다. 박근혜 후보가 대통령이 되면 천사가 악마로 변할 것 같은 느낌이 든다. 웃는데 무섭다. 이번 투표는 정말 다시 하

고 싶다. 아휴, 기호 2번 문재인 후보가 되면 우리 나라가 성공
할 거 같다. 나는 그냥 그런 마음이 든다.

_김지현, 4학년(2012. 12. 20.)

07
일하기·놀이 교육

앞에서 든 「교육기본법」에서 말하는 '인간다운 삶'은 과연 어떤 삶인가. 삶이란 살아간다는 것이고 살아간다는 것은 일하는 것이다. 사람은 누구나 일을 하면서 살아가고 손발과 몸을 놀려 일하는 사람이라야 살아 있는 사람이다. 그런 점에서 간디가 "수백만 사람들이 자기 손을 손으로 더 이상 쓰지 않게 된 것은 가장 큰 비극이다. 손은 자연이 우리에게 준 위대한 선물이다. 기계적 방식에 대한 열광이 계속된다면, 언젠가 우리가 너무나 무능력하고 약해져서 우리 자신이 신이 우리에게 준 생명의 기계를 사용하는 법을 잊어버리게 된 것에 대하여 스스로 저주하게 될 날이 올"것이라고 한 말은 의미심장하다. 우리가 우리 손으로 하는 일에는 그 일이 무엇이든지 눈에 보이지 않는 자아실현이 들어 있다. 이제 우리는 손을 쓸 줄 모르는 인간을 당연하게 여기는 세상을 살고 있다. 아이들은 말할 것도 없고 어른들도 손의 감각을 잃어버린 지 오래다. 손을 쓰지 않으니 땅을 낯설어하고 연장을 다룰 줄 모른다. 그냥 돈을 쉽게 사서 버린다. 제 몸으로 겪어야 할 일조차도 일손을 사서 떠넘긴다.

사람이 살려면 일을 해야 하고 거꾸로 일하지 않고 살아갈 수 없다.

일하면서 삶에서 필요한 물질을 얻고 자연과 사회 속에서 살아가는 지혜를 알아 간다. 일하지 않고 가만히 앉아서 귀로 듣거나 눈으로 보기만 해서 얻을 수 있는 게 세상에 무엇이 있겠는가. 일하지 않고 얻은 게 있다면 쉽게 잊어지거나 버려진다. 몸으로 겪으면서 배움은 곧 제 것으로 된다. 이오덕은 일하지 않고 "만약 얻었다면 그것은 비뚤어진 것이요 속임수요 병든 것"이라고 잘라 말한다. 그래서 사람이 교육을 한다면서 일하기를 제대로 가르치지 않고 일을 떠난 교육을 하는 것은 병든 것이요 속임수요 다른 사람에 빌붙어 사는 사람으로 키우는 일이라고 했다. 결국 일하기를 가르치는 것은 인간교육이다. 우리는 일을 하면서 사람을 바로 보고 세상을 알아 간다. 일을 해야 마음이 사람답고 건강해진다.

일하는 것은 무엇보다 아이의 본성에 가장 잘 맞다. 아이들은 끊임없이 몸을 움직이고 잠시도 쉼 없이 손발을 놀린다. 그게 일이다. 그게 놀이요 공부다. 움직이지 않는 아이는 아프거나 마음의 병이 깊은 아이일 때가 많다. 마땅히 어릴 때부터 일하게 하고, 손발을 움직여 할 수 있는 일을 하도록 해야 한다. 일을 하면서 몸이 자라나고 지혜가 늘고 세상을 알아 간다. 자연스럽게 아이들에게 일은 놀이와 공부가 하나로 된 것이다. 일이 놀이가 되고 놀이가 공부가 되고, 또 그것이 노래가 될 수 있다. 가장 이상에 가까운 교육은 놀이와 공부와 일이 하나로 된 삶을 안겨 주는 것이다. 어디 아이들뿐인가. 어른들도 일을 즐겁게 하게 될 때 일은 절로 놀이가 되고 노래가 된다. 우리는 해가 더 할수록 아이들에게서 일도 놀이도 빼앗고 있다. 페터 야니히Peter Janich 말을 빌리자면 '손 노동자'가 아닌, 날마다 작은 배신행위를 일삼는 뻔뻔한 '입 노동자'로만 키우는 게 아닌가 생각해 본다.

이런 '기본 형태'[3]는 손 노동자들이 입체적 재료를 가지고 면, 모서리, 꼭짓점 등을 만들면서 생겨났다. 이러한 형태들을 공간적 입체에서 항상 똑같이 재생산할 수 있는 능력을 얻은 뒤에야 비로소 사람들은 자와 컴퍼스를 이용하여 제도판 위에 도형을 그릴 수 있게 되었다.

이러한 과정을 거친 뒤 비로소 입 노동자 유클리드가 생겨났다. 하지만 유클리드는 무지 때문에 자신의 이론이 손에서 비롯됐다는 사실을 외면했다. 유클리드는 점에서 시작하여 선과 직선을 거쳐 면과 평면으로, 그리고 다시 공간적 도형까지 이어지는 일련의 개념 정의를 만들었지만 유클리드의 개념 정의 순서와 아무런 관계가 없다. 유클리드의 기하학적 진술들이 어떤 실제적인 사물과 관련이 있다면 그것은 분명 손노동을 통해 '기술적으로' 제작된 입체 모형이었을 것임에도 불구하고 말이다. 따라서 손노동은 평면 기하학적으로 점과 선에서부터 출발할 수 없다. 왜냐하면 우선 제도판이 있어야 하고 (직)선의 정의는 평면의 절단을 통해서, 점은 선의 절단을 통해서 비로소 얻을 수 있는 것이기 때문이다. 이렇게 볼 때 입체에서 면을 거쳐 선과 점으로 이어지는 순서는 유클리드의 정의에서 선택된 순서와 정반대이다. 유클리드의 개념 체계는 손노동을 혐오하는, 말하기 좋아하는 입 노동자에게 나온 것이다. _『손이 지배하는 세계』, 362쪽

이러한 진술은 신영복이 소개한 노인 목수 문도득 이야기가 떠오르

---

3. 평면, 직선, 직각, 평행면.

게 한다.

> 그가 땅바닥에 나무 꼬챙이로 아무렇게나 그린 집 그림을 보
> 고 놀랐습니다. 집 그리는 순서 때문이었습니다. 주춧돌부터 그
> 렸습니다. 노인 목수는 주춧돌부터 시작해서 지붕을 맨 나중에
> 그렸습니다. 엄청난 충격이었습니다. '일하는 사람은 집 그리는
> 순서와 집 짓는 순서가 같구나. 그런데 책을 통해서 생각을 키워
> 온 나는 지붕부터 그리고 있구나.'_『담론』, 231쪽

진정한 배움은 글로 찍어 놓은 책이나 책꽂이에서 배움이 나오는 것
이 아니다. 배움은 일하는 사람의 손과 발에서 나와서 다시 삶으로 돌
아가야 한다는 말로 들린다. 가령, 아이들 대부분은 교과서에 나오는
노동자와 같은 삶을 살아갈 것이다. 하지만, 우리 아이들이 노동과 노
동자와 노동단체를 보는 눈은 곱지 않다. 2016년 4월 29일 자『경향신
문』은 '"노동 생각하면 노예 떠올라…… 내 꿈은 노동자가 아니에요"'
란 기사를 싣는다. 초등학생을 상대로 설문조사를 했더니 '노동'이나
'일' 하면 '힘듦, 힘든 일, 노예, 천민, 돈, 월급, 공사장, 공장, 하기 싫다'
같은 낱말이 떠오른다고 답했단다.

한국직업능력개발원이 조사한 '2015 학교진로교육 실태조사' 결과
를 보면, 아이들 70퍼센트가량이 관리직이나 전문직을 희망했다고 한
다. 자신들이 노동자로 살아갈 앞날은 병아리 눈곱만큼도 생각하지 않
는다는 말이다. '노동은 강제로 하는 것, 괴롭고 싫다고 생각하면 노동'
이라는 답변도 나왔다. 일하는 것이 괴롭고 어떡하든 피하고 싶은 것
으로 된 사회는 병든 사회다. 몸을 놀려 일을 안 하고 살자니 어떻게

든 좋은 대학을 나와야겠고 그러자니 죽어라고 공부를 해서 옆자리 동무를 밟고 올라설 수밖에. 사람다운 마음을 버리는 게 당연하다. 너 나없이 입 노동자로 살아갈 것처럼 생각하겠지만, 이 아이들이 자라나 80~90퍼센트는 입 노동자가 아닌 손 노동자로 살아갈 것이다. 그러면서도 일할 줄 모르고 일하는 사람을 자기와는 다른 세상을 사는 사람으로 여긴다. 손 노동자를 천하고 못난 사람으로 낮춰 보는 마음을 우리 사회가 아이들에게 알게 모르게 주입한 결과다. 아이들 대부분은 '아파트 경비원, 마트 계산원, 은행 직원, 요리사, 농부, 인터넷 설치기사, 버스기사[4]'처럼 자신들이 힘들고 차별받는 일이라고 여기는 자리에서 살아갈 것이다. 그만큼 꿈과 현실 사이의 괴리는 컸다. 결국 의도했든 의도하지 않았든 노동을 불온하게 여기고 '불법, 폭력, 투쟁'을 떠올리게 하는 인식이 어디서부터 자라났는지 깊이 생각해 보아야 한다.

지금 우리 교육은 노동 문제를 아예 다루지 않는다고 해도 지나치지 않다. 중, 고등학교에서 1만 시간 넘게 수업을 하지만 노동교육은 기껏해야 다섯 시간이 안 된다. 사회 구성원 대부분이 노동자이면서 자신들은 노동자가 아니라고 고개를 가로젓고, 노력만 하면 누구라도 노동자로서 고단한 삶을 벗어날 것처럼 세뇌한다. 그래서 지금 여기서 누려야 할 행복한 순간을 뒷날로 미룬 채 살아가라고 귀에 대고 속삭인다. 『일하는 아이들』 머리말에 보면, "이 아이들은 일하는 것을 부끄럽게 여기기는커녕 당연한 자기의 생활로, 오히려 자랑스럽게까지 여기고 있다"고 한 것과 대비된다.

문제는 노동을 삐딱하게 보는 것에 그치지 않고 놀이를 성장하는

---

4. 같은 날 『경향신문』에서 초등학생과 중·고등학생이 '노동자'라고 생각하는 직업 보기로 든 것이다.

과정에서 자연스럽게 겪어야 할 삶으로 보지 않는다. '시간 낭비'로 터부시하거나 '학습을 일으키기 위한 보조수단' 정도로만 여기는 데도 문제가 도사리고 있다.

> 저녁술을 놓은 아이들은 외양간섶 밭마당에 달린 배나무동
> 산에서 쥐잡이를 하고 숨굴막질을 하고 꼬리잡이를 하고 가마
> 타고 시집가는 놀음 말 타고 장가가는 놀음을 하고 이렇게 밤이
> 어둡도록 북적하니 논다.
> 밤이 깊어가는 집안엔 엄매는 엄매들끼리 아르간에서들 웃고
> 이야기하고 아이들은 아이들끼리 웃간 한 방을 잡고 조아질하고
> 쌈방이 굴리고 바리깨돌림하고 호박떼기하고 제비손이구손이하
> 고 이렇게 화디의 사기방등에 심지를 몇 번이나 돋구고 홍게닭
> 이 몇 번이나 울어서 졸음이 오면 아릇목싸움 자리싸움을 하며
> 히드득거리다 잠이 든다. _백석의 시 「여우난골族」 부분

한 세기 전만 해도 우리 아이들은 이렇게 지칠 줄 모르고 잘 놀았다. 어릴 적 밤새도록 놀던 기억은 어른이 되어서도 따뜻하고 행복한 유년으로 추억하게 한다. 그러면 '논다'는 말은 무슨 뜻인가. 스티븐 나흐마노비치는 『놀이, 마르지 않는 창조의 샘』에서 '논다'는 말을 다음과 같이 풀어 말한다.

> 옛 산스크리트어에 릴라(lila)라는 것이 있다. 논다는 뜻이다.
> 창조와 파괴, 그리고 재창조가 이어지는 놀이, 우주를 열고 닫는
> 놀이, 성스러운 놀이다. 자유롭고도 심오한 릴라는 기쁘게 즐기

는 것인 동시에 신이라는 절대자의 경지에 이르는 경험이다. 이는 또한 사랑을 의미한다. 릴라는 어쩌면 가장 단순한 것인지도 모른다. 즉각적이고 유치한, 완벽한 무장해제 상태이다.

놀이를 하면서 누구랄 것 없이 '즉각적이고 유치한, 완벽한 무장해제 상태', 곧 절대자의 경지인 무아지경에 이른다. 동시에 놀이를 하면서 아이들은 따로 서는 법을 배우기 전에 더불어 살아가는 법을 알아간다. 자연히 놀이가 민주 시민 정신을 기르는 데 크게 기여하고 말고다. 놀이를 할 때 우리는 내남없이 평등해진다. 평등할 때 우리는 자연스럽게 아이와 같이 된다. 놀이는 다른 사람을 지배하려고 들지 않고 함께 살 수 있는 능력을 가르친다. 이야말로 민주주의의 기본 이념이 아닌가.

사실 일과 놀이가 일치할 때 아이들은 가장 잘 배운다. 이제까지 우리 교육은 아이들을 책상머리에 붙들어 앉혀 놓고 주로 듣기 중심으로 교육을 해 왔다. 하지만 이야기하기, 토론하기, 몸으로 직접 겪어 보기 같은 손발을 움직이고 몸을 놀릴 때 아이들은 더 자연스럽게 배우고 한층 더 성장한다. 스스로 느끼고 생각하고 새로운 것을 궁리하기 때문이다. 배움은 자기가 하고 싶어서 스스로 할 때 가장 잘 일어난다. 스스로 마음에서 우러날 때 즐겁고, 이때 즐거움은 놀이로 이어진다. 무언가에 호기심을 느꼈을 때 아이들은 직접 체험하고 탐구하려고 든다. 학년이 더할수록 체험과 활동을 스스로 계획하고 선택할 수 있도록 배려할 때 아이들은 즐거움을 느끼고 동시에 배움은 한층 깊어진다. 교육과정을 새롭게 재구성하는 학교들을 보면 아이들 삶과 앎이 서로 멀어지지 않게 하려고 무던히 애쓴다. 이처럼 몸을 겪는 활동을 배움의 원리로 삼는 데는 다 그만한 까닭이 있다.

이오덕은 일하는 가운데 공부가 되고 일하는 것이 즐거운 놀이가 되어야 한다고 줄기차게 주장한다. 놀이는 본질에서 즐거움을 품고 있기 때문에 일이 즐거워야 하고 공부가 즐거워야 한다는 말과 이어진다.

> 놀이는 학교 교육 못지않게 중요한 종합적인 배움입니다. 어찌 된 일인지 한국에서는 여전히 놀이를 부차적으로, 때로는 시간 낭비로까지 여기는 듯하더군요. _『한국일보』, 2017년 6월 26일 자 28면

유럽에서 1만 5천 개 놀이터 만들기에 참여한 놀이터 디자이너 귄터 벨치히는 "아이는 놀이를 통해 자신의 가능성과 욕구, 한계를 깨닫고 최선의 것을 도출해 낸다"라고 말한다. 이는 놀이와 공부는 일이 아니라는 우리 사회의 통념을 반성하게 한다.

이제 아이들이 쓴 시를 보면서 오늘을 살아가는 아이들이 일과 놀이와 공부를 어떻게 바라보는지 살펴보자.

청소

> 난 청소할 때 기분이 좋다
> 선생님하고 같이 해서 더 좋다.
> 선생님은
> 오늘 공부하면서 어려운 거 없나
> 어제 한승이가 쓴 시 좋던데 하고 물어 준다
> 나머지 할 때는

빨리 마치고 집 가고 싶은데
삐뚤빼뚤한 책상들이
똑바로 된 것을 보면
다시 앉아서 공부하고 싶다.

_고한승, 4학년(2012. 11. 7.)

집에서 아이들이 어떤 일을 하면서 지내는지 몰라도 학교에도 아이들이 몸으로 할 만한 일이 얼마든지 있고 또 해야 한다. 교실에서 아이들이 나누어 맡아 하는 일들이 생각보다 많다. 교실 바닥 쓸기, 우유 가져오기, 쓰레기 종류대로 나누어 내놓기, 화분에 물주기, 학급문고 정리하기, 창틀이나 칠판 아래 먼지 닦기, 학습준비물 정리하기 같은. 문제는 아이들이 그런 일들을 어떻게든 피해야 할, 지긋지긋한 일로 여기는 데 있다. 왜 그리되었을까. 모르긴 해도 사람을 키운다는 본질을 까먹고 교육을 잘하는 것처럼 보이려고 쓸고 닦고 꾸미는 일이 앞서고 중요하게 여기는 교육자의 태도 때문은 아닐까. 거기에 입으로만 지시하고 명령하면서 함께하지 않는 어른들 태도도 문제 삼아야 한다. 아이들은 당번이 되었으니 하는 수 없이 때워야겠고 하는 시늉만 하다가 검사만 맡으면 되는 것처럼 되다 보니 모두가 그 일들은 내 일이라고 생각하지 못한다. 당번한테 모든 책임을 떠넘기는 모습도 심심찮게 보인다. 가령, 교실 복도에 휴지가 떨어져 있다고 했을 때, 복도 바닥을 쓰는 당번이 아니면 몰라라 한다. 청소가 교육의 과정으로 민주시민으로서 책임을 배우고 실천하는 귀중한 기회가 되지 못하고 꾀를 부리고 제 일을 남에게 떠넘기는 약빠른 사람으로 키우는 시간이 될 때가 허다하다.

더러 아이들이 일하는 걸 싫어하니까 어쩔 수 없다고 말하는 사람이 있다. 그래서 청소하는 사람을 사다가 대신 청소를 시키는 일도 있다고 한다. 하지만 그렇지 않다. 날마다 하는 게 청소고 어려서부터 반드시 해야 할 일이다. 더구나 청소야말로 요즘처럼 일할 기회가 없는 아이들에게는 매우 귀한 시간이다. 빗자루, 걸레, 쓰레받기, 먼지떨이, 청소기 같은 도구를 넉넉히 마련해 주고 어른 아이 없이 모두 같이해야 한다. 학년에 따라 힘에 넘치지 않을 만큼 하되 청소를 얼마나 깨끗하게 했는가보다 함께 도우면서 했는가를 더 귀하게 여겨야 한다.

우유당번

난 우유당번이다.
11월 우유당번이다.
오늘도 어김없이 우유 상자를 들고 올라왔다.
올라오면서 생각한다.
우유 한 개가 200그램이고 이게 19개면……
우유를 나눠 주며 생각한다.
3800그램에 우유 상자까지 더하면……
우유를 마시며 생각한다.
4킬로그램쯤 되겠다.
이 4킬로그램을 한재영은 거의 날마다 들고 왔다.
힘들진 않았을까 생각했다.
그런데 이제는 내가 우리 반 우유당번이다.

내가 4킬로그램을 날마다 들고 와야 한다.

_이준민, 4학년(2012. 11. 6.)

이 아이는 교실에 우유 19개가 든 플라스틱 상자를 들고 와서 나누어 주는 일을 맡았다. 계단을 걸어 3층에 있는 교실까지 오면서 우유 상자 무게가 얼마나 될까를 생각해 보고, 저보다 앞서 우유당번을 했던 아이가 고생하면서 들어다 준 것을 고마워한다.

우리 사는 세상에는 온갖 일이 일어난다. 학교는 아이들이 몸으로 겪는 모든 일이 공부가 되고 놀이가 되는 삶을 즐기도록 하는 교육을 해야 한다. 그런데 요즘 학교든 집이든 아이들은 그저 책상머리에 붙들어 놓고 점수 따는 공부만 하도록 해서 일을 하지 못하게 한다. 일뿐인가. 놀이조차 빼앗아 아이들을 죄다 괴상한 동물로 만들어 비극은 끝없이 이어질 수밖에 없다. 이 아이들을 살리는 길은 다만 일과 놀이와 공부가 하나로 된 삶을 나날이 즐길 수 있도록 하는 교육뿐이다.

학교 현장에서는 실험과 실습, 조사, 체험학습, 학교 텃밭 가꾸기, 프로젝트 학습같이 손발을 놀리고 몸으로 참여하는 활동을 강조하고 동아리나 모둠활동으로 공동의 문제를 해결하는 경험들을 하도록 이끌고 있다. 또 시간표를 조정하여 학습 노동 시간을 줄이고 놀이 시간을 적극 확보하는 학급이나 학교들도 조금씩 늘고 있다. 이는 놀이가 시간 낭비가 아니라 아이들 삶을 건강하고 행복하게 이끈다는 관점의 전환이 일어나고 있다는 걸 보여 준다.

놀이를 어린이에게 보장해야 할 권리로 받아들이기 시작했다. 아이는 잘 놀아야 건강하게 잘 자란다. 놀면서 어울려 사는 법을 배우고 세상을 탐색하고 문제를 해결하는 힘을 기른다. 문제는 우리 아이들에게는 놀 시간이 없고 놀려고 해도 놀 곳이 없고 놀 친구도 없다. 그나마 아무런 목적 없는 즐거움이어야 할 놀이에 탐욕스러운 자본의 논리가 들어와 놀이 체험 프로그램을 팔고 돈 내고 소비하는 것처럼 만들어 버린다. 놀이터도 하나같이 그네와 미끄럼틀, 시소 같은 판에 박힌 놀이기구를 고민 없이 놓아둔 게 전부다. 일본과 미국 놀이터를 별생각 없이 받아들이고 베낀 결과다. 말이 좋아 놀이터이지 아이들을 배려하고 존중해서 나온 공간이 아니라 놀이기구가 주인이 된 공간이다. 더구나 안전신화에 빠져 아이들의 자유와 놀 권리, 위험에서 자기 몸을 지키는 힘을 오히려 빼앗고 있다.

그런 까닭에 학교는 단순히 지식 노동으로 머리만 키우는 곳이 아니라 몸과 마음을 기르는 곳으로 거듭나야 한다. 놀지 못하는 아이들에게는 놀 시간, 놀 친구, 놀 곳이 있는 곳이 바로 학교다.

2015년 5월 전국 시·도교육감협의회가 나서서 아이의 놀 권리를 보장하고자 「어린이 놀이헌장」을 선포하고 꾸준히 어린이의 놀 권리를 늘리려고 애써 온 것도 이 같은 맥락에서 나온 것이다. 서문에 "모든 어린이는 놀면서 자라고 꿈꿀 때 행복하다. 가정, 학교, 지역사회는 어린이의 놀 권리를 존중해야 하며, 어린이에게 놀 터와 놀 시간을 충분히 제공해 주어야 한다"고 밝히고 있다. 아이들에게 놀 터와 놀 시간을 주는 것을 어른의 책임으로 규정한다.

이제 놀 터로서 학교 공간에 대한 새로운 해석과 고민이 뒤따라야 한다. 공간을 바꾸어야 놀이가 살아나고 아이들 숨통이 트인다. 공간으로서 학교는 군대나 감옥과 꼭 닮았다. 지역이 다르고 사람이 다른데 온 나라 학교들이 똑같다는 게 이상하지 않은가. 우리네 학교 원형이 군사학교라는 점을 생각해 보면 지금의 학교 공간은 마땅히 의심해 보아야 한다. 가령, 교실과 운동장, 그 사이에 우뚝 선 구령대, 그리고 교문은 막사와 연병장, 사열대, 위병소와 그대로 겹쳐진다. 학교는 민주 시민을 길러 내는 곳이지 신민이나 병사를 양성하는 곳이 아닌데도 통제하고 지시하기에 수월한 공간으로 되어 있다. 아이들을 살리고 민주주의가 있는 학교가 되려면 구령대를 허물고 학교 곳곳에 아이들이 서로 뒤엉켜 뒹굴며 놀 만한 공간을 만들어야 한다. 아이도 선택권이 있는 시민으로 인정해야 한다. 그래서 오고 싶고 머무르고 싶은 학교를 만들어야 한다. 아이들 스스로 서로를 존중하고 배려하는 힘이 저절로 키워질 수 있도록 말이다.

아이들한테 놀이를 가르치자는 노력도 있는 모양인데 내 눈에는 다 헛짓거리로 보일 뿐이다. 아이들은 일고여덟 살이 될 때까지는 몸을 키우는 게 가장 중요한 일이다. 이때 아이들은 자연 속에서 마음껏 뛰놀아야 한다. 놀이를 하면서 손발로, 입과 코와 귀와 눈으로 자연과 만나고 자신의 감각을 일깨운다. 자연이 그 어떤 인공 놀이터보다 더 안전하다. 특별한 때가 아니면 어른이 아이들 놀이에 끼어드는 건 바람직하지 않다. 아이들은 자기들끼리 놀이 규칙을 만들고 스스로 배운다. 아이들한테 놀이를 가르치고 배우게 할 것이 아니라 실제로 놀아 볼 시간을 주어야 한다. 놀 자리를 만들어 주어야 한다. 어른이 앞에 서서 이렇게 저렇게 놀라고 하면서 뭐도 가르치고 뭐도 가르치는 건 놀이가 아니다. 가짜 놀이다. 놀이의 탈을 쓴 가르침이다. 이미 놀이의 규칙을 다 정해 놓은 게 무슨 놀이인가. 가령, 체육 시간에 하는 움직임 놀이를 생각해 보면 쉽다. 놀이라기보다 어른들 운동 경기를 흉내 낸 것이다. 아이들 놀이에 관심을 갖고 살피되 어른들은 뒷자리로 멀찌감치 물러나 있어야 한다. 그래야 잘 논다.

아침 아홉 시부터 오후 서너 시까지 노는 시간이 없고 쉬는 시간이 없다. 밥숟가락 놓기 무섭게 앉혀 놓고 수학을 가르치고 영어를 가르치고 열심히 성실하게 가르치지만 아이들은 저 혼자 마음대로 무얼 했다는 게 없다. 아이들한테서 놀이를 죄다 빼앗아 놓고 요즘 아이들은 숟가락하고 손전화 말고는 다룰 줄 모른다고 나무라고, 심심하다는 말을 입에 달고 산다고 혀를 찬다. 도무지 어찌할 줄 모르는 사람으로 길들여 놓고는 이제 와서 그게 잘못이라고 말해서야 되겠나.

부모님이 하는 일

산비탈에 연보라 쑥부쟁이 꽃이 피어 흔들린다. 귀뚜라미가 운다.

사회 시간. 가정에서는 소득을 어떻게 얻는가를 공부한다. 학습지 한 장을 주고 우리 식구는 어떤 일을 해서 소득을 얻는지 적어 보라고 했다. 그런데 성큼 적지 못하고 고개만 돌려 빤히 내 얼굴을 올려다보는 아이가 여럿이다. 툴툴거리는 소리가 내 귀에 와서 걸린다. 적은 걸 보니 '심부름하고 심부름 값 받아서 용돈을 얻었다'고 적었다. 잘했다. 그런데 아버지 어머니는 무슨 일을 하는지 물음표를 쿵, 찍어 놓았다.

"왜? 어려워? 못하겠어?"

"네, 무슨 일 하는지 모르겠어요."

햐, 제 목구멍 넘어가는 밥이 어떻게 오는지 어떻게 모를 수 있나. 목숨에는 부모님의 피땀이 어떻게 스며들어 이어지는지를 모른다니 할 말을 모르겠다. 알려 해도 알 수 없다면 할 수 없는 노릇이다. 그러나 내가 알아서 무엇 하겠는가 하는 마음은 도대체 무엇인가. 이래서야 무슨 희망이 있겠나.

_2012. 9. 20.

런닝맨 놀이

바람이 불 때마다 앞산 참나무 이파리가 하얗게 뒤집힌다.

준민이가 아침에 아이들 이름을 큼직큼직하게 뽑아 왔다. 척척 붙일 수 있게 라벨지에 뽑아 왔다. 아이들이 준민이 주위에 와그르로 몰려 떠든다. 어쩔까? 요 며칠 아이들은 텔레비전 〈런닝맨〉을 흉내 낸 놀이를 하고 논다. 경찰과 도둑 놀이라고 할까.

등짝에다 이름 하나씩 쩍, 쩍 붙여 놓았다. 신이 났다. 등에 붙인 동무 이름표를 쓱쓱 쓸어 주며 꿈을 꾸는 듯 모두 행복한 얼굴들이다.

걱정스러운 건 계단이고 내리막길이고 복도고 하도 설치고 뛰어다녀서 조심히 놀도록 해도 그때뿐이다. 그만두라 말하고 싶을 때가 한두 번이 아니다. 하긴 아이들이 놀 시간도 마땅찮고 놀 거리도 신통치 않으니 이런 식으로 놀지 않겠나. 모처럼 좋은 놀 거리를 생각해 냈다는 걸 증명하듯 애써 만들어 온 게 아닌가. 하지 말라고 막으면 안 할까? 오히려 어른들 눈을 피해 큰길가에고 아파트에서 할 수도 있겠다. 그래, 오늘만 눈 뚝 감자.

점심시간, 밥 기다리며 줄 서 있는데 지나는 선생님마다 아이들 등짝을 보고 한마디씩 한다. 혀를 끌끌 찬다. 웃는 얼굴이지만 에구구 아이들한테 질질 끌려다니는 못나고 한심한 선생이라고 욕할 것 같다. 얼굴이 괜히 달아오른다.

처음 생각으로는 오늘만 하고 그만하라고 해야지, 했는데 생각이 조금씩 달라진다. 그런 마음이 이는데 옆 반 김수연 선생이 와서 어제 원우가 다친 이야기를 하신다. 어제 앞 동으로 내려가는 비탈길에서 쫓아오는 아이한테 등짝에 붙은 이름표를 뜯기지 않으려고 하다가 자빠져서 한바탕 소동이 일었단다. 교무실에 잘 가지 않아도 그렇지 어제 일을 오늘에야 듣다니. 병원에 가서 머리 사진도 찍고 그랬단다. 그 소리를 듣고는 모른 척하기는 어렵다. 떼라고 하면 원망이 이만저만 아닐텐데…… 눈 질끈 감고 모두 떼라 했다. 예상했던 대로 저항이 만만찮다. 왜 아침부터 하지 말라는 소리를 안 했느냐, 축구나 피구해도 다치는데 왜 런닝맨만 금지시키느냐, 어제오늘 한 놀이도 아니다, 운동장에서도 뛰지 마라 해라, 등에 붙인 종이가 아깝지 않냐……. 입술 사이로 불만이 줄줄 샌다. 웅성웅성, 안 멈춘다. 하아, 고 녀석들 참 말 많다.

나는 변명하느라 쩔쩔맸다. 점심시간 내내 옆 반 원우 때문에 런닝맨 놀이를 학교에서 금지시켰다는 소문이 돌았다. 원우 때문이 아니라 모두 너희 안전을 위한 일이었다고 해도 곧이곧대로 듣는 아이가 드물다. 왜 선생님 마음대로 놀이를 금지시키느냐고 가자미눈을 하고 째려본다. 앗, 뜨거라. 뭐, 그래도 다치는 일이 없다면 그깟 사나운 눈초리쯤은 얼마든지 받겠다. 어쨌든 이게 죄다 아이들하고 의논 않고 내 마음대로 갑작스레 금지 규칙을 정한 때문이다.

속으로 너희 같은 사람들이 민주주의를 지킨다는 생각을 해 본다. 짜증이 났다가 바꾸어 생각하니 든든하다. 아이들 보고 웃었다.

_2012. 5. 22.

스마트폰

학교에 오면
남자애들은 스마트폰으로 게임을 한다.
선생님 온 지도 모르고 게임을 한다.
나도 와서 즐겁게 한다.
선생님이 오면 게임 오버다.
스마트폰을 꺼야 한다. 끄고 집 갈 때까지 기다려야 한다.
그때부터 또 스마트폰 켜고 게임을 한다.
학원 가서도 하고 집에서도 하고
스마트폰 없을 때는
뭐 하고 놀았는지 아예 생각이 안 난다.
_김동현A, 4학년(2012. 11. 13.)

내 자전거

내 자전거는
내가 여덟 살 때 샀다.
그런데 지금은 안 탄다.
지하주차장에 있다.

가 보면 먼지가 뽀얗다.

거미줄도 많다.

녹이 슬었다.

솔직히 말해서

탈 시간도 없다.

_유은상, 4학년(2011. 12. 14.)

깡통 차고 놀았다

추석인데 깡통 차고 놀았다.

깡통을 차고 후다닥 숨으러 간다. 술래가 찾으러 간다.

술래한테 들키지 않게 와서 깡통 뺑, 차고 또 숨으러 간다.

술래가 또 찾으러 간다.

_이다인, 4학년(2011. 9. 14.)

알까기

지훈이와 알까기를 한다.

내가 먼저 공격이다.

내 알 보고 지훈이 알 보고

또 내 꺼 보고 지훈이 알 보고

손가락에 힘을 주고 힘 있게 친다. 그런데

알 사이를 또그르르 피해 간다. 죽었다.

지훈이가 친다.

내 알이 정확히 튕겨 나간다.

한꺼번에 두 개가 죽었다.

내가 졌다.

바둑알처럼 내 몸도 튕겨진다.

_최인서, 4학년(2012. 2. 8.)

추석

추석 때 나는

집에 콕 박혀서 게임하고 뒹굴고 테레비 봤다.

놀이터에 친구들이 하나도 없었다.

심심했다. 놀고 싶었다.

_신승훈, 4학년(2011. 9. 14.)

밖에서 놀기

우리 선생님은 날 좋은데 밖에 나가 뛰어놀아라 한다.

놀아야 공부가 잘된다는데 내 생각은 다르다.

그래도 지훈이랑 밖에서 논다.

공 없는 야구, 공 없는 피구, 공 없는 축구, 공 없는 배구, 철봉

없는 철봉, 술래 없는 술래잡기, 라켓 없는 배드민턴을 한다.

공이 없어도 재미있다. 공 없이 해도 마음으로 공을 생각하고 공을 몰고 간다. 내가 진짜 잘하는 것처럼 느껴진다. 공 없는 피구할 때는 아웃도 안 한다. 나는 공 사이를 날쌔게 피한다. 살짝 억지다.

_최인서, 4학년(2011. 9. 20.)

08
문화예술 교육

아이들은 온갖 방법과 모양으로 자기표현을 한다. 손으로 무
엇을 만드는 것, 노래를 부르거나 춤을 추는 것, 연극을 하는
것, 토론을 하는 것이 모두 자기표현이다.

_『민주교육으로 가는 길』, 149쪽

사람은 누구든 나름의 흥미나 생각 또는 욕구를 드러내려는 본능이
있다. 그래서 아이들은 그림을 그리면서 글을 쓰면서 노래를 하고 춤
을 추면서 아이다운 즐거움과 슬픔과 무서움과 꿈과 상상을 표현하고
창조성도 길러지고 감정도 풍부해진다. 이렇게 자기표현이 이루어지는
교육, 일테면 미술, 음악, 무용, 연극 교육 따위를 우리는 흔히 예술 교
육이라고 한다. 이때 표현은 '얼마나 잘하느냐'보다 서툴더라도 '자유롭
게 드러냈느냐'에 더 초점을 두고 살펴야 한다. 간섭이나 지시에서 벗어
나 즐겁게 표현할 때라야 비로소 목숨이 생생하게 살아날 테니까.

하지만 학교 교육 틀 안에서 이루어지는 예술은 제대로 되는 게 드
물다. 우리는 얼마나 그림을 잘 그렸는가, 얼마나 잘 만들었는가, 얼마
나 노래를 잘 부르는가, 얼마나 잘 연주하는가에 지나치게 관심이 컸

다. 음악이고 그림이고 몸짓이고 아이 하나하나의 삶과 마음이 드러나는 귀한 교육 수단이지만 지금껏 예술 교육은 오히려 그것을 가로막는 데 더 기여해 왔다.

멀리 갈 것도 없다. 미술교육 한 가지만 봐도 그렇다. 지금까지 해 왔고 지금도 이 땅의 많은 교실에서 어른이 주는 대로 따라 그리고 흉내 내어 만들게 하면서 재능이 뛰어난 아이 몇몇을 위한 교육이 되고 있다. 거꾸로 대부분 아이들에게 열패감을 심어 주고 있다. 개성을 지우고 교과서에 나온 그림, 남이 그려 놓은 그림을 따라 그리도록 철저하게 훈련하고 있으니 이 얼마나 무섭고 잔인한 일인가. 너나없이 누려야 할 예술이지만 음악, 미술, 무용 하면 많이 배우고 많이 가진 사람이라야 누릴 수 있는 것이라는 잘못된 가치관을 심어 주고 있다.

예술은 잘하고 못하고를 말할 수 없다. 하지만 교실에서 보면 그림을 망쳤다고 종이를 바꿔 달라거나 심지어 와락 구겨서 쓰레기통에 처박는 모습도 심심찮게 볼 수 있다. 다른 아이가 그린 그림과 견주고 교과서에 나온 그림과 대보면서 자기 것이라고 당당히 내보이지 못하고 머뭇거리고 눈치를 본다. 국어, 수학, 과학, 사회 같은 교과는 생각을 다루는 까닭에 묻는 것이 중요하다면 노래 부르고 춤추고 시를 쓸 때는 솔직하게 표현하고 공감하는 게 중요하다. 하지만 우리는 노래도 춤도 시도 등수를 매기고 줄 세우는 데 너무도 익숙하다. 자신을 소개하라고 하면 자기 안에 기준을 둔 무엇을 '좋아한다'는 말보다 남들과 견주어 볼 때 이런저런 건 내가 더 '잘한다'는 말이 넘쳐난다. 그래서 수학을 잘한다, 노래를 잘한다, 그림을 잘 그린다, 말을 잘한다고 하는 아이는 많아도 수학을 좋아한다, 노래 부르기를 좋아한다, 그림 그릴 때 행복하다, 이야기를 좋아한다고 말하는 아이는 드물다. 자랑거리 하나 변

변한 게 없고 말이고 글이고 똑똑하지 못하고 그래서 언제나 문제투성이로만 자신을 보도록 만든 교육의 탓이 크다.

말이 났으니 초등학교 교실에서 예사로 테두리만 남긴 밑그림을 주고 색칠을 하라고 하는 모습도 여전하다. 색칠하기 공부라고도 하는 모양인데, 이게 공부인가. 이오덕은 이를 두고 사람을 '원숭이로 만드는 교육'이라고 크게 비판한다.

어떤 형태를 테두리만 그려 놓은 것을 아이들에게 주어서 거기에 색칠을 하게 하는 짓인데, 아이들의 창조적 재능의 싹을 아주 짓밟아 버리는 이런 짓을 교육이라고 거의 모든 유치원과 초등학교 저학년에서 예사로 하고 있다. 이런 '색칠하기'를 한두 번 해 본 아이들은 그만 자기 스스로 어떤 그림을 그릴 줄 모르게 되고, 언제까지나 남의 그림을 따라 그리기만 한다. (……) 아이들의 그 놀랍고 아까운 창조적인 재능의 싹을 모조리 짓밟아 죽여 버리고, 아이들의 그 아름다운 생명을 표현하는 문을 아주 영원히 닫아 버리는 것이 바로 살인교육이라고 보기 때문이다.

_『민주교육으로 가는 길』, 158쪽.

다 달라야 한다

하늘이 맑더니 저녁부터 빗방울 듣는다. 빗소리에 나무들이 하나씩 깨어나 소리를 낸다.

미술 시간에 수묵화를 했다. 말이 수묵화지 솔직히 수채화에 가깝다. 연필로 스케치한 다음 그 위에 붓펜으로 선을 그린다. 끝으로 수채 물감을 써서 색칠하면 끝.

미술 시간마다 뭘 그려라 하면 아무 요령이 없이 허둥대며 망쳤다는 소리를 듣기 싫어 꾀를 낸 셈. 바닷물고기 사진을 한 장씩 나눠 주고 먼저 눈으로 잘 살펴보라고 했다. 여기 아이들은 바닷가에 살지만 우리 동네에서 나는 물고기 이름을 모른다. 실물을 코앞에 놓고 만져 보고 살펴보면 좋겠지만 우웩, 비린내 하고 손바닥으로 콧구멍부터 막을 게 뻔하다. 뭐, 바닷물고기 이름뿐이랴. 발끝에 걸리는 명아주, 바랭이, 질경이, 꽃다지, 쇠뜨기, 쇠무릎, 살갈퀴, 고들빼기, 씀바귀도 모른다.

"똑같이 그려요?"

"어떻게? 똑같이 그릴 수 있겠어?"

"히힛, 어떻게 똑같이 그려요?"

"그렇겠지. 그러니 천천히 정성껏 그려 봐."

그림이든 글이든 말이든 '관찰'이 무엇보다 중요하다. 눈으로 똑똑히 보아야 그릴 수 있다. 아이들은 연필로 그려 와서 보인다. 망설임 없이 씍씍하게 그리는 아이를 보면 반갑고 기뻤다. 그렇다고 장난삼아 정성 없이 그리는 뭉툭한 놀림하고는 다르다. 그려 온 스케치를 본다. 같은 물고기를 그렸어도 하나같이 다 다르다. 제 맘에 썩 차지 않는 아이는 그림을 들고 와서 자꾸만 가린다. 잘 그린 그림이라고, 그림은 다 달라야 하는 거라고 거듭 말해도 곧이듣는 아이는 몇 없다. 고등어, 참돔, 가다랑어, 대구, 방어, 이렇게 다섯 가지를 나눠 줬는데 참돔과 대구를 골라 그린 아이가 많지 않다. 참돔은 무늬가 어려워서, 대구는 이쁘지 않아서 버림받았다. 이래서는 안 되겠다. 참돔 그린 아이 셋을 칭찬해 주었다. 정말 어려운 그림을 공들여 잘 그렸다고.

"○○이가 그걸 그린 건 그릴 게 없어서 어쩔 수 없이 고른 거예요." 하는 아이가 있었다. 미운 마음이 왈칵, 들었다. 그만큼 자세자세 그리려면 순간순간 손끝에 신중해야 한다. 대가리에서 꼬리까지 지느러미며 비늘까지 몸뚱이를 이루는 하나하나를 느끼며 눈은 또 얼마나 부지런히 사진과 그림 사이를 오갔겠나. 좋은 마음으로 시작했다가 남들 애써 그린 그림을 낮잡아 보는 마음은 아니라고 말해 주고 끝냈다.

아이를 집으로 보내고 괜한 말을 했다 싶어 마음이 어두웠다.

_2012. 9. 4.

09
우리 말과 글을 살리는 교육

지난 천 년 동안 우리 겨레는 끊임없이 남의 나라 말과 글에 우리 말글을 빼앗기며 살아왔고, 지금은 온통 남의 말글의 홍수 속에 떠밀려 가고 있는 판이 되었다. 그래서 이제 이 나라의 부모들은 아이들에게 모국어를 가르치는 일조차 아예 그만두었다. _『우리글 바로쓰기 1』, 머리말

이오덕은 지금 이 나라 말과 글이 어떤 처지에 있는가를 이같이 말한다. 그래서 이오덕을 교육자나 어린이문학가보다는 우리 말 우리 글 바로 쓰기 운동가 또는 연구자로 떠올리는 사람들이 생각보다 많다.

이오덕은 1989년부터 깨끗하고 쉬운 우리 말과 우리 글을 살려 쓰자는 주장을 펼치고 앞장서 줄기차게 실천한다. 더러 언어민중주의자니 언어민족주의자라는 소리를 듣긴 해도 1990년대 어린이문학은 말할 것도 없고 우리 사회 여러 분야에서 문체 혁명을 불러일으킨다.

그러면 우리 말과 글을 밀어내고 다른 나라 말글을 끌어들이는 일을 누가 해 왔는가. 배운 사람이고 똑똑한 사람이고 방귀깨나 뀌는 사람들이었다. 이들은 한자를 끌어들이고 일본말과 미국말을 써야 한다

고 줄기차게 부르댔다. 우리 말과 글은 저들 말에 대면 한없이 수준 떨어지고 아름답지 못하다는 생각을 끊임없이 퍼뜨렸다. 입에 붙은 우리 말과 글은 야만스럽고 못나고 거친 말로 무지렁이나 쓰는 것으로 믿게 하고, 자신의 말로 말하고 글 쓰는 것을 부끄럽게 생각하도록 만들었다. 거꾸로 한자말과 일본말과 미국말 쓰는 사람이 높은 자리에 오르는 것을 여기도록 했다. 일제강점기가 끝났지만 말과 글은 말할 것도 없이 문화로나 정신으로나 식민지 흔적은 아직도 이어진다. 그뿐인가. 우리 안에서도 시골 사람이 쓰는 말은 격이 떨어지고 농투사니가 쓰는 말로 여기게 가르쳐 왔다. 너나없이 서울말을 표준이요 보편이요 교양으로 써야 한다고 줄기차게 가르쳐 왔다. 삶에서 절로 나온 말들은 가뭇없이 사라지거나 사라질 위기에 몰려 있다. 그 일을 교육과 언론이 주도해서 해 왔다.

> 날마다 텔레비전을 쳐다보면서 거기서 들려오는 온갖 잡탕의 어설픈 글말을 듣고 배우는 아이들을 생각하면 눈앞이 캄캄해진다. _『우리글 바로쓰기 1』, 머리말

> 우리는 누구든지 학교에 들어가기 전에 부모로부터 평생을 쓰게 되는 일상의 말 대부분을 배웠다. 그러나 학교란 곳에 들어가고부터는 집에서 배운 말과는 바탕이 다른 체계의 말을 익혀야 했다. 그래서 부모한테서 배운 말을 부끄럽게 여기고 잊어버리게 하는 훈련을 오랫동안 받았던 것이다. 학교뿐 아니라 사회에 나와서도 그랬다. _『우리글 바로쓰기 1』, 머리말

나는 아이들에게 아이들 말을 하지 못하게 하고 어른 말, 글
말만을 하도록 훈련하는 교육이 우리 말 전체를 병들게 하고,
우리 겨레의 마음을 병들게 하고, 그래서 우리 문학이며 예술이
며 학문이며 정치며 역사 전체를 병들게 하는 근원이 되었다고
본다. _『우리글 바로쓰기 1』, 110쪽

이제는 아이들 말도 많이 오염되어 있기는 하지만, 그래도 어
른들이 하는 말보다는 아이들 말이 더 깨끗하다. 중학생 말보다
국민학생 말이 더 깨끗하고, 같은 국민학생이라도 1학년 어린이
들의 말이 가장 깨끗하다. _『우리글 바로쓰기 3』, 172쪽

우리 교육은 학년을 더할수록 어머니에게서 배운 말, 지역 사람들
입에 붙은 말을 낮잡아 보고 잊어버리게 하는 교육을 해 온 게 숨길
수 없는 사실이다. 어려운 한자말과 바깥에서 밀려들어 온 영어나 일본
말을 섞어서 쓸 줄 아는 사람이라야 배운 사람으로 대접 받았다. 빌려
온 말은 책으로 교과서로 배운 말이다. 하나같이 입에서 멀어진 글말
이다. 말이 먼저 있었고 그 말을 적은 게 글일 텐데 요즘은 거꾸로 글
이 말을 쥐락펴락하는, 뒤집힌 세상이 되었다. 쉬운 말과 글로 하면 어
리보기로 보고 멸시한다. 도리어 어려운 한자말, 다른 나라말을 쓰면
유식하고 훌륭한 사람으로 여기는, 거꾸로 된 세상이 되고 말았다.

같은 우리 말이라도 서울말은 모두가 배워 따라야 할 '표준어'이지만
입에 붙은 사투리는 촌스러운 말로 미련 없이 잊고 버려야 할 말처럼
여기는 버릇이 굳어져 좀처럼 고쳐지지 않는다. 「표준어규정」 제1항에
서 '표준어는 교양 있는 사람들이 두루 쓰는 현대 서울말로 정함'을 원

칙으로 한다고 못 박아 놓았다. 이때 어느 한쪽을 '표준'이라고 해 버리면 다른 쪽은 자연스럽게 '비표준'이 되고 만다.

하지만 지금 여기 삶을 중요하게 여기고 살아 있는 말을 더 귀하게 지켜야 할 말이 아닌가. 말에는 그 말을 쓰는 사람의 정신이 깃들고 겨레의 얼이 스며 있다. 말이 병들면 정신이 병든다. 정신이 병들면 겨레고 사회고 나라고 난장판이 되는 길 말고는 다른 길은 없다.

말은 삶 속에서 배우는 것이라야 한다. 이 말을 뒤집으면 책으로 교과서로 배우는 것이 아니라는 말이다. 말이 도대체 무엇인가. 생각을 주고받는 도구이다. 서로가 막힘없이 주고받자면 쉬운 말이면서 부드러운 말이어야 한다. 깨끗한 우리 말이어야 한다. 거기서 교육 혁신이 싹트고 민주교육이 일어나고 겨레의 얼이 살아난다.

그러면 우리 말인지 아닌지는 어떤 잣대로 가르는가. 이오덕은 '시골에 사는 농사꾼, 책을 읽지 않고 일하면서 살아가는 농사꾼'의 말을 잣대로 내놓는다. 이러한 생각은 『우리글 바로쓰기 1, 2, 3』에서 한결 또렷하다.

> 서양말이고 일본말이고 중국말이고 무슨 말이든지 남의 나라 말을 공부하려고 하는 사람은 자기 나라 말 공부부터 먼저 해야 하고 자기 나라를 사랑하는 정신이 있어야 한다. 제 나라 말은 잘 모르면서, 제 나라 글을 쓰지 못하면서 남의 나라 말을 배우게 되면 외국을 숭배하게 되어 반민족의 길을 걸어가기 마련이다. _『우리글 바로쓰기 3』, 304쪽

이런 생각은 그가 1998년 11월에 쓴 『우리 말 노래』에도 고스란히

담겨 있다. 우리 말은 강아지와 참새와 냉이풀도 알아듣는 말, 우리 글로 적는 말이라고 한다.

우리 말 쉬운 말 쉬운 말을 합시다.
어렸을 때 배운 말 강아지와 주고받던 말
그 말이 우리 말이지요 정든 배달말
우리 글로 적는 말 강아지도 알아듣는 말
우리 말 고운 말 고운 말을 합시다.
어렸을 때 하던 말 참새한테 들려주던 말
그 말이 우리 말이지요 자랑스런 배달말
우리 글로 적는 말 참새도 알아듣는 말

우리 말 아름다운 말 아름다운 말을 합시다.
어렸을 때 들은 말 냉이풀과 속삭이던 말
그 말이 우리 말이지요 우리 목숨 배달말
우리 글로 적는 말 냉이풀도 알아듣는 말
_『이 지구에 사람이 없다면 얼마나 얼마나 아름다운 지구가 될까?』, 598쪽

이에 이오덕은 '우리 말을 살리는 겨레 모임'과 '한국글쓰기교육연구회' 활동에 참여하면서 우리 글 바로 쓰기의 뜻을 어기차게 펼쳐 나간다. 1989년 『우리글 바로쓰기』를 펴내고, 1990년 초에는 '우리 말 연구소'를 운영하면서 '우리 말 살리는 모임'을 하다가 1995년 '한국글쓰기교육연구회'와 합쳐 '한국글쓰기연구회'를 만든다. 하지만 우리 글 바로 쓰기와 우리 말 살리는 운동이 활발하게 일어나지 않으면서 1998

년 다시 '우리 말 살리는 겨레 모임'을 만들어 『우리 말 우리 얼』이라는 회보를 꾸준히 냈다. 이러한 우리 글 바로 쓰기는 무엇보다 말과 글의 민주화에 방점이 찍혀 있다. 강아지도 알아들을 만큼 쉬운 우리 말로 모두가 제 속에 있는 말을 자유롭게 할 수 있는 세상을 만들자고 주장한다.

최근 들어 한자 병기를 부르대는 사람들을 심심찮게 본다. 그 시커먼 속을 의심하지 않을 수 없다. 거기엔 탐욕스러운 자본 논리만 도사리고 있을 뿐 아이를 생각하는 마음은 병아리 눈곱만큼도 없다. 그러니 무엇보다 초등학교 3학년 이상 교과서에 한자 병기 방침에 맞서 싸워야 한다. 쉽고 깨끗한 말을 두고도 우리 말이 될 수 없는 말, 우리 말이 되어서는 안 되는 말, 남을 따라 쓰는 말들을 써서 이 나라 말과 글이 어찌 되었는가를 보면 환해진다.

욕 공부 많이 했나 봐요

일어나 내다보니 하늘이 흐리다. 바람이 차다. 으스스 소름이 돋는다. 오후에는 비가 왔다. 요란하다. 천둥이 꽈르르르 꽝 콰강 내리친다. 교실 창을 닫았다.

국어 시간에 조사 보고서 쓰기 공부를 한다. 책에는 방언 조사를 하라고 나왔는데 그게 되겠나. 시시한 공부는 아니지만 아이들로선 어렵겠다. 딴에 우리 말 공부를 하면 좋겠다는 생각으로 우리 동네 간판, 요즘 노래 제목, 아이들이 쓰는 욕, 꽃 이름이나 나무 이름, 과자 이름 같은 건 어떤가 하고 물었다. 아이들은 좋다고 했다. 그게 지난주 일이다. 늘 겪는 일이지만 은근 아이들이 어떻게 써낼지 궁금하다.

한 주가 지났다. 오늘이다. 조사해 온 것을 저마다 발표하는 날. 어떻게들 해 왔을까? 선향이는 아침부터 와서 설레발을 친다. 숙제하긴 했는데 식구들한테 물어서 했단다. 그래 무엇을 했는가 물으니 꽃 이름 유래를 조사해 왔다. 아버지하고 어머니한테 물어서 했다. 고생이 많았겠다. 모르긴 해도 뭐 이딴 걸 조사시키느냐고 했을지도 모르겠다. 어쨌거나 해 왔으니 선향이는 통과. 동현이는 요즘 가요 순위를 조사해 왔다. 요전 날 나하고 이야기 나눌 때는 노래 제목 가운데 우리 말 노래 제목이 얼마나 되는가 알아보면 좋겠다고 해 놓고 기껏 순위를 조사해 왔다. 어유, 그래도 그렇게라도 해 온 게 어딘가. 그래서 동현이도 통과. 다흰이는 '음식 재료 또는 과일 이름 조사', 한터는 '인터넷 채팅어 조사', 태연이는 '우리 동네 간판 이름 조사', 예은이는 '가을에 피는 꽃과 길이', 혜정이는 '우리 동네 간판 조사', 민선이는 '과자 이름 조사'……. 그래서 통과. 낙서처럼 해 와서는 "여기 보고서요!" 하고 내미는 아이도 있다. 옆으로 밀쳐놨다. 해 왔으니 어쨌든 통과. 더욱 기막힌 건 숙제하지 않고도 당당한 녀석들. 으 끓는다.

보고서 쓰는 방법을 다시 해 보자. 질문지로 조사하기. 몇몇 아이들이 해 보겠다고 해 놓고 손도 대지 않은 주제.

'아이들은 어떤 욕을 쓸까?'

욕을 조사하는 목적부터 이야기해 보자. 아이들이 어떤 욕을 쓰는지, 뜻은 알고 지껄이는지, 어떤 때 쓰는지 알고 싶어서 한다고 치자. 그다음엔 뭐 할까? 그렇지, 질문지를 만들고 질문지를 모으면 되겠다. 우리끼리 하는 거니 틀 같은 건 집어치우고 그냥 쪽지에다 한 번 해 보자. 손바닥만 한 쪽지 한 장씩 나눠 주고 자기가 아는 욕이나 흔히 쓰는 욕을 적어 보라고 했다. 시간은 딱 오 분. 이럴 때 "저는 아는 욕이 없어요!" 하는 아이가 하나쯤 있으면 어떨까, 그러면 나는 기쁠까. 다른 날은 쓸 게 없다고 궁시렁대는 아이가 하나쯤 있었는데 지금은 안 그렇다. 누가 볼까 손으로 가리고 엎드려 쓴다. 신이 났다. 정신없이 갈긴다. 슬레이트 지붕에 우박이 따라라락 떨어지는 소리만 같다.

오 분은 금방 지났다. 아이 몇은 더 쓸 수 있는데 걷는다고 아쉬워한다. 거뒀다. 시간 많지 않으니 열 장만 펴 보고 어떤 욕을 쓰는지 알아보자고 했다. 나는 컴퓨터를 켜고 아이들은 화면을 본다. 내가 욕을 적을 때마다 키득거리며 한마디씩 한다.

"지금 그 욕은 누가 쓴 거예요?"

그건 알아서 뭐 할 거냐, 하는 얼굴로 그 애를 물끄러미 봤다. 얼굴이 빨개져서 얼른 고개를 숙인다.

"○○○는 무슨 뜻이에요?"

내가 아이들한테 새로운 욕 공부를 시키는 건 아닐까. 욕을 안다고 모두 쓰는 건 아니라고 혼자 위로해 본다. 자신을 귀하게 여길 줄 아는 사람은 자기가 귀해지는 말을 할 것이다. 말 한 마디 한 마디가 조심스럽다. 안다고 욕을 나불거리지 않을 것이다. 표로 만들었다.

수	욕
10	씨×, 병×(새끼), 개××
9	닥쳐
5	꺼져
4	×나(졸라/존나), 싸가지, 아가리, 미친×, ×같은
3	×랄(하네), 눈 깔아, 쌍×끼
2	호구×, 호구×끼, 엿 처먹어, 엿먹어라, 빠×, 또라이, 또라이 새끼
1	뒤질래, 섹×야!, ×창, 개×아, 돼지새끼, 기집애, 머슴애, 소새끼, 쨔샤

뭐, 대충 이렇다. 뻔한 욕들이다. 나머지도 펴 보나 마나. 이 비슷한 욕들이 잔뜩 쏟아질 거다. 한두 가지 새로운(?) 욕이 있을까. 조사 보고서를 쓰자면 이딴 걸로 표로 만들 수도 있고 그래프도 만들어 볼 수 있을 거다. 이렇게.

자, 이제 말밑을 따져 보자. '개××' 붙은 욕들은 어미, 아비도 몰라보는 개 같은 사람, '씨×', '×나', '빠×'는 사람의 성기에 빗대어 하는 욕이라고 했더니 헉, 하고 놀란다. 정말 그런 말이냐고 웅성웅성 눈빛이 흩어진다. 얼굴 벌게지는 아이도 있다. '미친×', '또라이'는 '정신 돈+아이', '지랄'은 '간질병', '호구'는 '호랑이 아가리라는 말인데 어수룩해서 놀려먹기에 좋은 사람', 그 말 말고 '닥쳐', '꺼져', '눈 깔아', '뒤진다', '아가리', '엿먹어라', '기집애', '머슴애' 따위 말들은 부드럽고 친절한 말을 두고 상대를 낮잡아 말할 때 쓰는 말이다. 그런데 '돼지새끼', '소새끼'를 욕이라고 쓴 건 우습다.

이런 말밑을 알고 나면 욕을 적게 쓸 거라고 나는 믿는다. 모르고 지껄일 때야 어쩔 수 없지만 뻔히 알면서 욕을 입술에 붙이고 산다면 그건 정말 욕 들을 일이다. 마칠 때쯤 누가 그랬다.

"선생님, 욕 공부 많이 했나 봐요?"

그래, 나는 욕 공부 많이 한 사람이다. 너네보다 욕 훨씬 많이 알고 입술 밖으로 술술 내뱉을 수 있지만 나는 아무 때나 욕하지 않는다.

공부를 마치면서 생각하거나 느낀 점을 물었다. 아이들이 한 말.

> 동현A 이제 나는 욕을 안 쓰겠습니다.
>
> 수진 욕을 쓰니까 내가 깡패가 된 것 같았다.
>
> 민규 다른 사람이 나한테 욕해서 듣는 것도 기분 안 좋지만 내가 다른 사람한테 욕하면 안 된다는 생각을 했다.
>
> 민기 우리 반 아이들이 너무 욕을 많이 안다.
>
> 유빈 내가 모르는 욕이 이렇게 많을 줄은 몰랐다. 근데 욕을 안 쓰면 좀 힘들 것 같다. 입에 욕이 좀 익숙해져 있어서 그렇다. 어른들이 담배를 못 끊는 것처럼 욕에 중독된 것 같다.
>
> _2012. 5. 30.

| 아이들과 함께
받아쓰기

은근히 덥다. 땀난다. 옷이 척척 달라붙는다. 동현이는 아침부터 공을 찼다. 머리카락 끝에 땀이 동글동글 맺혔다. 누가 보면 빗속에서 공찬 줄 알겠다. 곁을 지날 때마다 땀 냄새가 후욱 난다. 옆자리 다빈이가 암말도 않고 견디는 게 대단하다.

아침에 받아쓰기 공책을 내주고 어제 배운 수학 다섯 문제를 칠판에 적어 주고 풀어 보라고 했다. 대분수의 덧, 뺄셈 문제를 다섯 개 적었다. 조금 어려우려나 싶어 써 놓고 다시 쉬운 문제로, 그러니까 계산하기 좋은 문제로 바꿔 적었다. 입이 쑤욱 나왔다가 헤헤거린다. 수학도 별거 아니네 하면서 지현이가 입을 까분다. 눈에 힘을 딱 주고 봐도 그때뿐이다. 살펴보니 다 풀었다. 이제 받아쓰기할 차례다. 선생이 불러 주는 대로 받아 적는 시험이 아니라 아이가 불러 주는 받아쓰기다. 요건 탁동철 선생님한테 얻어 배운 거다.

"동현이 신발에서 발꾸락내가 나도 너무 난다."

민기가 불러 준 말이다. 동현이 신발까지는 잘 썼는데, 저마다 발꾸락내, 발꾸렁내, 발꼬랑내, 발꾸럭내 하면서 입소리를 내어 본다. 부러 나도 고개를 이리 삐끗 꼬았다 저리 꼬았다 하면서 '히야, 어렵다'는 시늉을 한다. 그다음 문제는 혜정이가 불렀다.

"한양마트 앞에서 검정개가 갑자기 왁왁 짖어서 와아, 시껍아 했다."

흠, 이번에는 '시껍아'에서 다들 정말 식겁한 얼굴이다. '시껍아'를 어떻게 쓰느냐고 여기저기서 소곤댄다. 앞자리 앉은 한승이가 고개를 주욱 늘이고 내 것을 보려고 해서 얼른 팔로 가리면서 "야아, 남의 것 보기 있기, 없기?" 했다. 한승이가 히이 웃으며 "없기!" 하면서 풀썩 내려앉는다.

마지막 문제는 한터가 낼 차례. 한터가 큼, 큼 하면서 뭘 내야 하지, 뭘 낼까 하고 혼잣말처럼 떠드니까 동현이가 와락 성을 낸다.

"야, 이 바보야, 빨리 문제 부르라고."

문제 부르라는 말은 한쪽 귀에서 다른 쪽 귀로 빠져나가고 '바보'란 말만 귀에 처억 걸렸다. 그냥 순순히 넘어갈 한터가 아니다. 바보라는 소리 듣고도 히죽 웃고 넘어가면 그게 정말 바보 아니겠나. 좀 더 지켜보기로 한다.

"야, 내가 바보면 김동현 니는 발꾸릉내 나는 놈이다."

한터가 주먹을 불끈 쥐어 책상을 쿵 내리치면서 씩씩대니까 저 뒤쪽에 앉은 민규가 "한터, 그게 문제지?" 하면서 얼른 엎드려 받아 적는 시늉을 한다. 그 말에 "정말 그게 문제야?" 하면서 아이들이 웅성댄다. 얼떨결에 받아쓰기 문제를 불러 준 꼴이 되었다. 딴 애들도 잘됐다고 하고 공책에 적는다. 내가 피식 웃으니까 한터도 "좋아, 그게 문제야!" 한다. 그만 한 일로 서로 얼굴 붉히고 주먹다짐까지 할 일은 아니다. 다행이다.

이제 칠판에 나와서 세 아이가 자기가 문제로 불러 준 것을 차례로 또락또락 적는다. 맨 먼저 민기가 나왔다.

"1. 동현이 신발에서 발꾸락내가 나도 너무 난다."

다 적고는 뒤를 돌아보면서 씨익 웃는다. 발꾸락내를 발꾸렁내, 발고랑내, 발꾸린내, 발꾸릉내, 발꼬랑내라고 적은 아이들이 하아, 하고 아쉬운 소리를 낸다. 다음엔 혜정이가 나와서 적는다.

"2. 한양마트 앞에서 검정개가 갑자기 왁왁 짖어서 와아, 시꺼바 했다."

허얼, 하는 소리가 여기저기서 터져 나온다. 시껍아, 식꺼바 하고 쓴 아이들이다. 나는 '식껍아' 하고 써서 틀렸다. 시꺼바를 저렇게 쓰는 게 맞느냐고 내게 판가름해 달라고 왁자지껄 떠들어 댄다. 내 공책을 들어 보이면서 나도 틀렸다고 했다. 내가 틀렸다고 하니까, 이번 문제는 너무 어려운 최상 난이도 문제였다고 한마디씩 보탰다. 끝으로 한터가 나왔다.

"3. 내가 바보면 김동현 니는 발꾸릉내 나는 놈이다."

여기서도 발꾸릉내 때문에 틀린 아이가 많다. 아까는 '발꾸락내'였는데 왜 이번엔 '발꾸릉내'냐고 문제 불러 준 아이들이 문제라고 투덜댔다. 더 큰 논란은 "야!"를 불렀느냐 안 불렀느냐다.

"한터, 야, 하고 니가 동현이 불렀잖아?"

"그건 빼고 써야지."

"아, 답답해. 아까 니가 동현이 보고 '야' 했잖아."

"아, 그러면 '야' 쓴 것도 맞고 '야' 안 쓴 것도 맞다고 해!"

"어, 그러면 '발꾸릉내'도 '발꾸린내'로 써도 맞겠네?"

"그건 아니지. 나는 분명히 발꾸릉내라고 했거든."

한터가 지지 않고 '발꾸릉내'라고 하니까 '발꾸릉내'라고 받아쓴 유빈이가 "맞아, 나도 발꾸릉내라고 내 귀로 똑똑히 들었어." 하고 맞장

구친다.

이래서 발꾸릉내가 맞는 것으로 해서 세 문제 정답 발표가 모두 끝났다.

받아쓰기 문제 불러 주려면 아무래도 학교 오가면서 일어난 일들을 눈꺼풀에 새기고 귀에 들리는 소리를 소중히 담아 와야 한다. 마음이 있어야 들리고 보인다. 제아무리 이쁜 꽃들이 피고 져도 제아무리 직박구리가 시끄럽게 울어도 심지어 머리통에 모과를 떨구어도 관심이 없으면 그게 꽃인지 직박구린지 모과나문지 어떻게 알겠나.

다 맞은 사람은 한 사람도 없다. 내 책상 앞에 앉은 한승이는 틀린 글자를 하나하나 세더니 96점 하고 처억 적는다.

옆자리 예은이가 "야, 어떻게 96점이냐? 빵점이지." 하고 작은 소리로 말하니까 "아니지. 다 맞으면 백 점이지? 그런데 네 글자 틀렸으니까 백 빼기 사 하면 96점이지." 하고 히죽 웃는다.

"야, 그러면 나는 97점이겠네."

받아쓰기 문제 불러 줄 때는 불러 준 사람이 선생이다. 눈으로 귀로 잡아낸 사람이 그 말의 주인이다. 내 말이 귀한 것처럼 다른 사람 말도 귀하다. 저마다 자기 입에서 터져 나온 말로 서로를 가르쳐 보는 거다. 그게 귀한 발견이고 귀한 말이고 뜻 깊은 일이다. 저 높은 데서 에헴, 하고 이게 표준말이라고 정해 놓은 것을 몰라라 해선 안 되겠지만 그건 교과서에서 배우는 말이다. 국어 시간에 공부로 해도 얼마든지 될 말이다.

개교기념이 뭐냐고?

내일은 개교기념일이다. 학교 끝날 때가 되어서 내일은 개교기념이 니 학교 오는 사람은 없겠지, 했다. 모두가 한목소리로 좋아라 하는데, 학빈이가 "어, 왜요?" 한다. 저쯤 앉았던 승민이가 웃으면서 "야, 쌤이 내일 개교기념일이라고 했잖아." 한다. 이 정도는 누구라도 할 수 있는 말. 그 말에 학빈이가 뾰족해져서 묻는다.

"나두 아다알아. 근데 개교디념(개교기념)이 모냐고?"

"어휴, 바보야. 개교디념이 아니고 개교기념일이라고."

'바보'라는 말이 내 귀에 거슬린다. 흐읍, 하고 한 박자 쉬었다가 '바 보'가 뭐냐고 한마디 하려는데 학빈이 입이 내 입보다 더 빠르다.

"후우, 이 빵꾸똥꾸야, 그더니까 개교디념이 모냐고?"

욘석들은 '바보', '빵꾸똥꾸'를 아주 부름말처럼 쓸 작정인가. 그래도 바보라는 소리 들었으면 누구라도 묵묵히 듣고만 있을 바보가 아니라 고 보여 줘야 한다. 학빈이가 눈을 홉뜨면서 말하니까 승민이가 답답 하다는 듯 자기 가슴을 쿵쿵 친다.

"개교기념일은 학교가 문 연 날이라고. 알겠어? 그래서 안 오는 거 야."

"학교 문 여덨는데(열었는데) 왜 개교디념이냐고? 그디고(그리고) 학교에 왜 안 와? 와야디."

"몰라, 그냥 개교기념일에는 원래부터 안 오는 거야. 아니다, 오고 싶으면 너 혼자 내일 학교 와서 공부해. 히히히."

보다 못해 지현이가 끼어들어 "야, 이학빈, 개교기념일은 으음, 학교 생일이야. 그래서 다 안 오는 거야." 했다. 히야, 하고 감탄하려는 참인데 그 말도 학빈이한테는 뭉툭한 설명이 되고 말았다. 그 말이 더 어리둥절하다.

"머다구(뭐라고)? 학교 생일인데 툭하해 두러(축하해 주러) 와야디 왜 안 오냐구? 무든 마딘지(말인지) 난 모르겠네."

그러고 책상에 있던 책이며 공책을 아무렇게나 제 가방에 쑤셔 넣는다. 학빈이는 '개교'라는 말을 몰라서 물은 건데, 나도 '학교가 처음 문 연 날'이나 '학교 생일' 말고도 다른 말을 못 찾겠다. 한자를 풀어서 '열 개(開)', '학교 교(校)' 하고 말해 주면 알까. 더 모를 것 같다. 에라, 모르겠다.

"학빈아, 개교는 학교 문을 열었다는 뜻이고, 개교기념일은 서부초등학교가 처음 문 연 날을 모두가 기억하자고 약속으로 정해서 쉬는 날이야. 뭐, 학빈이가 학교에 온다면 나도 나올게. 우리 둘이 공부하지, 뭐."

그 말에 고개를 달랑 들고 "댔어요(됐어요). 안 와요." 한다.

암튼 선생이 할 일을 제 일만큼 중요하게 가르쳐 주려고 애쓴 승민이나 지현이, 모르는 게 있으면 눈치 보지 않고 물어 준 학빈이 모두 착하고 훌륭한 아이들이다. 이런 아이들이 있어서 학교가 학교다운 곳이 되고 아이들이 자라난다.

교실 문을 나서는 승민이를 따로 불렀다. 입에 착 들러붙은 '바보'를 좀 어떻게 해 보면 좋겠다고 했더니 눈을 동그랗게 뜨면서 제가 언제 '바보'라고 했냐고 한다. 허허허, 참.

학빈이는 4학년이지만 지적 수준은 많이 떨어진다. 말도 몸짓도 어눌하다. 그래도 남들이 자신을 낮잡거나 깎아내리는 말을 한다 싶은 눈치가 보이면 속으로 끙끙 누르지 않는다. 어금니 꽉 깨물고 고개를 치든다.

_2011. 3. 30.

6_장

이오덕,
나는 땅이 될
것이다

대안이 되었든 우리 교육의 뒷날이 되었든 우리 교육을 말할 때면 곧잘 핀란드, 스웨덴, 덴마크 같은 북유럽 국가의 교육 사례를 말한다. 우리 교육의 절망스러운 현실을 딛고 일어서자고 내건 지향들도 보면 너나없이 다른 나라 교육제도고 먼 나라 교육사상가들 말이다. 부럽고 말고다. 들어 보면 우리와 견줄 수 없을 만큼 좋은 교육 환경과 질 높은 의무교육이 잘 갖춰져 다양한 삶의 가능성을 통찰할 수 있도록 돕는다. 아이 누구도 포기하지 않고 일상에서 공동체로서 책임지는 교육을 착실히 한다. 민주주의 원칙과 과정을 알려 주는 것을 매우 중요하게 여긴다.

　　이 땅에서 우리 아이들을 살리고 우리 교육을 옳게 세우겠다고 시작한 혁신학교들도 보면 독일의 헬레네 랑에, 발도르프, 프랑스의 프레네, 스위스의 슈타이너 학교, 일본의 배움의 공동체를 배우려고 하고 따라 하려고 애쓴다. 이들 학교들은 1920년대 또는 1980년대 들어 자본과 전쟁의 비인간성과 인간의 잔혹성을 반성하고 새로운 희망을 갈

---

1. 『이오덕 일기 5』(양철북, 2014)의 제목인 '나는 땅이 될 것이다'에서 따왔다.

구하던 때에 시작했다. 마땅히 자주적이고 개혁적인 사람을 길러 내야한다고 주장한다. 수업의 원리와 방법으로 보면 학생의 자발성, 학생과 교사, 학생과 학생 사이 소통과 협력을 중시하는데, 이러한 소통과 협력이 학생들을 민주시민으로 기른다고 믿기 때문이다. 공통 프로젝트나 평화, 인권, 생태 같은 주제 중심 통합학습과 체험학습을 강조한다. 그들 사례가 분명 의미가 있다. 하지만 아쉬운 점은 혁신 교육을 한다고 하면서 다른 나라에서 들여온 교육사상을 공부하고 교육제도, 교육 방법을 우리 학교에 적용하려는 모습이다. 우리네 혁신학교들이 지향하는 바가 우리 안에 없던 것이 아니기 때문이다. 이들 학교가 추구하는 것들은 큰 틀에서 보면 이오덕이 평생 힘주어 말하고 온몸으로 실천해 온 교육과 크게 다르지 않다.

가령, 우리가 우리 교육의 미래로 곧잘 들먹이는 덴마크 교육을 일으킨 사람은 그룬트비Grundvig, Nikolaj Fredeirk Severin다. 기독교 신앙과 덴마크 문화와 민중의 삶에 대한 독특한 문제의식을 바탕으로 한다. 그룬트비는 "종교 영역에서 기존의 교리적 틀이나 지배적 이론에 얽매이지 않고 자유롭게 말하고자 했으며, 정치적 영역에서 자기 자신뿐 아니라 국민과 농민 계층이 자기 권리를 자유롭게 구현할 수 있기를 원했으며, 교육 영역에서는 아이들과 국민 대중의 고유한 삶이 자유롭게 전개되기를 원했다"(『위대한 평민을 기르는 덴마크 자유교육』, 26쪽). 패전으로 국토를 잃고 슬퍼하지만 말고 새로운 날, 새로운 사회, 새로운 역사를 만들어 가자며 '밖에서 잃은 것을 안에서 찾자'고 덴마크 사람의 마음을 움직여 지금 같은 교육 선진국을 일구어 냈다.

그룬트비의 사상을 듣다 보면 결코 낯설지 않다. 이오덕이 평생을 두고 해 오던 말이고 실천이기 때문이다. 2000년대 초 우리 땅에서 일어난 혁신학교는 교사에게는 가르치는 일에 보람을, 아이들에게는 공부하는 즐거움을 느끼게 하는, 학교의 본질을 회복하는 데 기여해 왔다. 이러한 혁신학교의 철학 배경에 바로 이오덕 정신이 있다. 혁신학교들이 내걸고 있는 교육적 지향을 한번 살펴보라. 경기 보평초등학교는 '참삶을 가꾸는 행복한 교실, 꿈을 키우는 활기찬 학교'를, 충남 거산초등학교는 '참삶을 가꾸는 아름다운 학교, 내 삶의 주인은 나, 더불어 사는 우리'를, 전북 장승초등학교는 '참삶을 가꾸는 작고 아름다운 학교'를 꿈꾼다. 이들 학교는 하나같이 한국글쓰기교육연구회 회원이 직접 참여한 혁신학교라는 공통점이 있다. 또한 이제까지 공교육에서 소홀했던 '삶'에 하나같이 주목하고 있다.

> 아이들을 채찍질해서 점수 따기 경쟁을 시키는 짓을 곧 그만두고, 일하는 가운데서 공부하고, 일하는 것이 공부가 되도록 하고, 일하는 것이 즐거운 놀이가 되도록 하는 교육을 해야 한다. 그래야만 아이들이 사람다운 느낌과 생각을 가지게 되고, 사람다운 행동을 하면서 자라난다. 인간의 사회와 역사가 살아나도록 하는 길은 이것밖에 없다. _『참교육으로 가는 길』, 25쪽

더구나 '이오덕' 하면 '삶을 가꾸는 교육' 아닌가. 혁신학교는 지역이 다르고 학교 구성원이 다르고 이름도 강원 행복더하기학교, 광주 빛고을혁신학교, 서울, 경기, 전북 혁신학교, 전남 무지개학교처럼 다 다르지만, 참다운 삶을 가꾸는 교육을 무엇보다 중시한다. 이제까지 관행으로 해 오던 일들, 정전처럼 떠받들어 온 교과서를 새로운 눈으로 바라보기를 바란다.

학교 교육 현장에서 지금까지 우리가 당연하게 여기고 있었던 모든 일상의 형식과 행동을, 민주사회를 창조하는 교육을 한다는 관점에서 새롭게 보고 비판하여, 낡은 것들을 과감하게 고치고 없애지 않으면 안 되리라 생각한다.

수업을 하는 형태도 종래의 쑤셔 넣기 식에서 아주 벗어나야 하리라. 모든 교과지도에서 의견 발표와 토론과 협의를 존중하고, 조사·견학·실험·실습·노작을 통한 학습이 되어야 한다.

아이들에게 맹목적인 베껴 쓰기나 흉내 내기를 강요하는 짓은 아이들의 삶을 빼앗고, 뻗어 나는 재능과 창조력을 짓밟는 폭행이요, 교육의 이름으로 감행하는 아이들의 인권유린이라 보아야 한다. _『참교육으로 가는 길』, 75쪽)

이제까지 당연하게 여기고 해 오던 관행들이 과연 무엇인가. 감동을 주지 못하는 애국조회, 반성조회, 훈화, 한 줄 세우기식 경쟁을 일삼는 상 주기 행사, '교육'하는 것처럼 보이기 위한 온갖 껍데기 대회들, 어른들 정치놀음에 놀아나는 온갖 청소년단체들, 이 땅 어디서나 엇비슷한 교육과정들이야말로 관행이고 편의가 아닌가.

「초·중등교육법」 제23조 제①항에는 '학교는 교육과정을 운영하여야 한다'고 하였으며, 제20조 제①, ②, ③, ④항은 교장, 교감, 교사, 수석교사는 '학생을 교육한다'고 못 박고 있다. 마땅히 학교는 지역과 학교 실정에 맞는 교육과정으로 교육력을 보여 주어야 한다. 국가 수준 교육과정을 실정에 맞는 학교 교육과정으로 만들어 실천해야 하지만, 'Ctrl+C, Ctrl+V 교육과정'이라는 부끄러운 말처럼 교과서 진도가 중심이 된 교육이 이루어진 게 숨길 수 없는 사실이다. 이제까지 학교 교육이 안다는 것에 너무 정신이 팔려 정작 살아가는 것과는 삶과 교감하지 못하는 반쪽짜리 교육과정을 운영해 왔다. 아이들에게 삶을 제거한 앎만 강조하고 아이 하나하나를 점수로 규정하면서 사람다운 삶을 파괴해 왔다. 산다는 것은 일한다는 것이고 아이들에게 일과 놀이와 공부는 하나로 어우러져야 하는데 지금까지 우리 교육은 그러지 못했다. 놀이는 애써 버려야 할 것이 되었고, 일을 모르니까 제 앞가림도 못하는 사람으로 자라났다.

앎과 삶은 함께 강조되어야 마땅하다. 이 둘은 언제나 함께 붙어 다녀야 한다. 삶을 말하지 않고서 앎을 말할 수 없고 앎을 말하지 않고 삶을 말할 수 없다. 어느 하나도 다른 하나를 희생하도록 내버려 두어선 안 된다. 삶에서 앎을 빼 버리거나 앎에서 삶을 찾을 수 없다면 그건 뒤틀린 삶이거나 반쪽짜리 앎이 되고 만다. 사람이 무엇인가. 김수업은 "우리 말 사람은 '살다'와 '알다'가 어우러진 낱말이다. 요즘 맞춤법으로 하자면 '살다'의 줄기 '살'에다가 '알다'의 '알'을 이름꼴 '앎'으로 바꾸어서 붙인 셈이다. 그러니까 맞춤법으로는 '살+앎'이라 하겠으나, 뜻으로는 '삶+앎'으로 보아야 옳다. '삶을 앎'이니, 삶을 아는 것이 사람이라는 뜻이다"(『말꽃타령』, 13쪽) 하는 말은 사뭇 새삼스러운 게 아니다.

이 말을 교육에 넣어 보면 교육은 삶을 아는 사람을 기르는 일이다. 우리 교육은 오래도록 아이들 뒷날을 미리 정해 두고서 지배층 입맛에 맞는, 어쩌면 지극히 소심한 인간으로 키우는 데 기여해 왔다는 사실은 누구도 부인하지 못한다. 이에 이오덕은 어린아이에게서 농사꾼으로 대표되는 백성에게서 고유한 가능성을 보았고 이들이 주인 되는 세상을 만들어야 한다고 말한다. 따라서 어린아이와 백성에게 마땅한 교육은 그들 세계 바깥에서 주는 앎이 아니라 그들이 발 딛고 선 자리에서 앎이 나와야 한다고 보았다. 교육은 삶에서 나오는 말과 글과 이야기와 놀이와 일로써 사람다운 마음을 키우고 저마다의 확신과 위엄으로 공동체에 참여해야 한다는 말이다. 한자말과 남의 나라 말을 하늘처럼 떠받들며 살아온 지배층과는 달리 어린아이와 백성의 삶에 깃들어 있는 말과 글과 삶을 교육으로 끌어올 때 민족이고 민주고 생명이고 저절로 살아날 것이다.

세월호 이전과 세월호 이후 우리 교육은 크게 달라졌다. 뒷날의 행복을 바라서 지금 여기의 삶을 송두리째 저당 잡는 교육이 아니라 지금 행복해야 뒷날에도 행복할 수 있다는 성찰이 들불처럼 일어났다. 혁신학교와 무상급식, 고교 평준화, 학교 인권 보장, 민주시민 교육, 노동교육, 9시 등교제, 상벌점제 폐지 같은 약속들이 의제가 되었고, 우리 삶 속에 뿌리내리고 있다. 일테면, '9시 등교제'는 학생들이 먼저 제안하여 실천으로 이어진 교육정책으로는 첫 사례가 아닐까 싶다. 의정부여자중학교 3학년 학생들은 청소년의 수면권과 건강권 보장, 먼 거리에서 학교를 오가는 학생 배려, 수업 시간 집중도 향상 등을 근거로 들어 경기도교육감직인수위원회 게시판에 제안한다. 강원도 교육 현장에서는 이 말보다 '0교시 수업'을 없애겠다는 의지를 담은 '9시 1교시제'를 쓴다.

분명 학교 교육이 달라지고 있다. 무엇보다 민주적 운영을 중시한다. 학교문화는 규제와 지시를 넘어 자율과 자치의 방향으로 나아가고 있다. 다모임 같은 자리를 마련하여 교사도 학생도 저마다 1/n의 자격으로 참석하여 다양한 주제들로 함께 머리를 맞대고 이야기를 나눈다. 이때 중요한 것은 이제까지 소외되어 온 아이들이 차츰 중심 자리에서 제 목소리를 내도록 하는 것이다. 많은 학교와 학급들에서 「학교생활 협약」이나 「우리 교실 헌법」을 만들어 평화롭고 행복한 학교문화를 만들어 가고 있다.

여기에 아이들을 배움의 주인공으로 세우는 일에 열심이다. 그래서 자기 이야기, 곧 자기 삶을 풀어놓도록 돕는다. 이야기가 어디서 오는가. 바로 삶에서 나온다. 아이들 삶에는 언제나 놀라움과 놀이, 일로 가득 차 있다. 이러한 놀라움과 놀이와 일은 말로 이어지고 말은 이야기가 되고 노래가 되고 몸짓이 되고 놀이가 된다. 그러자면 아이 삶을 존중하고 삶에 맞는 교육과정을 만들어 가야 한다. 자연히 몸으로 겪는 일과 놀이를 공부거리로 끌어들인다. 교실은 교과서 밖 세상으로 거침없이 나아간다. 학교 텃밭이나 학교 숲을 만들어 농사를 짓고 마을과 지역사회 곳곳을 교실 삼아 구석구석을 누비기도 한다. 이로써 이제까지 학교 혼자 아이 성장을 책임져 오던 외로운 노력에 지역사회가 함께하고 있다. 이런 실천의 밑바탕에는 삶과 교육이 별개가 아니라는 생각이 깔려 있다. 아이들은 삶 속에서 배우고 배움 속에서 삶을 살아가야 한다고 본다. 맘껏 놀아 보지 않고 땀 흘려 일해 보지 않고 책상머리에서 책만 파던 아이가 과연 어떤 사람으로 자라나겠는가. 애벌레는 애벌레대로 번데기는 번데기대로 나비는 나비대로 살아가는 과정이 언제든 소중한 현재이지 않겠는가? 아이마다 그 삶을 소중하게 여기고 참되게 가꾸는 교육을 해야 한다. 이오덕은 삶의 어느 순간도 뒷날을 위한 준비일 수 없다고 힘주어 말한다.

이오덕은 지금 여기에서 생생하게 일어나는 말과 이야기를 무엇보다 의미 있는 것으로 보았으며 자연스럽게 그 삶이 만들어 가는 역사를 귀하게 보았다. 교과서나 지식인들 입에 붙은 글말이 아니라 어린아이 입에서 농사꾼의 손에서 나오는 입말이 삶을 만들어 가야 비로소 교육이 살아나고 우리 역사가 올바로 설 것이라고 말한다. 자연스러운 귀결로 이오덕의 교육사상은 민주주의를 지향한다. 모든 교육은 자라나는 세대들을 지배 계층에 순종하는 국민으로 키워야 한다는 국가주의 교육에 단호하게 맞선다. 평범한 사람, 곧 백성에게 깃들어 있는 저마다 삶을 가치롭게 키워 가야 한다고 말한다. 교사가 학생을 가르치지만 동시에 교사는 아이들에게서 배워야 한다고 말한다. 가르침에서 언제나 중요한 것은 살아 있는 삶에서 끌어와야 한다. 이오덕은 입에 붙은 말로 자기 생각과 삶을 정직하게 드러내는 것이야말로 자기를 더욱 자기답게 만들고 민주시민으로 자라게 하는 일이라고 했다. 이오덕은 '삶'이란 말을 즐겨 쓰고 삶을 가꾸는 교육을 우리 교육의 미래로 제시한다. '삶을 가꾸는 교육'이라는 목표를 두고 글쓰기 교육, 듣기·말하기 교육, 어린이문학 교육, 생태·생명 교육, 민주시민 교육, 일하기 교육과 놀이 교육, 문화예술 교육, 우리 말과 글을 살리는 교육으로 교육과정을 풍성하게 만들어 갈 것을 제시한다. 자연스럽게 지금 발 디딘 일상의 삶을 중요하게 보았고, 글자로 박제된 말보다 살아 있는 입말로 가르치고 배울 것을 주장하고 강아지도 알아듣는 쉬운 말로 소통한 권리를 말해 왔다.

교육 내용이고 교육 방법이고 교사 중심에서 아이들 말과 글과 노래와 그림과 몸짓이 자연스럽게 살아나고 꽃피울 수 있는 거름이 되어야 한다. 배움은 교사에게서 학생에게로 지식이 일방으로 이식되는 작용이 아니다. 학생은 교사에게서 배우지만 교사 또한 학생에게서 배우고 배울 수 있어야 한다. 교실에서 모든 배움은 상호작용에서 일어나고 상호작용이 활발하게 일어나느냐 마느냐는 교사가 어떠한 밑돌을 놓느냐에 달려 있다.

　이오덕은 '삶을 가꾸는 교육'의 바탕을 다지는 땅이 되고 거름이 되었다. 그 땅 위에서 다양한 실천들이 일어나 저마다 다른 꽃으로 피어나고 있다. 그 뒤를 이어 스스로 생각을 키우며 자라는 들꽃교실을 만든 주중식, 고등학생들 마음을 시로 풀어 준 이상석, 살아 있는 교실을 어떻게 가꾸어 갈 것인지를 생생하게 보여 준 이호철, 옛이야기 들려주기로 우리 말글뿐만 아니라 아이들 삶을 가꾸어 온 서정오, 일기로 어떻게 삶을 가꿀 것인가를 궁리하고 보여 준 윤태규, '배워서 남 주자'는 생활교육을 실천한 김익승, 삶을 가꾸는 놀이 교육에 앞장선 김종만, 어린이도서연구회와 공동육아연구회 같은 어린이 단체와 어린이문화를 일으키고 이오덕 교육사상을 알려 온 이주영, 가르치는 것은 아이들과 함께 찾아내는 것이라며 아이들 속에서 성장하는 교사상을 보여 준 탁동철, 아이들 삶 속 이야기를 귀하게 들어 주고 자기 삶을 들려준 박선미, 아이들 말에 온몸을 기울여 들어 주자는 마주이야기 교육을 실천해 온 박문희, 삶을 가꾸는 미술교육을 강조해 온 이부영, 청소년뿐만 아니라 배움에서 소외되어 온 이들 마음속 이야기에 귀 기울여 온 구자행 같은 이들이 이 땅에서 이오덕의 교육사상을 거름 삼아 온몸으로 삶을 가꾸는 교육을 실천하고 있다.

참고한 이오덕 책

『거꾸로 사는 재미』, 산처럼, 2010.

『교사와 학부모님께 드리는 글』, 고인돌, 2011.

『교육과 문화의 길』, 청조사, 1979.

『글쓰기 교육 이론과 방법』, 고인돌, 2012.

『글쓰기 어떻게 가르칠까』, 보리, 1993.

『내가 무슨 선생 노릇을 했다고』, 삼인, 2011.

『무엇을 어떻게 쓸까』, 보리, 1995.

『문학의 길 교육의 길』, 소년한길, 2003.

『민주교육으로 가는 길』, 고인돌, 2010.

『바른 말 바른 글』, 고인돌, 2015.

『삶·문학·교육』, 종로서적, 1989.

『삶과 믿음의 교실』, 고인돌, 2012.

『삶과 믿음의 敎室』, 한길사, 1978.

『삶을 가꾸는 글쓰기 교육』, 보리, 2004.

『시정신과 유희정신』, 창비, 1977.

『아이들에게 배워야 한다』, 길, 2002.

『어린이 시 이야기 열두 마당』, 지식산업사, 2008.

『어린이를 살리는 문학』, 청년사, 2008.

『어린이를 지키는 문학』, 백산서당, 1984.

『우리말로 살려놓은 헌법』, 고인돌, 2012.

『우리 문장 쓰기』, 한길사, 1992.

『우리글 바로쓰기 1』 한길사, 1992.

『우리글 바로쓰기 2』, 한길사, 1992.

『우리글 바로쓰기 3』, 한길사, 1992.

『우리글 바로쓰기 4』, 한길사, 2009.

『우리글 바로쓰기 5』, 한길사, 2009.

『이 땅에 살아갈 아이들 위해』, 지식산업사, 1995.

『이 아이들을 어찌할 것인가』, 청년사, 1984.

『이오덕 교육 일기 1, 2』, 한길사, 1989.

『이오덕 일기 1~5』, 양철북, 2014.

『참교육으로 가는 길』, 한길사, 1993.

다른 책과 논문

김수업(2013), 『말꽃 타령』, 지식산업사.

마틴 바인만 엮음, 박규호 옮김(2002), 『손이 지배하는 세상』, 해바라기(주).

박문희(1998), 『들어주자, 들어주자』, 지식산업사.

송순재·고병헌·카를 K. 에기디우스 편저(2011), 『위대한 평민을 기르는 덴마크 자유교육』, 민들레.

신영복(2015), 『담론』, 돌베개.

오성철(2000), 『식민지 초등교육의 형성』, 교육과학사.

이무완 엮음(2012), 『샬그락 샬그란 샬샬』, 보리.

이무완(2016), 『쌤, 지금 똥개 훈련시켜요?』, 현북스.

이상준(2015), 『"참교육" 용어의 해체』, 한국교원대학교 석사학위청구논문.

이주영(2006), 『이오덕 삶과 교육사상』, 나라말.

이주영(2009), 『이오덕 어린이 문학론 연구-어린이문학에 대한 논쟁을 중심으로』, 백석대학교기독교전문대학원 박사학위청구논문.

이호철(2004), 『살아 있는 교실』, 보리.

작은학교교육연대 엮음(2009), 『작은 학교 행복한 아이들』, 우리교육.

조너선 코졸, 김명신 옮김(2011), 『교사로 산다는 것』, 양철북.

한국글쓰기교육연구회(1998), 『글쓰기교육의 이론과 실제 Ⅰ』, 온누리.

어린이글

동해 망상초 6학년 다정반 학급문집(2005), 『새는 친구도 없나』.

동해 망상초 6학년 다정반 학급문집(2006), 『시끄러운 우리 동네가 그립다』.

동해 망상초 4학년 새힘반 학급문집(2007), 『세 살 버릇대로 자랐다』.

동해 망상초 4학년 새힘반 학급문집(2008), 『새힘』.

삼척 서부초 2학년 학급문집(2009), 『샬그란 샬그락 샬샬』.

삼척 서부초 6학년 초록반 학급문집(2010), 『나는, 정말 뭐가 될지 모르겠다』.

삼척 서부초 4학년 1반 학급문집(2011), 『참 이쁘다 하실까, 버릇없다 하실까?』.

삼척 서부초 4학년 1반 학급문집(2012), 『친구가 저렇게나 많다』.

삶의 행복을 꿈꾸는 교육은
어디에서 오는가?

미래 100년을 향한 새로운 교육

혁신교육을
실천하는
교사들의 필독서

▶ 교육혁명을 앞당기는 배움책 이야기
혁신교육의 철학과 잉걸진 미래를 만나다!

한국교육연구네트워크 총서

01 핀란드 교육혁명
한국교육연구네트워크 엮음 | 320쪽 | 값 15,000원

02 일제고사를 넘어서
한국교육연구네트워크 엮음 | 284쪽 | 값 13,000원

03 새로운 사회를 여는 교육혁명
한국교육연구네트워크 엮음 | 380쪽 | 값 17,000원

04 교장제도 혁명
한국교육연구네트워크 엮음 | 268쪽 | 값 14,000원

05 새로운 사회를 여는 교육자치 혁명
한국교육연구네트워크 엮음 | 312쪽 | 값 15,000원

06 혁신학교에 대한 교육학적 성찰
한국교육연구네트워크 엮음| 308쪽 | 값 15,000원

한국교육연구네트워크 번역 총서

01 프레이리와 교육
존 엘리아스 지음 | 한국교육연구네트워크 옮김
276쪽 | 값 14,000원

02 교육은 사회를 바꿀 수 있을까?
마이클 애플 지음 | 강희룡·김선우·박원순·이형빈 옮김
352쪽 | 값 16,000원

**03 비판적 페다고지는
세상을 변화시킬 수 있는가?**
Seewha Cho 지음 | 심성보·조시화 옮김 | 280쪽 | 값 14,000원

04 마이클 애플의 민주학교
마이클 애플·제임스 빈 엮음 | 강희룡 옮김 | 276쪽 | 값 14,000원

05 21세기 교육과 민주주의
넬 나딩스 지음 | 심성보 옮김 | 392쪽 | 값 18,000원

**06 세계교육개혁:
민영화 우선인가 공적 투자 강화인가?**
린다 달링-해먼드 외 지음 | 심성보 외 옮김 | 408쪽 | 값 21,000원

혁신학교
성열관·이순철 지음 | 224쪽 | 값 12,000원

행복한 혁신학교 만들기
초등교육과정연구모임 지음 | 264쪽 | 값 13,000원

서울형 혁신학교 이야기
이부영 지음 | 320쪽 | 값 15,000원

혁신교육, 철학을 만나다
브렌트 데이비스·데니스 수마라 지음
현인철·서용선 옮김 | 304쪽 | 값 15,000원

혁신교육 존 듀이에게 묻다
서용선 지음 | 292쪽 | 값 14,000원

다시 읽는 조선 교육사
이만규 지음 | 750쪽 | 값 33,000원

대한민국 교육혁명
교육혁명공동행동 연구위원회 지음 | 224쪽 | 값 12,000원

대한민국 교사, 어떻게 가르칠 것인가?
윤성관 지음 | 320쪽 | 값 15,000원

아이들을 어떻게 가르칠 것인가
사토 마나부 지음 | 박찬영 옮김 | 232쪽 | 값 13,000원

아이들의 배움은 어떻게 깊어지는가
이시이 준지 지음 | 방지현·이창희 옮김 | 200쪽 | 값 11,000원

모두를 위한 국제이해교육
한국국제이해교육학회 지음 | 364쪽 | 값 16,000원

경쟁을 넘어 발달 교육으로
현광일 지음 | 288쪽 | 값 14,000원

독일 교육, 왜 강한가?
박성희 지음 | 324쪽 | 값 15,000원

핀란드 교육의 기적
한넬레 니에미 외 엮음 | 장수명 외 옮김 | 452쪽 | 값 23,000원

▶ 비고츠키 선집 시리즈
발달과 협력의 교육학 어떻게 읽을 것인가?

 생각과 말
레프 세묘노비치 비고츠키 지음
배희철·김용호·D. 켈로그 옮김 | 690쪽 | 값 33,000원

 성장과 분화
L.S. 비고츠키 지음 | 비고츠키 연구회 옮김
308쪽 | 값 15,000원

 도구와 기호
비고츠키·루리야 지음 | 비고츠키 연구회 옮김
336쪽 | 값 16,000원

 의식과 숙달
L.S 비고츠키 | 비고츠키 연구회 옮김
348쪽 | 값 17,000원

 어린이 자기행동숙달의 역사와 발달 I
L.S. 비고츠키 지음 | 비고츠키 연구회 옮김
564쪽 | 값 28,000원

 관계의 교육학, 비고츠키
진보교육연구소 비고츠키교육학실천연구모임 지음
300쪽 | 값 15,000원

 어린이 자기행동숙달의 역사와 발달 II
L.S. 비고츠키 지음 | 비고츠키 연구회 옮김
552쪽 | 값 28,000원

 비고츠키 생각과 말 쉽게 읽기
진보교육연구소 비고츠키교육학실천연구모임 지음
316쪽 | 값 15,000원

 어린이의 상상과 창조
L.S. 비고츠키 지음 | 비고츠키 연구회 옮김
280쪽 | 값 15,000원

 비고츠키와 인지 발달의 비밀
A.R. 루리야 지음 | 배희철 옮김 | 280쪽 | 값 15,000원

 연령과 위기
L.S. 비고츠키 지음 | 비고츠키 연구회 옮김
336쪽 | 값 17,000원

 수업과 수업 사이
비고츠키 연구회 지음 | 196쪽 | 값 12,000원

▶ 창의적인 협력수업을 지향하는 삶이 있는 국어 교실
우리말 글을 배우며 세상을 배운다

 중학교 국어 수업 어떻게 할 것인가?
김미경 지음 | 340쪽 | 값 15,000원

 이야기 꽃 1
박용성 엮어 지음 | 276쪽 | 값 9,800원

 토론의 숲에서 나를 만나다
명혜정 엮음 | 312쪽 | 값 15,000원

 이야기 꽃 2
박용성 엮어 지음 | 294쪽 | 값 13,000원

 토닥토닥 토론해요
명혜정·이명선·조선미 엮음 | 288쪽 | 값 15,000원

 인문학의 숲을 거니는 토론 수업
순천국어교사모임 엮음 | 308쪽 | 값 15,000원

 어린이와 시
오인태 지음 | 192쪽 | 값 12,000원

 수업, 슬로리딩과 함께
박경숙·강슬기·김정욱·장소현·강민정·전혜림·이혜민 지음
268쪽 | 값 15,000원

▶ 평화샘 프로젝트 매뉴얼 시리즈
학교 폭력에 대한 근본적인 예방과 대책을 찾는다

 학교 폭력 어떻게 만들어지는가
문재현 외 지음 | 300쪽 | 값 14,000원

 아이들을 살리는 동네
문재현·신동명·김수동 지음 | 204쪽 | 값 10,000원

 학교 폭력, 멈춰!
문재현 외 지음 | 348쪽 | 값 15,000원

 평화! 행복한 학교의 시작
문재현 외 지음 | 252쪽 | 값 12,000원

 왕따, 이렇게 해결할 수 있다
문재현 외 지음 | 236쪽 | 값 12,000원

 마을에 배움의 길이 있다
문재현 지음 | 208쪽 | 값 10,000원

 젊은 부모를 위한 백만 년의 육아 슬기
문재현 지음 | 248쪽 | 값 13,000원

 별자리, 인류의 이야기 주머니
문재현·문한뫼 지음 | 444쪽 | 값 20,000원

▶ 4·16, 질문이 있는 교실 마주이야기
통합수업으로 혁신교육과정을 재구성하다!

통하는 공부
김태호·김형우·이경석·심우근·허진만 지음
324쪽 | 값 15,000원

내일 수업 어떻게 하지?
아이함께 지음 | 300쪽 | 값 15,000원
2015 세종도서 교양부문

인간 회복의 교육
성래운 지음 | 260쪽 | 값 13,000원

교과서 너머 교육과정 마주하기
이윤미 외 지음 | 368쪽 | 값 17,000원

수업 고수들 수업·교육과정·평가를 말하다
박현숙 외 지음 | 368쪽 | 값 17,000원

도덕 수업, 책으로 묻고 윤리로 답하다
울산도덕교사모임 지음 | 320쪽 | 값 15,000원

체육 교사, 수업을 말하다
전용진 지음 | 304쪽 | 값 15,000원

교실을 위한 프레이리
아이러 쇼어 엮음 | 사람대사람 옮김 | 412쪽 | 값 18,000원

마을교육공동체란 무엇인가?
서용선 외 지음 | 360쪽 | 값 17,000원

학교생활기록부를 디자인하라
박용성 지음 | 268쪽 | 값 14,000원

교사, 학교를 바꾸다
정진화 지음 | 372쪽 | 값 17,000원

함께 배움
학생 주도 배움 중심 수업 이렇게 한다
니시카와 준 지음 | 백경석 옮김 | 280쪽 | 값 15,000원

공교육은 왜?
홍섭근 지음 | 352쪽 | 값 16,000원

자기혁신과 공동의 성장을 위한
교사들의 필리버스터
윤양수·원종희·장군·조경삼 지음 | 280쪽 | 값 14,000원

함께 배움 이렇게 시작한다
니시카와 준 지음 | 백경석 옮김 | 196쪽 | 값 12,000원

함께 배움 교사의 말하기
니시카와 준 지음 | 백경석 옮김 | 188쪽 | 값 12,000원

미래교육의 열쇠, 창의적 문화교육
심광현·노명우·강정석 지음 | 368쪽 | 값 16,000원

주제통합수업, 아이들을 수업의 주인공으로!
이윤미 외 지음 | 392쪽 | 값 17,000원

수업과 교육의 지평을 확장하는 수업 비평
윤양수 지음 | 316쪽 | 값 15,000원
2014 문화체육관광부 우수교양도서

교사, 선생이 되다
김태은 외 지음 | 260쪽 | 값 13,000원

교사의 전문성, 어떻게 만들어지나
국제교원노조연맹 보고서 | 김석규 옮김 392쪽 | 값 17,000원

수업의 정치
윤양수·원종희·장군 지음 | 280쪽 | 값 14,000원

학교협동조합,
현장체험학습과 마을교육공동체를 잇다
주수원 외 지음 | 296쪽 | 값 15,000원

거꾸로교실,
잠자는 아이들을 깨우는 수업의 비밀
이민경 지음 | 280쪽 | 값 14,000원

교사는 무엇으로 사는가
정은균 지음 | 292쪽 | 값 15,000원

마음의 힘을 기르는 감성수업
조선미 외 지음 | 300쪽 | 값 15,000원

작은 학교 아이들
지경준 엮음 | 376쪽 | 값 17,000원

감성 지휘자, 우리 선생님
박종국 지음 | 308쪽 | 값 15,000원

대한민국 입시혁명
참교육연구소 입시연구팀 지음 | 220쪽 | 값 12,000원

교사를 세우는 교육과정
박승열 지음 | 312쪽 | 값 15,000원

전국 17명 교육감들과 나눈
교육 대담
최창의 대담·기록 | 272쪽 | 값 15,000원

들뢰즈와 가타리를 통해
유아교육 읽기
리세롯 마리엣 올슨 지음 | 이연선 외 옮김 | 328쪽 | 값 17,000원

교육과정 통합, 어떻게 할 것인가?
성열관 외 지음 | 192쪽 | 값 13,000원

 동양사상에게 인공지능 시대를 묻다
홍승표 외 지음 | 260쪽 | 값 15,000원

 학교 혁신의 길, 아이들에게 묻다
남궁상운 외 지음 | 268쪽 | 값 15,000원

 프레이리의 사상과 실천
사람대사람 지음 | 352쪽 | 값 18,000원

 혁신학교, 한국 교육의 미래를 열다
송순재 외 지음 | 608쪽 | 값 30,000원

 페다고지를 위하여
프레네의 『페다고지 불변요소』 읽기
박찬영 지음 | 296쪽 | 값 15,000원

 학교 민주주의의 불한당들
정은균 지음 | 276쪽 | 값 14,000원

 교육과정, 수업, 평가의 일체화
리사 카터 지음 | 박승열 외 옮김 | 196쪽 | 값 13,000원

 학교를 개선하는 교장
지속가능한 학교 혁신을 위한 실천 전략
마이클 풀란 지음 | 서동연·정효준 옮김 | 216쪽 | 값 13,000원

 공자뎐, 논어는 이것이다
유문상 지음 | 392쪽 | 값 18,000원

 교사와 부모를 위한
발달교육이란 무엇인가?
현광일 지음 | 380쪽 | 값 18,000원

 교사, 이오덕에게 길을 묻다
이무완 지음 | 328쪽 | 값 15,000원

▶ 교과서 밖에서 만나는 역사 교실
상식이 통하는 살아 있는 역사를 만나다

 전봉준과 동학농민혁명
조광환 지음 | 336쪽 | 값 15,000원

 남도의 기억을 걷다
노성태 지음 | 344쪽 | 값 14,000원

 응답하라 한국사 1·2
김은석 지음 | 356쪽·368쪽 | 각권 값 15,000원

 즐거운 국사수업 32강
김남선 지음 | 280쪽 | 값 11,000원

 즐거운 세계사 수업
김은석 지음 | 328쪽 | 값 13,000원

 강화도의 기억을 걷다
최보길 지음 | 276쪽 | 값 14,000원

 광주의 기억을 걷다
노성태 지음 | 348쪽 | 값 15,000원

 선생님도 궁금해하는
한국사의 비밀 20가지
김은석 지음 | 312쪽 | 값 15,000원

 교과서 밖에서 배우는 역사 공부
정은교 지음 | 292쪽 | 값 14,000원

 팔만대장경도 모르면 빨래판이다
전병철 지음 | 360쪽 | 값 16,000원

 빨래판도 잘 보면 팔만대장경이다
전병철 지음 | 360쪽 | 값 16,000원

 영화는 역사다
강성률 지음 | 288쪽 | 값 13,000원

 친일 영화의 해부학
강성률 지음 | 264쪽 | 값 15,000원

 한국 고대사의 비밀
김은석 지음 | 304쪽 | 값 13,000원

 조선족 근현대 교육사
정미량 지음 | 320쪽 | 값 15,000원

 다시 읽는 조선근대교육의 사상과 운동
윤건차 지음 | 이명실·심성보 옮김 | 516쪽 | 값 25,000원

걸림돌
키르스텐 세룹-빌펠트 지음 | 문봉애 옮김
248쪽 | 값 13,000원

 역사수업을 부탁해
열 사람의 한 걸음 지음 | 388쪽 | 값 18,000원

 진실과 거짓, 인물 한국사
하성환 지음 | 400쪽 | 값 18,000원

 음악과 함께 떠나는 세계의 혁명 이야기
조광환 지음 | 292쪽 | 값 15,000원

 논쟁으로 보는 일본 근대교육의 역사
이명실 지음 | 324쪽 | 값 17,000원

▶ 더불어 사는 정의로운 세상을 여는 인문사회과학
사람의 존엄과 평등의 가치를 배운다

 밥상혁명
강양구·강이현 지음 | 298쪽 | 값 13,800원

 도덕 교과서 무엇이 문제인가?
김대웅 지음 | 272쪽 | 값 14,000원

 자율주의와 진보교육
조엘 스프링 지음 | 심성보 옮김 | 320쪽 | 값 15,000원

 민주화 이후의 공동체 교육
심성보 지음 | 392쪽 | 값 15,000원
2009 문화체육관광부 우수학술도서

 갈등을 넘어 협력 사회로
이창언·오수길·유문종·신윤관 지음 | 280쪽 | 값 15,000원

 동양사상과 마음교육
정재걸 외 지음 | 356쪽 | 값 16,000원
2015 세종도서 학술부문

 교과서 밖에서 배우는 철학 공부
정은교 지음 | 280쪽 | 값 14,000원

 교과서 밖에서 배우는 사회 공부
정은교 지음 | 304쪽 | 값 15,000원

 교과서 밖에서 배우는 윤리 공부
정은교 지음 | 292쪽 | 값 15,000원

 한글 혁명
김슬옹 지음 | 388쪽 | 값 18,000원

 좌우지간 인권이다
안경환 지음 | 288쪽 | 값 13,000원

 민주시민교육
심성보 지음 | 544쪽 | 값 25,000원

 민주시민을 위한 도덕교육
심성보 지음 | 500쪽 | 값 25,000원
2015 세종도서 학술부문

 교과서 밖에서 배우는 인문학 공부
정은교 지음 | 280쪽 | 값 13,000원

 오래된 미래교육
정재걸 지음 | 392쪽 | 값 18,000원

 대한민국 의료혁명
전국보건의료산업노동조합 엮음 | 548쪽 | 값 25,000원

 교과서 밖에서 배우는 고전 공부
정은교 지음 | 288쪽 | 값 14,000원

 전체 안의 전체 사고 속의 사고
김우창의 인문학을 읽다
현광일 지음 | 320쪽 | 값 15,000원

 카스트로, 종교를 말하다
피델 카스트로·프레이 베토 대담 | 조세종 옮김
420쪽 | 값 21,000원

 교사와 부모를 위한 비고츠키 교육학
카르포프 지음 | 실천교사번역팀 옮김 | 308쪽 | 값 15,000원

▶ 살림터 참교육 문예 시리즈
영혼이 있는 삶을 가르치는 온 선생님을 만나다!

꽃보다 귀한 우리 아이는
조재도 지음 | 244쪽 | 값 12,000원

선생님이 먼저 때렸는데요
강병철 지음 | 248쪽 | 값 12,000원

성깔 있는 나무들
최은숙 지음 | 244쪽 | 값 12,000원

서울 여자, 시골 선생님 되다
조경선 지음 | 252쪽 | 값 12,000원

아이들에게 세상을 배웠네
명혜정 지음 | 240쪽 | 값 12,000원

행복한 창의 교육
최창의 지음 | 328쪽 | 값 15,000원

밥상에서 세상으로
김흥숙 지음 | 280쪽 | 값 13,000원

북유럽 교육 기행
정애경 외 14인 지음 | 288쪽 | 값 14,000원

▶ 남북이 하나 되는 두물머리 평화교육
분단 극복을 위한 치열한 배움과 실천을 만나다

10년 후 통일
정동영·지승호 지음 | 328쪽 | 값 15,000원

선생님, 통일이 뭐예요?
정경호 지음 | 252쪽 | 값 13,000원

분단시대의 통일교육
성래운 지음 | 428쪽 | 값 18,000원

김창환 교수의 DMZ 지리 이야기
김창환 지음 | 264쪽 | 값 15,000원

▶ 출간 예정

근간 **이제는 민주시민교육이다**
염경미 지음

근간 **혁명 프랑스에게 공교육의 기초를 묻다**
마르퀴 드 콩도르세 지음 | 이주환 옮김

근간 **신채호, 역사란 무엇인가?**
이주영 지음

근간 **이미 우리 곁에 온 미래, 교육**
정광필 지음

근간 **자유학기제란 무엇인가?**
최상덕 지음

근간 **진보주의 교육의 세계적 동향**
한국교육연구네트 지음

근간 **학교는 평화로운가?**
강균석 외 지음

근간 **한국 교육 어디서 와서 어디로 가는가?**
이주영 지음

근간 **민·관·학 협치 시대를 여는
마을교육공동체 만들기**
김태정 지음

근간 **삶을 위한
국어교육과정, 어떻게 만들 것인가?**
명혜정 지음

근간 **민주주의와 교육**
Pilar Ocadiz, Pia Wong, Carlos Torres 지음 | 유성상 옮김

근간 **마을수업, 마을교육과정!**
서용선·백윤애 지음

근간 **미국의 진보주의 교육 운동사**
윌리엄 헤이스 지음 | 심성보 외 옮김

근간 **독립의 기억을 걷다**
노성태 지음

근간 **교육의 대전환**
김경욱 외 지음

근간 **민주시민교육을 위한
역사수업 어떻게 할 것인가?**
황현정 지음

근간 **대학생에게 협동조합을 허하라**
주수원 외 지음

근간 **다 함께 올라가는 스웨덴 교육법**
레이프 스트란드베리 지음 | 변광수 옮김

참된 삶과 교육에 관한
생각 줍기